高等职业教育房地产类专业精品教材

房地产经纪

主　编　章鸿雁
副主编　赖映虹　郑晓俐
参　编　周国军

北京理工大学出版社
BEIJING INSTITUTE OF TECHNOLOGY PRESS

内 容 提 要

本书分为基础篇和实操篇，共9个模块，主要内容包括房地产经纪概述、房地产经纪行业、房地产经纪业务、房地产交易相关知识、房地产居间业务能力训练、房地产代理业务能力训练、个人住房贷款业务能力训练、不动产登记业务能力训练、房地产经纪管理业务训练等。

本书可作为高等院校房地产类相关专业的教材，也可作为房地产开发经营与管理、不动产评估及投资咨询等从业人员的工作参考用书。

版权专有　侵权必究

图书在版编目（CIP）数据

房地产经纪 / 章鸿雁主编． -- 北京：北京理工大学出版社，2021.10（2022.1 重印）
　ISBN 978-7-5763-0588-3

　Ⅰ．①房… Ⅱ．①章… Ⅲ．①房地产业－经纪人
Ⅳ．① F293.3

中国版本图书馆 CIP 数据核字（2021）第 220390 号

出版发行 /	北京理工大学出版社有限责任公司
社　　址 /	北京市海淀区中关村南大街5号
邮　　编 /	100081
电　　话 /	（010）68914775（总编室）
	（010）82562903（教材售后服务热线）
	（010）68944723（其他图书服务热线）
网　　址 /	http://www.bitpress.com.cn
经　　销 /	全国各地新华书店
印　　刷 /	河北鑫彩博图印刷有限公司
开　　本 /	787毫米×1092毫米　1/16
印　　张 /	15.5	责任编辑 / 钟　博
字　　数 /	366千字	文案编辑 / 钟　博
版　　次 /	2021年10月第1版　2022年1月第2次印刷	责任校对 / 周瑞红
定　　价 /	48.00元	责任印制 / 边心超

图书出现印装质量问题，请拨打售后服务热线，本社负责调换

出版说明

Publisher's Note

房地产业是我国经济建设和发展中的重要组成部分，是拉动国民经济持续增长的主导产业之一。改革开放近40年来，我国的房地产业快速发展，取得了巨大成就，尤其在改善广大城镇居民住房条件、改变城镇面貌、促进经济增长、扩大就业等方面，更是发挥了其他行业所无法替代的巨大作用。随着我国经济的发展、居民收入水平的提高、城市化进程的加快以及改善性住房市场需求的增加，房地产消费者对产品的需求由"有"到"优"，房地产需求总量不断攀升，房地产行业仍然有着巨大的发展潜力，房地产业需要大量房地产专业人才。

高等职业教育以培养生产、建设、管理、服务第一线的高素质技术技能人才为根本任务，在建设人力资源强国和高等教育强国的伟大进程中发挥着不可替代的作用。为全面推进高等职业教育教材建设工作，将教学改革的成果和教学实践的积累体现到教材建设和教学资源统合的实际工作中去，以满足不断深化的教学改革需要，更好地为学校教学改革、人才培养与课程建设服务，北京理工大学出版社搭建平台，组织国内多所建设类高职院校，包括四川建筑职业技术学院、重庆建筑科技职业学院、广西建设职业技术学院、河南建筑职业技术学院、甘肃建筑职业技术学院、湖南城建职业技术学院、广东建设职业技术学院、山东城市建设职业学院等，共同组织编写了本套"高等职业教育房地产类专业精品教材（房地产经营与管理专业系列）"。该系列教材由参与院校院系领导、专业带头人组织编写团队，参照教育部《高等职业学校专业教学标准》要求，以创新、合作、融合、共赢、整合跨院校优质资源的工作方式，结合高职院校教学实际以及当前房地产行业的形势和发展编写完成。

本系列教材共包括以下分册：
1.《房地产基本制度与政策》
2.《房地产建设项目管理概论（第2版）》
3.《房地产开发经营与管理》
4.《房地产开发与营销（第2版）》

5.《房地产市场营销》

6.《房地产投资分析》

7.《房地产经济学》

8.《房地产估价》

9.《房地产经纪》

10.《房地产金融》

11.《房地产企业会计》

12.《房地产统计》

13.《房地产测绘》

  本系列教材，从酝酿、策划到完稿，进行了大量的市场调研和院校走访，很多院校老师给我们提供了宝贵意见和建议，在此特表示诚挚的感谢！教材在编写体例、内容组织、案例引用等，做了一定创新探索。教材编写紧跟房地产行业发展趋势，突出应用，贴近院校教学实践需求。希望本系列教材的出版，能在优化房地产经营与管理及相关专业培养方案、完善课程体系、丰富课程内容、传播交流有效教学方法，培养房地产行业专业人才，为我国房地产业的持续健康发展做出贡献！

北京理工大学出版社

前言

PREFACE

　　房地产经纪是指以收取佣金为目的，为促成他人房地产交易而从事居间、代理、行纪等经纪业务的经济活动。本书以房地产经纪人为职业导向，提供所需掌握的房地产经纪相关的基础知识和所需具备的房地产经纪活动实操能力。

　　本书在内容体系上充分体现了高等教育模块化教学的需要，不仅传授给学生理论知识和操作技能，更重要的是培养他们的职业能力。本书根据教育部对高等院校人才培养目标、培养规格、培养模式及与之相适应的基本知识、关键技能和素质结构的要求进行编写。本书为校企合作编写教材，全书内容深入浅出、图文并茂，充分体现课程思政、"岗课赛证"融通的编写理念，结合"1+X"证书制度，将房地产经纪从业岗位的相关技能要求、房地产经纪职业技能竞赛、房地产经纪职业技能等级证书标准等相关内容融入教材，具有很强的实用价值。

　　本书各模块前均设置了"知识目标""能力目标"和"素养目标"，给学生学习和教师教学作出了引导；在各模块后面设置了"模块小结"和"思考与练习"，"模块小结"以学习重点为框架，对各模块知识作了精要的点评，"思考与练习"从更深的层次给学生以思考、复习的要点，从而构建了一个"以教师为引导、以学生为主体"的教学过程，使学生在学习过程中能主动参与、自主协作、探索创新，学完后具备一定的分析问题和解决问题的能力。

　　通过对本书内容的学习，学生可以掌握房地产转让、房地产租赁、房地产抵押的基本操作流程和相关合同的内容，重点掌握房地产居间业务、代理业务等基本业务。同时，要熟悉房地产行纪、房地产拍卖以及房地产经纪业务中相关的代办服务、咨询服务等房地产其他经纪业务，为将来到房地产经纪机构工作奠定专业基础。

　　本书由广东建设职业技术学院章鸿雁担任主编，由广东建设职业技术学院赖映虹、浙江建筑职业技术学院郑晓俐担任副主编，房地产专业委员会周国军参与编写。本书在编写过程中，参考了大量的著作及资料，在此向原著作者表示最诚挚的谢意。同时，本书的出版得到了北京理工大学出版社各位编辑的大力支持，在此一并表示感谢！

　　虽经推敲核证，但限于编者的专业水平和实践经验，书中仍难免存在疏漏或不妥之处，恳请广大读者指正。

编　者

目录
CONTENTS

基础篇

模块一 房地产经纪概述 …………………………………………………… 1
    任务一　房地产 ………………………………………………………… 2
    任务二　房地产中介服务 ……………………………………………… 10
    任务三　房地产经纪 …………………………………………………… 16
    任务四　我国房地产经纪的产生与发展 ……………………………… 23

模块二 房地产经纪行业 ………………………………………………… 34
    任务一　房地产经纪人员 ……………………………………………… 35
    任务二　房地产经纪机构 ……………………………………………… 60
    任务三　房地产经纪合同 ……………………………………………… 80

模块三 房地产经纪业务 ………………………………………………… 89
    任务一　房地产居间业务 ……………………………………………… 90
    任务二　房地产代理业务 ……………………………………………… 93
    任务三　房地产行纪业务 ……………………………………………… 102
    任务四　房地产拍卖业务 ……………………………………………… 106
    任务五　房地产咨询服务业务 ………………………………………… 113

模块四 房地产交易相关知识 …………………………………………… 121
    任务一　房地产买卖的流程与合同 …………………………………… 121
    任务二　房地产租赁的流程与合同 …………………………………… 135
    任务三　房地产抵押的流程与合同 …………………………………… 141

目录

实操篇

模块五　房地产居间业务能力训练 ... 148
- 任务一　房地产居间业务概述 ... 149
- 任务二　房地产居间业务的流程 ... 152
- 任务三　房地产居间业务的房源管理 ... 156
- 任务四　房地产居间业务的客源管理 ... 163
- 任务五　房地产居间业务的促成 ... 172

模块六　房地产代理业务能力训练 ... 182
- 任务一　房地产代理概述 ... 182
- 任务二　房地产代理业务的操作流程 ... 186
- 任务三　房地产代理合同及其签订 ... 189

模块七　个人住房贷款业务能力训练 ... 194
- 任务一　个人住房贷款概述 ... 194
- 任务二　个人住房贷款的基本流程 ... 197
- 任务三　个人住房贷款计算及担保 ... 199
- 任务四　住房公积金 ... 201

模块八　不动产登记业务能力训练 ... 208
- 任务一　房地产权属登记概述 ... 208
- 任务二　房地产权属登记的种类 ... 209
- 任务三　房地产权属登记的基本流程 ... 214

模块九　房地产经纪管理业务训练 ... 217
- 任务一　房地产经纪行业管理 ... 217
- 任务二　房地产经纪信息管理 ... 223
- 任务三　房地产经纪信息的计算机管理系统 ... 232

参考文献 ... 240

基础篇

模块一 房地产经纪概述

知识目标

1. 了解房地产的含义、特点；熟悉房地产的分类，房地产产业。
2. 了解房地产中介服务的含义、特点、类型；掌握房地产中介服务行业管理的内容。
3. 了解经纪的含义，房地产经纪的内涵、特点、必要性；掌握房地产经纪的内容和功能定位。
4. 了解我国房地产经纪的产生与发展。

能力目标

1. 能够对房地产中介服务的类型和管理内容进行初步了解。
2. 具备进一步学习房地产专业知识和进行房地产经纪业务操作的能力。

素养目标

1. 具有较强学习能力，爱岗敬业的工作态度。
2. "自由、平等、公正、法治"的社会主义核心价值观教育。

模块一 房地产经纪概述

任务一 房地产

课堂思考

谈谈您对房地产市场的认识。

一、房地产的含义

房地产是房屋财产和土地财产的总称，它包括土地、附着在土地之上的建筑物及其地上定着物。房地产又被称为不动产，不动产一般指土地及其定着物，所以广义的不动产不仅包括房地产，也常常包括不能移动或移动后会损失经济价值的财产。在国外，有的国家的不动产包括建筑改良物和非建筑改良物，甚至包括多年生的植物，我国台湾的不动产还包括农作物改良物。狭义的不动产则主要是指房产和地产。

土地是指地球表面及其上下的一定空间，是由地球一定高度和深度的岩石、矿藏、土壤、水分、空气和植被等构成的自然综合体，即陆地及其自然附属物。

建筑物是由建筑材料、建筑构配件和建筑设备等通过人工建造而成，分为房屋和构筑物两大类。房屋是指能够遮风避雨，供人居住、生产、工作、娱乐、储藏物品、纪念或进行其他活动的空间场所。构筑物是指不直接在内进行生产和生活的建筑，如烟囱、水塔、水井、道路、桥梁等。其他定着物是指与土地、建筑物不能分离，或虽然能够分离，但分离后会破坏土地、建筑物的完整性、使用价值或功能的部分。它是指种植在土地上的花草、树木或人工建造的庭院、花园、假山等。由于其他定着物往往可以视为土地或建筑物的组成或附属部分，因此，物质形态上的房地产，其本质上包括土地和建筑物两大部分，其主体是土地和房屋两大类。

从经济形态上说，房地产则是一种十分重要的资产，关注的是其产权、资产等权属关系的意义，即指依附于房地产物质实体而又与之不可分割的各种权益。房地产作为社会财富，又是一种资产，反映一定的经济权利关系，由于房地产具有空间位置不可移动性的特点，在房地产商品交易中，它的空间位置并不移动，而只是房地产权利关系（包括所有权、占有权、支配权和使用权）的转移和改变。

房地产是人们最基本的生活资料，也是最基本的生产要素。在市场经济中，房地产还是一种商品，是人们投资置业的主要对象。房地产构成社会经济生活中的巨大财富，也是关系到国计民生的重要财产和资源。在一个国家的总财富中，房地产往往占有较大比重，一般为60%～70%；在家庭财产中房地产也是最主要的部分。房地产业是一个国家重要的产业之一，房地产是人们非常重视、珍惜、具体的财产形式。

二、房地产的特点

1. 固定性

位置固定性或不可移动性，是房地产最重要的一个特性。而股票、债券、黄金、古玩以及其他有形或无形的财产,如果持有人所在地没有交易市场,那么他可以很容易地将其拿到其他有此类交易市场的地方去进行交易。房地产就截然不同了,它不仅受地区经济的束缚,还受到周围环境的影响,因为不可移动,每宗房地产的温度、湿度、日照、周边交通、周围环境、景观等,均有一定状态。房地产位置的固定性决定了其独有的自然地理位置和社会经济位置,简而言之,房地产的区位尤为重要。房地产由于其位置的固定性,同样的建筑物在不同地方的售价差别特别大,它决定了没有两宗完全相同的房地产,也决定了房地产供给和需求的地方性和区域性,而且,房地产不存在统一的市场价格,它是一个地域性特征很强的市场。

2. 耐久性

土地具有永存而不可毁灭性。建筑物不像土地一样具有不可毁灭性,但在正常使用和维修条件下,其寿命也是耐久的,通常可达数十年,甚至百年以上。房地产寿命具有耐久性,它给所有者或使用者带来持续不断的利益,使得房地产的所有权与使用权可以分离,使得租赁成为房地产的一种重要经营方式。房地产寿命分为经济寿命和自然寿命。经济寿命是指在正常市场和运营状态下,房地产的经营收益大于其运营成本,即净收益大于零的持续时间;自然寿命是指房地产从地上建筑物建成投入使用开始,直至建筑物由于主要结构构件和设备的自然老化或损坏,不能继续保证安全使用的持续时间。自然寿命一般要比经济寿命长得多。

3. 保值增值性

房地产商品在国家政治、经济形势稳定的情况下,其价格呈不断上升的趋势,即房地产具有保值和增值的性质。引起房地产价格上升的原因有:通货膨胀;房地产本身进行的投资改良,如更新设备、重装修、物业管理提高等;外部经济的影响,如交通条件或周围环境的改善;需求增加导致稀缺性增加,如经济发展和人口增长带动房地产的需求增加;地价上涨最终引起房价上涨。其中,对房地产本身进行投资改良所引起的房地产价格上升,不是房地产的自然增值;通货膨胀所引起的房地产价格上升,不是真正的房地产增值,而是房地产保值;需求增加导致稀缺性增加和外部经济或相互影响所引起的房地产价格上升,是真正的房地产自然增值。

4. 各异性

各异性是指房地产市场上不可能有两宗完全相同的房地产。由于受区位和周围环境的影响,土地不可能完全相同;两栋建筑物也不可能完全一样,即使是在同一条街道两旁同时建设的两栋采用相同设计形式的建筑物,也会由于其内部附属设备、临街情况、物业管理情况等的差异而有所不同。

5. 投资巨大性

房地产开发建设需巨额投资,购买土地的价值就达百万、千万甚至上亿。而现代房地产开发方式以成片的综合开发为主,因此投资额、销售额都在亿元甚至几十亿元、几百亿元以上,很多开发企业需要借助银行贷款保证生产。不仅房地产的生产投资巨大,房地产的消费也价值巨大,普通双薪家庭往往要积攒数年,甚至一辈子才能购买一套住宅,很多家庭在购买时还会选择住房抵押贷款。所以房地产的市场是与金融市场紧密联系的。

6. 相互影响性

相互影响性也就是经济学上所讲的外部性。房地产具有明显的相互影响性,其外部性问题非常广泛和突出。房地产总是与一定的空间位置相结合,房地产的开发利用必然影响某一区域内的自然生态环境、经济效益和发展,甚至影响邻近乃至整个国家的社会不同层面。如

模块一 房地产经纪概述

城市开发中土地增值收益的分配、相邻房地产利用时的干扰、居住区中的环境污染等,从而使当事人的私人收益(成本)与社会收益(成本)不一致,使具有正的外部性的产品与服务供给过少,具有负的外部性的产品与服务供给过多。

7. 长期性

房地产产品的生产过程是一个复杂的过程,首先需要选址、决策、申请立项,再经过土地、规划、建设等部门的批准,还要经历拆迁、前期准备、规划设计、开发建设、销售等过程,最短要一年的时间,一些投资巨大、分期开发、结构复杂的项目甚至要经过两年、三年、五年的时间。这种特性也决定了房地产供给的滞后性,相对其他产品,房地产供给调节缓慢。

8. 政策影响性

由于房地产在社会经济活动中的重要性,各国政府均对房地产市场倍加关注,经常会有新的政策措施出台,以调整房地产开发建设、交易、使用过程中的法律关系和经济利益关系。政府的土地供给、住房、金融、财政税收等政策的变更,均会对房地产的市场价值产生影响。在我国,房地产的发展和国家政策更是息息相关,因为土地的一级市场由国家垄断,政府引导市场发展。国家的土地供给政策、住房政策、金融政策、财税政策都与房地产业息息相关。因房地产不可移动性,造成房地产不能搬走、不能隐藏,使得房地产很难避免这些政策调整所带来的影响。

知识链接

房产与地产的区别

房产与地产的区别主要表现如下:

(1)地产可以单独存在,而房产则不能离开地产而单独存在。例如,有一宗土地,即使地面上没有任何建筑物、构筑物,它也可以作为一宗单独的地产进入市场进行买卖;而房屋或房产只有建立在土地上之后,才能与土地结合为房地产,而以整体的形态进入市场。

(2)房产是最终产品,能够直接满足人们生产、生活的各种需要,而地产则不同。人们对地产的需求,往往是通过对房屋或房产的需求而表现出来的。通常,在对一宗房地产进行估价时,地价是包含在房价之中的。当然,对于地产商来说,各种地产就是他的最终产品。

(3)房产有折旧,而地产没有折旧。地产,特别是生地荒地,由于没有经过人类劳动的开发,不含有价值,因此是不存在折旧的;而且,土地在使用过程中是不会磨损的,如果保护和使用合理妥当,还可以永续利用。而房产则会在使用过程中出现损坏、磨损乃至完全报废,需要进行必要的折旧来予以补偿。

(4)地产的价格主要受级差地租规律的支配,而房产的价格则决定于建筑成本加上土地价格。建筑地段相同,房价的差异受建筑成本的制约;建筑地段不同,房价则更多地受到地价的影响——这就是级差地租规律的作用(地价的实质是地租,而房租的实质是房价)。随着人口的不断增长、国民经济的发展和城市化进程的加快,地价呈上升的趋势,从而地价在房地产价格中所占的比重将会提高;而房价除原材料上涨和供求关系引起价格上涨外,其价值将会随着房屋的使用磨损而贬值,价值量只会越来越小。

三、房地产的分类

按照不同的分类标准,房地产可分为以下几种类型:

1. 按建筑结构分类

建筑结构是指建筑物中承重构件组成的体系。它分为砖木结构、砖混结构、钢结构、钢筋混凝土结构、其他结构。

（1）砖木结构。砖木结构的主要承重构件是砖和木材。其中，竖向承重构件的墙体和柱采用砖砌。水平承重构件的楼板、屋架采用木材。它主要用于高档别墅和层数较低的房屋。过去的民用房屋和简易房屋，大都是此种结构，但现在很少使用。

（2）砖混结构。砖混结构是指大部分承重结构是砖墙，小部分用钢筋混凝土结构作为承重构件。砖混结构住宅中的"砖"，指的是一种统一尺寸的建筑材料，也有其他尺寸的异型黏土砖，如空心砖等。"混"指的是由钢筋、水泥、砂石、水按一定比例配制的钢筋混凝土配件，包括楼板、过梁、楼梯、阳台、挑檐，这些配件与用砖做的承重墙相结合，称为砖混结构式房地产。砖混结构式房地产的最大优点是造价低，但抗震性能较差，开间和进深尺寸及层高都受到一定的限制，它一般最高建5~6层。这类房地产正逐步被钢筋混凝土结构的房地产所替代。

（3）钢结构。钢结构的主要承重构件均是用钢材制成的。这类房地产建造成本高，多用于高层公共建筑和跨度大的工业建筑，如体育馆、影剧院、跨度大的工业厂房等。随着我国钢铁业和建筑业的发展，轻钢结构体系住宅技术及轻钢结构体系住宅产品将具有广阔的发展空间，而且已经成为房地产业当前发展的重点。

（4）钢筋混凝土结构。钢筋混凝土结构房地产的主要结构材料是钢筋混凝土，承重构件为梁、板、柱等。除剪力墙外，墙体主要起维护、分隔的作用。这种结构的房地产具有抗震性能好、整体性强、抗腐蚀能力强、经久耐用等优点，并且房间的开间相对较大、进深相对较长，空间分隔较自由。钢筋混凝土结构主要包括框架结构、框架—剪力墙结构、剪力墙结构、筒体结构、框架筒体结构和筒中筒结构等。目前，多、高层住宅多采用这种结构。其缺点是工艺比较复杂，建筑造价较高。

（5）其他结构。如网架结构、悬索结构、壳体结构等。

2. 按房地产用途分类

根据房地产的不同用途、不同特性，它可分为民用房地产、营业用房地产、生产用房地产、农业用房地产、行政用房地产和其他专业房地产等。

（1）民用房地产。民用房地产是指居住使用的房地产，以满足人们生活的基本需求并为不断提高居住质量而开发的产品。如普通住宅、高档公寓和别墅。民用房地产具有有用性、可靠性、安全性、易维修性，同时还具有良好的防水、保温隔热、采光和通风等性能，易于家具的布置，有足够的承重能力和抗风、抗震的能力等。人们首先要有安居的处所，然后才能正常地从事各项活动。我国的房地产市场以住宅为主体，在现代城市中，住宅一般占到城市房屋总量的一半左右，居住房地产是房地产经纪活动的主要经营对象。

（2）营业用房地产。营业用房地产是指商场、银行、邮电、旅馆、酒店以及其他经营性服务等第三产业所使用的房地产。

1）商业房地产。商业房地产是指为了满足人们购物、逛街的需求而开发的房地产。其包括各种商店、市场、超级市场、购物中心、商业店铺、批发市场等。

2）办公房地产。办公房地产是指用来解决人们商务性或政务性的活动而建造的房地产。其包括商务办公楼（写字楼）、政府办公楼（政府购买或长期租用的办公楼）等。

3）酒店、餐饮类房地产。酒店、餐饮类房地产主要是指为城市流动人口提供餐饮、住宿服务的房地产。其包括各类宾馆、饭店、酒店、度假村、招待所以及酒楼、美食城、快餐店、火锅城等。

4）娱乐房地产。随着居民生活水平的提高，人们的业余生活越来越丰富多彩，娱乐房地产应运而生并蓬勃发展。一些房地产公司为了满足人们的消遣需要开发出许多游乐场、娱乐宫、康乐中心、俱乐部、夜总会等娱乐场所用房。

5）文化房地产。文化房地产是为了丰富人们的业余生活，陶冶情操而开发的房地产。如电影院、剧场、图书馆、档案馆、文化馆、休闲中心等用房是通过市场方式获得的，就属于此类房地产。

6）金融房地产。经济发展需要金融行业的支持，居民的日常生活也需要金融服务。金融房地产是指为满足银行等金融机构开展业务需要而开发的房地产，包括银行、信托投资公司、保险公司等通过市场方式购买或租用的房产。

7）教育房地产。教育房地产主要指为发展义务教育、高等教育和其他培训、教育而提供的教学用房地产。如中小学校用房、幼儿园用房等。

8）医疗卫生房地产。医疗卫生房地产是指用于看病、保健、住院、防疫的房地产。如综合医院、专科医院、卫生院、防疫站等用房是通过市场方式获得的，就属于此类房地产。

9）交通房地产。交通房地产是指用来满足人们交通出行的道路及临时休憩的房地产。如火车站、公路、港口、客运站。目前，在我国这类建筑还基本由政府提供，但随着民间资本向基础设施建设领域的渗透，交通房地产会有一定程度的发展。

10）体育房地产。体育房地产是指为了人们开展各种体育活动而通过市场方式开发的房地产，包括体育馆、体育场、高尔夫球场等。政府提供的此类建筑物、构筑物等除外。

11）特殊用途房地产。某些特殊用途的房地产也可以通过市场方式获得。如有的房地产开发公司开发墓地，用于出售；有的纪念馆通过购买或承租房产而创办，这类房地产我们通常将其归类为特殊用途房地产。

(3)生产用房地产。生产用房地产主要是指供工业生产使用或直接为工业生产服务的房地产，包括厂房、仓库等。如这类房地产是通过房地产市场获得的，就演化成为工业房地产。在我国，工业房地产刚刚处于萌芽状态，如有的房地产公司开发的配套工业园就属于此类。在西方国家，这种房地产形式较普遍。工业房地产按照用途，又可分为主要生产厂房、辅助生产厂房、动力用厂房、储存用房屋、运输用房屋、办公用房、其他（如水泵房、污水处理站等）。

(4)农业用房地产。农业用房地产是指通过市场方式获得的供农业生产使用的房屋等建筑物。一般房地产经纪活动以城市房地产为主要研究对象。

(5)行政用房地产。行政用房地产是指党、政、军机关，工、青、妇团体、民主党派等的办公用房及其辅助用房。

(6)其他专业房地产。其他专业房地产是指教育、科技、卫生等用房，以及外国驻华机构用房、宗教用房等。

3. 按房地产权属关系分类

(1)国有房产。国有房产是指归国家所有的房产，包括由政府接管、国家经租、收购、新建以及由国有单位用自筹资金建设或购买的房产。

(2)集体所有房产。集体所有房产是指城市集体所有制单位所有的房产，即集体所有制单位投资建造、购买的房产。

（3）私有房产。私有房产是指私人所有的房产，包括中国公民、外国公民以及中国公民投资的私营企业所投资建造、购买的房产。

（4）联营企业房产。联营企业房产是指不同所有制性质的单位之间共同组成新的法人型经济实体所投资建造、购买的房产。

（5）股份制公司房产。股份制公司房产是指由股份制公司投资建造、购买的房产。

（6）中国港、澳、台投资房产。中国港、澳、台投资房产是指中国港、澳、台地区投资者以合资、合作或独资的方式在中国内地举办的企业所投资建造、购买的房产。

（7）涉外房产。涉外房产是指外商投资企业、外国政府、外国社会团体、国际性机构所投资建造或购买的房产等。

4. 按建筑层数或总高度分类

根据房地产（建筑物）的层数或总高度，可将房地产分为低层建筑、多层建筑、高层建筑和超高层建筑 4 大类。

住宅房地产是按照建筑层数来划分的：1~3 层为低层；4~6 层为多层；7~9 层为中高层；10 层以上为高层。

公共及综合房地产通常是按照建筑总高度来划分的：总高度超过 24 m 的为高层（但不包括总高度超过 24 m 的单层建筑）；房地产（建筑物）总高度超过 100 m 的，无论是住宅还是公共建筑、综合性建筑，均称为超高层建筑。

5. 按房地产的完损状况分类

（1）完好房。完好房是指房屋的结构、装修和设备各部分完好无损，不需要修理或经一般小修就能具备正常使用功能的房屋。

（2）基本完好房。基本完好房是指房屋的结构部位和构件基本完好，或虽有强度损坏，但已稳定并能保证使用安全，装修和设备部分已有轻度损坏，但不影响正常使用，经一般性维修能修复的房屋。

（3）一般损坏房。一般损坏房是指房屋结构有一般性损坏，部分构件有损坏或变形，结构安全度降低，屋面局部漏雨，装修和设备部分有损坏、老化和残缺，不能正常使用，需要进行中修或局部大修、更换部件的房屋。

（4）严重损坏房。严重损坏房是指房屋年久失修，主要结构有明显损坏或变形，屋面严重漏雨，装修部分严重变形破损，设备残缺或严重损坏，已无法使用，需要进行大修或改建的房屋。

（5）危险房屋。危险房屋是指承重构建已属危险构件，结构丧失稳定和承载能力，随时有倒塌的可能，不能确保使用安全的房屋。

6. 按房地产开发程度分类

（1）生地。生地是指不具有城市基础设施的土地，如荒地、农地。

（2）毛地。毛地是指具有一定的城市基础设施，但地上有待拆迁安置的旧房屋的土地。

（3）熟地。熟地是指具有完善的城市基础设施，进行过平整，能直接在其上面进行房屋建设的土地。

（4）在建工程。在建工程是指地上建筑物尚未完全建成，还没有达到交付使用条件的房地产。

模块一 房地产经纪概述

(5)现房。现房是指地上建筑物已建成,可直接使用的房地产。它可能是新的,也可能是旧的或经过装修改造的。

7. 房地产的其他分类

根据房地产是否和现代高科技结合,可将其分为传统房地产和现代房地产。

(1)传统房地产。传统房地产主要起避风雨、御寒暑的作用。由于建筑技术的发展使房地产内各种设备如供暖通风设备、给水排水设备、供电设备日益完善,人类居住和工作的环境得到了改善。

(2)现代房地产。现代房地产除避风雨、御寒暑外,向办公、教育、商业、工业、行政、金融、医疗等各种功能发展,除有内部各种信息交换外,与外部社会也有大量的信息交换。现代房地产的发展向传统的房地产提出了挑战。

四、房地产业

1. 房地产业的含义

房地产业是从事房地产有关的投资、开发建设、经营、管理、服务的行业,是一个集多种经济活动为一体的产业,属于第三产业,是现代国民经济中的一个重要行业。它体现了房地产经营过程各种参与者之间的经济关系。

房地产业是一个巨大的产业体系,具体来说,房地产业包括土地开发、房屋建设、房屋的维修与管理、土地使用权的有偿转让与出让、房屋所有权的买卖、租赁、房地产抵押、房地产中介咨询等行为,以及对经济活动进行控制和管理的行为。房地产业的基本职能是组织房地产开发,为房地产流通和消费提供服务性劳动。房地产各部门之间相互制约、相互联系,形成一个有机的整体。

2. 房地产业的行业细分

房地产业涉及面很广,它可以分出很多细小的行业。大概可分为房地产投资开发业和房地产服务业。

(1)房地产投资开发业。房地产投资开发是指在依法取得国有土地使用权的土地上投资进行基础设施、房屋建设的行为。房地产投资开发需要土地、建筑材料、城市基础设施、公共配套设施、劳动力、资金和有经验的专业人员等诸多投入。房地产投资开发包括生地开发成熟地和毛地开发成熟地,在熟地上开发房屋等活动。房地产投资开发除了取得土地、建造房屋,然后预售或出售新建的房屋这种方式,还包括置业投资。房地产置业投资指购买房屋后出租,购买房屋后出租一段时间再转让;或者购买房地产后等待一段时间再转让的行为。置业投资者不需要投入原材料建设,直接购买已建设完成的物业。

(2)房地产服务业。房地产服务业分为两类,一类是物业管理,另一类是房地产中介业。

1)当房地产开发完成,销售结束后,业主进入消费领域,对房屋及其附属设备设施、相关场地进行的维护与维修,清洁、绿化、维护小区内公共秩序等活动为物业管理活动。

2)房地产中介又分为房地产咨询、房地产价格评估、房地产经纪等,其活动范围主要在流通领域。

由房地产的行业细分可以看出房地产经纪属于房地产中介范畴,而房地产中介又是房地产业的一个重要组成部分。房地产中介的存在与发展是和房地产业的发展紧密联系在一起的。

3. 房地产业的作用

房地产业的适度发展可以为国民经济的发展提供重要的物质条件,可以改善人们的居住和生活条件。通过综合开发,可以改善投资环境,有利于城市规划的实施,为城市建设开辟重要的积累资金渠道,促进城市化进程。由于房地产的产业关联性,可以带动相关产业,如建筑、建材、化工、轻工、电器等工业的发展,不仅可以扩大就业,而且有利于产业结构的合理调整,深化住房制度的改革,调整消费结构。当然,房地产业的不良发展会对国民经济产生阻碍和破坏作用。

知识链接

房地产业的特点

(1)基础性。房地产的开发是为了满足人们的基本需求——"住",是保证生产、生活的基本物质基础,也是提高生活质量的有效途径。房地产业是国民经济的基础性产业,房地产业的发展与国民经济的发展紧密相关,在世界上许多经济发达的国家,房地产业已成为经济繁荣的基本支撑点。一个城市的兴起,房地产开发企业首先进行工厂的开发、家属区的建设、医院、邮电、商场、道路等的配套生产,然后才是更多的工业企业、服务企业等融入城市,推动城市的发展。

(2)周期性。房地产业是进行房地产的开发和经营的基础建设行业,属于固定资产投资的范畴,受国家宏观经济发展的影响非常大,因此,同国民经济的发展具有周期性一样,房地产业的发展也具有周期性,有波峰时期也有波谷时期。我国的房地产发展周期往往也是国家宏观调控的周期。

(3)关联性。房地产业的关联性,体现在它是与众多产业部门密切相关的产业部门。房地产业是横跨生产、流通和消费领域的产业部门,在生产开发阶段,房地产的活跃能够带动建筑业、建材工业、房屋设备工业、建筑机械工业、冶金、化工、森林工业、机械、电子、仪表、通信等生产部门的发展;在流通领域,房地产业的活跃能够带动税收、抵押、拍卖、典当、中介、商业行业的发展,房地产业的发展也能促使一些新行业的产生,如物业管理、房地产评估、房地产中介等。在消费领域,更能带动家用电器、纺织、家具,以及旅游、园林、运输、娱乐、银行、商场等其他服务业的发展。正是由于房地产开发、流通过程较长,消费过程长达几十年甚至上百年的特殊情况,决定了房地产与多行业、多部门、多学科相结合,是一个具有高度关联性的行业。

(4)先导性。房地产业在很多国家是支柱产业,也是带动性很强的龙头产业。第二次世界大战后,许多国家和城市需要在战争废墟上重建,因此国家给予了房地产开发许多优惠政策,鼓励其先发展,然后拉动经济复苏。房地产的发展往往比国民经济的发展周期早半拍,因此,房地产被称为国民经济的晴雨表,也体现了它的先导性。当然,如果一个国家出现经济危机,房地产业也会首当其冲、早半拍先下滑,房地产价格下跌、房地产业萎缩早于经济的衰退。

(5)风险性。从房地产业的投资过程来看,它是一个高投资和高风险并存的行业。房地产开发中周期长、投资数量巨大、变现性差,如果出现市场价格波动、市场需求变化、政府政策变动,都有可能功亏一篑,所以房地产业回报率虽然较高,但确定性较差,是一个高风险的行业。因房地产价值量大,建设周期长,资金占用多,所以它的经济活动是一个大量资金运作的过程;又因房地产投资周期长及其固定性、变现能力差等特点,所以它涉及的风险也相对较大。

模块一　房地产经纪概述

（6）受政策的影响性。政府为调控房地产市场出台了很多政策，如土地供给政策、住房改革政策、金融政策、财政税收政策等，这些政策的推出，必然影响房地产投资活动。政府投资对房地产业发展的影响主要通过以下几个方面来体现：政府对土地资源的开发和使用计划直接影响到土地的供应，从而影响到房地产业的开发状况；政府的各项税费会影响到房地产的价格，从而影响到房地产的销售状况；政府对房地产交易所采取的政策会影响到房地产的流通状况。

（7）区域性。从经济活动的范围来看，房地产业又是一个区域差异巨大、级差收益明显、地区性特别强的行业。由于房地产的空间固定性，房地产业的发展比起其他行业更多地受制于区域经济的发展水平，即使在同一地区，由于微观区位的不同，也会使房地产价值出现巨大的差异，房地产业的区域性还造成房地产市场的地区性强。

任务二　房地产中介服务

课堂思考

谈谈您对房地产工作的认识？

一、房地产中介服务的含义

我国房地产中介服务是伴随着我国房地产市场快速发展而产生和发展起来的，属于第三产业的一种社会经济活动，涉及房地产投资、开发、销售、交易等各个环节，对我国房地产业的健康快速发展起到了不可替代的促进作用。

房地产中介服务概念

房地产中介服务是指具有专业执业资格的人员在房地产投资、开发、销售、交易等各个环节中，为当事人提供专业服务的经营活动，是房地产咨询、房地产价格评估、房地产经纪等活动的总称。

二、房地产中介服务的特点

房地产中介作为房地产与国民经济其他部门，以及与社会各方面联系的纽带和桥梁，是由房地产经济运行和发展过程的客观规律决定的。房地产中介服务活动，主要是通过提供各种信息和咨询，依靠房地产中介企业的专业人员所拥有的各种专业知识，依靠他们特有的组织机构、特殊的活动方式和方法，为房地产市场的各种主体提供专业服务，他们不生产产品，一般也不拥有产品，因此，它与房地产开发与经营、房地产交易活动有很大区别。其特点如下。

1. 投资小、风险小

房地产中介服务机构本身不需要投入大量的资金，它们主要以其拥有的信息、技术、劳动等为各投资方、开发商、交易方提供中介代理或相关服务，因此，中介公司不必筹措大量建设资金，相对房地产开发，投资资金较少，也不承担投资风险，相对经营风险较低。

2. 独立性和附属性并存

房地产中介服务是随着房地产开发和房地产交易的发展而发展的,它只充当房地产开发和交易的媒介,离开了房地产开发和房地产交易,它就没有独立存在的必要。但是,房地产中介服务机构又是独立存在的,它是在房地产市场发展过程中逐渐形成的独立的专业行业,发展房地产中介服务,可以更加规范和繁荣房地产市场。

3. 专业性、技术性强

房地产市场是较为特殊的市场,房地产从开发到交易的各个环节,涉及大量专业性、技术性较强的事物。从事房地产中介服务的人员不具备必要的专业知识和技术技能,根本无法处理这些繁杂的事务。这样,也就促使房地产行业的分工进一步细化,由此形成诸如咨询、评估、经济等方面的中介服务机构。

4. 人员特定

随着房地产市场的进一步发展,房地产中介业务活动逐步扩大和专门化,并且成为社会分工的一个独立部门,由社会上的一部分人专门负责,形成了一个独立的房地产中介服务业。从事房地产中介服务的人员必须是具有特定资格的专业人员。房地产市场是较为特殊的市场,房地产从开发到交易的各个环节中,涉及大量专业性、技术性较强的事物。

5. 有偿中介服务

房地产中介服务是一种服务性的经营活动,委托人一般都应按照一定的标准向房地产中介服务机构支付相应的报酬、佣金。房地产中介服务是受当事人委托进行的,并在当事人委托的范围内提供当事人所要求的服务。没有房地产委托人的委托,中介服务就没有了资金来源和服务对象,也就不存在房地产中介服务了。

三、房地产中介服务的类型

房地产中介服务与房地产开发、交易活动同属于房地产经营的范畴,都是房地产经济运行过程中不可缺少的环节。房地产中介包括的范围很广,包括房地产咨询、策划、广告、测绘、经纪、估价、金融、保险、信托、仲裁、培训、科技、信息等。但基于我国房地产中介刚刚起步,房地产中介的范围还仅限于狭义的房地产中介服务,主要指专门为房地产市场交易主体服务的活动。根据《中华人民共和国城市房地产管理法》的规定,目前房地产中介服务包括房地产咨询、房地产经纪、房地产价格评估3种类型。

1. 房地产咨询

房地产咨询具体业务是指直接受委托人的委托进行房地产市场调查分析、房地产价格分析预测、房地产开发项目可行性研究、房地产开发项目策划、房地产买卖、抵押、登记、物业管理服务等方面的咨询服务。房地产咨询是指房地产咨询机构为参与房地产投资决策、开发建设、房地产交易、物业服务的有关房地产活动的各类企业或相关人员提供有关的房地产法律法规、政策、房地产市场信息、可行性研究、项目策划、技术咨询等方面服务的经营活动。

2. 房地产经纪

房地产经纪的主要业务有:接受房地产开发商的委托,销售其开发的新商品房、代理旧房的买卖、代理房地产的租赁等业务。房地产经纪是指房地产经纪机构以收取佣金为目的,为促成他人房产交易而从事居间、代理等活动的经营行为。

3. 房地产价格评估

房地产价格评估的主要业务有：买卖、交换、抵押贷款、征用赔偿、课税、保险、典当、纠纷处理、拆迁、企业合资入股、破产清算等进行的房地产估价活动。房地产价格评估是指以房地产为对象，由专业评估人员，根据估价目的，遵循估价原则，按照估计程序，选用适宜的估价方法，并在综合分析影响房地产价格因素的基础上，对房地产在估价时点的客观合理价格或者价值进行估算和判定的活动。

四、房地产中介服务的行业管理内容

1. 房地产中介服务机构的业务管理

房地产中介服务机构的业务管理主要包括财务管理、承办业务管理、中介服务行为的管理等。

（1）财务管理。房地产中介服务收费实行明码标价制度。房地产中介服务机构应当在其经营场所或交、缴费用的地点的醒目位置公布其收费项目、服务内容、计费方法、收费标准等事项。房地产中介服务机构在接受委托时，应主动向当事人介绍有关中介服务的价格及服务的内容，出示收费标准。中介服务费必须由中介服务机构统一收取，并给缴费人开具发票。

（2）承办业务管理。房地产中介服务人员承办业务，应当由其所在房地产中介服务机构与委托人签订书面合同，中介服务人员不得以个人名义承揽业务，也不得以个人名义与委托人签订委托合同。在承办业务时，中介服务人员若与委托人、相关当事人有利害关系时，委托人有权要求其回避，中介服务人员也应主动回避。

（3）中介服务行为管理。房地产中介服务人员承办业务，由其所在中介机构统一受理并与委托人签订书面合同。由于房地产中介服务人员过错给当事人造成经济损失的，由该中介服务人员所在中介服务机构承担赔偿责任，其所在机构可以对有关人员追偿。在中介服务活动中，中介服务人员不得有下列行为。

1）索取、收受委托合同以外的酬金或其他财物，或者利用工作之便，牟取其他不正当的利益。

2）允许他人以自己的名义从事房地产中介服务。

3）同时在两个或两个以上中介服务机构执行业务。

4）与一方当事人串通损害另一方当事人的利益。

5）法律、法规禁止的其他行为。

违反上述规定的，县级以上房地产行政主管部门可收回其资质证书或者公告资质证书作废，并可处以1万元以上3万元以下的罚款。

对未取得房地产中介资质擅自从事房地产中介业务的，县级以上房地产行政主管部门责令其停止房地产中介业务，并可处以1万元以上3万元以下的罚款。对伪造、涂改、转让《房地产估价师执业资格证书》《房地产估价师注册证书》《房地产估价员岗位合格证书》《房地产经纪人执业资格证书》的，县级以上房地产行政主管部门收回资格证书或者公告资格证书作废，并可处以1万元以上3万元以下的罚款。

2. 中介服务机构的管理

对中介服务机构的管理主要从市场准入抓起，采取资格认证、资格分级、资格年检与日常监督相结合的管理措施。从事房地产中介服务业务的都应设立相应的房地产中介服务机构。房地产中介服务机构是自主经营、自担风险、自我约束、自我发展、平等竞争的经济组织,必须独立、客观、公正地执业。

(1)房地产中介服务机构应具备的条件。

1)有自己的名称、组织机构。

2)有固定的服务场所。

3)有规定数量的财产和经费。

4)有足够数量的专业人员。从事房地产咨询业务的人员中,应具有房地产及相关专业中等以上学历、初级以上专业技术职称的人员须占总人数的50%以上;从事房地产评估业务的人员中须有规定数量的房地产估价师;从事房地产经纪业务的人员中须有规定数量的房地产经纪人。

5)法律、法规规定的其他条件。

设立房地产中介服务机构,应当向当地工商行政管理部门申请设立登记。房地产中介服务机构在领取营业执照后的一个月内,应当到登记机关所在地的县级以上房地产行政主管部门备案。

(2)组织方式。房地产中介服务机构组织方式有合伙制和有限责任制。它由具有专业执业资格的人员发起设立。

1)合伙制。由2名以上具有专业执业资格的人员合伙发起设立。合伙人按照协议约定或法律规定,以各自的财产承担法律责任,对中介服务机构的债务承担无限连带责任。

2)有限责任制。由5名以上具有专业执业资格的人员共同出资发起设立。出资人以其出资额为限承担法律责任,中介服务机构以其全部财产对其债务承担责任。

3. 中介服务人员的资格管理

目前,我国已初步建立了与我国房地产市场发展相适应的房地产中介服务人员资格认证制度。房地产行政主管部门通过实施中介服务人员资格认证制度对房地产中介服务人员进行管理。主要是通过系统的培训与考核、资格认证与执业注册、继续教育与续期注册等方式,确保从业人员达到从业所要求的水准,并实现有效的监督管理。

(1)房地产经纪人员。房地产经纪人员职业资格包括房地产经纪人执业资格和房地产经纪人协理从业资格。凡从事房地产经纪活动的人员,必须取得房地产经纪人员相应职业资格证书并经注册生效。取得房地产经纪人执业资格是进入房地产经纪活动关键岗位和发起设立房地产经纪机构的必备条件。取得房地产经纪人协理从业资格,是从事房地产经纪活动的基本条件。未取得职业资格证书的人员一律不得从事房地产经纪活动。全国房地产经纪人员职业资格制度的政策制定、组织协调、资格考试、注册登记和监督管理工作由人力资源和社会保障部、住房和城乡建设部共同负责。

(2)房地产价格评估人员。对房地产价格评估人员国家实行房地产价格评估人员资格认证制度。房地产价格评估人员包括房地产估价师和房地产评估员。房地产估价师必须是通过国家统一执业资格认证考试,取得房地产估价师《执业资格证书》,并经注册登记取得《房地产估价师注册证》的人员。未取得《房地产估价师注册证》的人员不得以房地产估价师的名义从事房地产估价业务以及签署具有法律效力的房地产估价报告书。

(3)房地产咨询人员。从事房地产咨询业务的人员,必须是具有房地产及相关专业中等

模块一　房地产经纪概述

以上学历,有与房地产咨询业务相关的初级以上专业技术职称并取得考试合格证书的专业技术人员。

知识链接

房地产中介服务行业信用档案的管理

房地产中介服务行业信用档案是房地产信用档案的重要组成部分。房地产中介服务行业信用档案由房地产估价机构信用档案、注册房地产估价师信用档案、注册房地产经纪人信用档案等房地产中介服务机构及其执(从)业人员信用档案构成。

1. 信息的采集

信用档案信息依法从多种途径采集,充分利用现有信息资源,从政府部门、房地产中介行业自律组织、房地产中介服务机构、执(从)业人员、其他中介机构及社会公众等多种途径获得,并与机构资质审批、专业人员执(从)业资格注册工作有机结合。不良行为记录,除了要求房地产中介服务机构自报外,各级房地产行政主管部门、各级房地产中介行业自律组织也应及时报送房地产中介服务机构和有关责任人员的违法违规处理情况,房地产信用档案将按规定予以公示。

2. 信息维护和更新

房地产中介服务行业信用档案是由政府组织建立的,由系统管理部门对信息进行维护和更新。对涉及企业商业秘密的信息要注意保密,实行授权查询;未经核实的信息不得在网上公示;不良记录在公示前,必须经过严格的审核批准程序。

3. 信息查询

按照依法、合理保护企业商业秘密和分类、分级管理原则,房地产中介服务机构、执(从)业人员信用档案内容分为公示信息和授权查询信息两大类。公示信息可直接在中国住宅与房地产信息网、中国房地产估价师网上免费查询。授权查询信息,如房地产估价机构信用档案中估价项目名称、委托人名称、委托人联系电话等内容,需按照房地产信用档案管理规定的条件和程序进行查询。

4. 组织实施

原建设部组织建立一级房地产估价机构及执业人员信用档案系统。中国房地产估价师与房地产经纪人学会为房地产中介服务行业信用档案的系统管理部门,在建设部领导下,负责一级房地产估价机构和房地产中介执业人员信用档案的日常管理工作。

5. 管理的原则

房地产中介服务行业信用档案按照统一规划、分级建设、分步实施、信息共享的原则进行,逐步实现房地产中介服务行业信用档案系统覆盖全行业的目标。各级房地产行政主管部门负责组织所辖区内房地产信用档案系统的建设与管理工作。

6. 投诉处理

房地产中介服务行业信用档案系统专门设立了网上投诉栏目,社会公众可以在网上对房地产市场违法违纪行为进行投诉,社会公众按照统一格式提交有关房地产方面的投诉。按照《关于建立房地产企业及执(从)业人员信用档案系统的通知》的规定,系统管理部门对收到的投诉信息,要进行登记、整理、分类,并根据被投诉对象和投诉内容,或转交有关行政部门进行核查、处理,或转给被投诉机构进行处理。房地产中介服务机构对系统管理部门转去的投诉在15天内反馈意见(包括处理结果或正在处理情况)。无正当理由未按时反馈的,将在网上公示投诉情况。机构对已公示的违法违规行为进行整改后,可提请相关行政主管部门组织考核验收,并在网上公布整改结果。如要撤销公示,须由被公示单位提出申请,经相关行政主管部门同意,方可从网上撤销;不良行为记录分类在房地产中介服务行业信用档案中保留一定期限。

经纪故事

20世纪60年代是美国房地产中介业发展的萌芽期,这一时期中介市场混乱,经纪人素质和服务水平参差不齐,公司没有针对从业人员的职业培训,更没有颇具影响力的品牌让消费者选择,尽快成交成为中介行业最重要的目标。那时中介单店数量高速扩张,但尚未形成特许经营体系,仍以"各自为政、互不往来"的形式经营。随着整个房地产中介市场的发展,行业竞争加剧以及买方市场的逐步形成,顾客对中介服务提出了更高的要求。在这种情况下,一些中介公司不得不开始考虑从降低经营成本、提高服务质量以及依靠可信赖的大品牌吸引顾客来增强自身的市场竞争力。20世纪70年代的美国以特许经营的形式崛起了一大批房地产中介品牌,其中就有通过特许经营模式发展至今已经成为全球最大的房地产中介机构——21世纪不动产,另外还有一些小规模的中介公司,也开始尝试转向特许经营。中介交易模式开始进入系统化,拥有多家单店的中介公司开始发展起来。20世纪80年代,传统的特许经营持续成长,与此同时,由于一些金融服务公司如西尔斯、美林证券、大都会保险公司等介入房地产中介行业,促成了现代房地产中介特许经营模式的初步规模化和体系化。中介经营模式面临着深刻的变革,而特许经营模式以其自身特点和双赢的独特魅力得以成为那些励精图治的中介公司的首要选择,同时特许经营模式的应用也极大地推进了房地产中介业的迅速发展。进入20世纪90年代后,房地产中介特许经营模式迅猛发展并逐步走向成熟,此时行业边际利润降低、经纪人数量减少、同时中介还要面临科技手段的冲击。

关于对广州﹡﹡房地产有限公司给予信用扣分的公示

发布日期:2021-09-18

广州﹡﹡房地产有限公司(备案证号:201708﹡﹡﹡)因存在没有合法依据的情形下擅自办理网签手续的行为,广州市住房和城乡建设局于2021年8月30日作出相应的行政处罚。

今协会根据《广州市房地产中介信用评分评级管理办法》,依照不良行为评分指标第52条:"无合法依据为当事人进行系统操作或者拒绝为当事人进行系统操作。"对该公司给予扣减信用分10分。此次信用扣分后,该公司信用评分为62分,信用等级为预警。(注:信用评分低于70分,信用等级为预警;信用评分低于60分,信用等级为失信。)

望广大会员同行,遵纪守法,规范执业。

广州市房地产中介协会
2021年9月13日

任务三　房地产经纪

课堂思考

您认为房地产经纪工作内容包括哪些?

一、经纪的含义

经纪作为一种经济活动,即经纪活动,是经济活动中的一种中介服务行为,具体是指以收取佣金为目的,为促成他人交易而从事的居间、代理、行纪等经纪业务的经济活动。

在《辞源》中,经纪有5种解释,即经营、经纪人、料理安排、买卖、法度秩序。我国《辞海》把经纪定义为"为买卖双方介绍交易以获取佣金的中间商"。

房地产的概念

在现实生活中,经纪活动包括3层基本含义:

(1)经纪机构提供中介服务,是以营利为目的,通过佣金方式取得其服务的报酬;

(2)经纪人是专门从事中介活动,为买卖双方牵线和调节,并赚取佣金的中间商人;

(3)经纪活动是一种中介活动,主要是通过提供信息和专业服务来进行牵线沟通,促成交易。

二、房地产经纪的内涵

房地产经纪是指以收取佣金为目的,为促成他人房地产交易而从事居间、代理等经纪业务的经济活动。房地产经纪是房地产中介的一部分,也是经纪行业的一个分支。由于房地产经纪服务作为一个行业存在的时间还比较短,对房地产经纪服务的内涵和外延尚缺少明确统一的界定。

1. 房地产居间

房地产居间是指向委托人报告订立房地产交易合同的机会或者提供订立房地产交易合同的媒介服务,并向委托人收取佣金的行为。房地产居间分为房地产买卖居间、租赁居间、抵押居间、投资居间。它是经纪行为中广泛采用的一种基本形式,经纪人员与委托人之间没有长期固定的合作关系。在房地产居间业务中最常见的有两种:房地产转让居间(如房地产委托出售、委托购买或委托交换、代办房地产交易手续)和房地产租赁居间。

2. 房地产代理

房地产代理是指经纪机构在委托权限内,以委托人名义与第三方进行交易,并由委托人直接承担相应法律责任的商业行为。经纪活动中的代理,属于一种狭义的商业代理活动。其特点是经纪机构与委托人之间有较长期的稳定合作关系,经纪人员只能以委托人的名义开展活动,活动中产生的权利和责任由委托人承担,经纪人员只收取委托人的佣金。

其中,商品房销售代理是中国目前房地产代理活动的主要形式,一般由房地产经纪机构接受房地产开发商委托,负责商品房的市场推广和具体销售工作。在这一类代理活动中,常常又派生出一些其他代理活动,如代理购房者申请个人住房抵押贷款。此外,随着房地产业的发展和房地产市场的拓展和成熟,房地产代理业务也会随之扩大。一些经纪机构开始全程参与房地产开发过程,代理筛选及聘请从设计师到物业管理公司等各类专业机构的活动。

居间与代理的区别:在居间活动中经纪人以自己的名义一手托两家,促成交易形成,向委托人收取费用;而代理活动经纪人以被代理人的名义从事代理活动,最终法律责任由委托人承担。经纪机构只承担代理人违约、违法责任。居间活动具有非连续性和流动性,而代理一般有长期合作,相互信任的特性。

3. 房地产行纪

房地产行纪是指经纪机构受委托人的委托,以自己的名义与第三方进行交易,并承担规定的法律责任的商业行为,一般有长期固定的合作关系。

行纪与代理的区别有两点:一是经委托人同意或双方事先约定,经纪机构可以以低于(或高于)委托人指定的价格买进(或卖出),并因此而增加报酬;二是除非委托人不同意,对具有市场定价的商品,经纪机构自己可以作为买受人或出卖人。

4. 房地产经纪的佣金

佣金是经纪收入的基本来源,其性质是劳动收入、经营收入和风险收入的综合体。它是对经纪机构开展经纪活动时付出的劳动、花费的资金和承担的风险的总回报。

经纪人从事经纪活动后获得的劳动报酬称为佣金,佣金是经纪收入的基本来源。由于经纪活动不是买卖商品,而是为他人交易提供中介服务,经纪人在经纪活动中以收取佣金为目的。经纪人的佣金是劳动报酬、风险报酬和经营收入的综合收入,是委托人依照法律规定或者双方约定,在完成了经纪业务后支付给经纪人的劳动报酬,实现相应权益的一种主要表现形式,是经纪人参与具体的经纪事务,在一定的社会劳动时间内所创造的劳动价值和社会价值的体现,是经纪人的合法收入,受国家法律保护。

佣金可分为法定佣金和自由佣金。法定佣金是指经纪机构从事特定经纪业务时按照国家对特定经纪业务规定的佣金标准收取的佣金。法定佣金具有强制力,当事人各方都必须接受,不得高于或低于法定佣金。自由佣金是指经纪机构与委托人协商确定的佣金,自由佣金一经确定并写入合同后也具有同样的法律效力,违约者必须承担违约责任。经纪机构在签订经纪合同时,应将佣金的数量、支付方式、支付期限及中介不成功时中介费用的负担等明确写入合同。经纪机构收取佣金时应当开具发票,并依法纳税和缴纳行政管理费。经纪机构可以在签订合同时预收部分佣金和费用,也可与委托人签订"专有经纪合同"。

经纪故事

为了达到"齐齐赚钱"目的而一房两卖 事情败露终获刑

本报讯(记者刘晓星)一名房地产中介服务人员作为中间人,与卖方代表和负责物色买家的代理互相勾结。负责物色买家的代理收取买家中介费后,给予房地产中介服务人员回扣,房地产中介服务人员又将其中的一部分分给卖方代表。为了达到"齐齐赚钱"的目的,他们竟然一房两卖。近日,房地产中介服务人员黄绍明、负责物色买家的代表龙国梁分别获刑六年以及一年六个月。

房地产中介为吃回扣两头勾结

经一审、二审法院审理查明，2006年8月至2007年10月期间，黄绍明担任嘉园置地广州分公司欧美部物业顾问。2006年年底，西门子公司委托嘉园置地广州分公司为其于广州市恒福路的一处面积共2 298.45 m²的20套房子物色买家。黄绍明受公司委派负责该项工作，并与西门子公司负责该项业务的代表曾轶联系接洽。后黄绍明又委托时任君庭地产公司总经理的龙国梁为其物色买家，并向龙国梁索要500元/m²的回扣，否则不安排买家与西门子公司代表曾轶见面洽谈。据龙国梁供述，由于只有黄绍明掌握这批房屋的资料，如果不答应，黄绍明就不会将这批房屋委托他出售，所以他只能同意。

为拿中介费回扣款竟一房两卖

此外，黄绍明为使其物色的买家与西门子公司顺利达成交易，从而收取高额回扣，向曾轶承诺事成后按交易总价计提1.5%给曾轶作为回扣。龙国梁答应黄绍明的要求后物色到买家洪某某、蒋某某。2007年10月，黄绍明辞职离开嘉园置地广州分公司，且未将辞职事宜告知与涉案房屋有关的人员。买家洪某某、蒋某某二人经过与西门子公司代表曾轶洽谈和参加投标报价，于2007年11月5日成功以5 319元/m²的购买价与西门子公司代表曾轶签订了房屋买卖合同。后因洪某某、蒋某某二人没有及时支付约定的170余万元"中介费"，导致龙国梁不能及时向黄绍明支付事先约定的"回扣款"，龙国梁于2007年11月7日又物色到愿意以6 700元/m²的价格购买房屋的另一买家苏某某。

为达到于2007年11月7日、8日收取苏某某的中介费300万元的目的，龙国梁便向黄绍明谎称苏某某是前一买家蒋某某的丈夫，要求将买家临时更换为苏某某，同时在收到300万元后立即转送138.5万元给黄绍明。黄绍明、曾轶同意了龙国梁的要求。2007年11月8日，苏某某与西门子公司完成了房屋交易。同日，黄绍明在自己收取的款项中拿出21万元向曾轶支付了贿款。同年12月10日，黄绍明又将所收取款项中的18.3万元作为业务佣金上交给嘉园公司后，将其余99.2万元非法占为己有。

近日，广州中院对此案作出终审判决，黄绍明犯非国家工作人员受贿罪、对非国家工作人员行贿罪，决定执行有期徒刑六年，没收财产人民币20万元。龙国梁犯对非国家工作人员行贿罪，判处有期徒刑一年六个月。

大洋网-广州日报

三、房地产经纪的内容

了解房地产及其特点，熟悉房地产的基本运行环节和基本构成，就很容易掌握房地产经纪服务的具体内容。房地产经纪活动贯穿于房地产活动的始终，在各个环节所提供的服务内容也有所不同。

1. 生产环节

房地产经纪活动在生产环节主要针对房地产开发商提供经纪服务。在开发市场活动中，经纪人主要提供融资中介服务和建筑中介服务。具体提供的服务有：

（1）进行房地产开发项目从立项、规划、设计到后期景观、物业的全程策划；

（2）为房地产开发商寻找项目用地或投资伙伴；

（3）为房地产开发项目进行可行性研究分析；

(4)为房地产开发企业提供融资与信贷信息服务；
(5)为房地产开发代办的其他服务项目。

2. 流通环节

流通环节是房地产经纪服务的主要环节,具体提供的服务有如下10项：
(1)为开发商进行销售代理；
(2)为开发商承担销售广告推介服务；
(3)为开发商进行商业物业的出租招商业务；
(4)为存量房地产所有者进行出售、出租、转让房地产的服务；
(5)为房地产交换者与差价换房者进行房地产置换的服务；
(6)公有房屋使用权转租、转让服务；
(7)产权产籍代理服务；
(8)房屋抵押、典当服务；
(9)融资服务；
(10)其他服务。

3. 消费环节

消费环节主要指房地产交易完毕后的房屋交付使用。现房地产经纪行业参与较少。其服务内容有：
(1)为房地产业主和物业管理公司牵线搭桥,为双方协商物业管理事项提供服务；
(2)为房屋保险代办手续；
(3)其他服务。

四、房地产经纪的必要性

经纪活动具有传播经济信息、加速商品流通、优化资源配置等一系列独特作用,因此,经纪活动已成为市场经济活动中一个必不可少的组成部分。对于房地产市场而言,由于房地产商品及其交易的特殊性,房地产经纪活动更是其不可或缺的重要组成部分。

1. 房地产市场机制客观性

当前,在房地产市场中,从土地批租到商品房的销售和售后服务,都不再像过去那样由政府包办,层层下达计划任务和指标,而是引入了市场机制,这必然对房地产经纪人员的经纪活动产生了大量的需求。

同时因为房地产市场不同于一般商品市场,具有非物流性,属于产权交易,而不是简单的事物交易,因此特别需要居间人的作用。房地产市场不是完全的公开市场,信息具有不对称性,并且房地产的交易受当事人个人因素影响较大,人们交易谨慎,特别需要房地产经纪人提供信息,牵线搭桥,促成交易。

2. 房地产供求双方的需求

由于房地产的供给者或需求者自己不能或房地产经纪活动成本过高、时间消耗过多的缘故,也愿意将房地产经纪活动交给房地产经纪公司承办。

3. 房地产商品的特殊性

房地产具有不可移动、价值大、寿命周期长的特点,其价值和使用价值构成复杂,不仅包

括建筑结构、层次、朝向、设备、景观、物业等要素,还包括区位、交通、生活服务设施等环境要素,并且与邻里关系、社区文化等人文要素有着密切关系。人们一般很少交易,置业者往往需要借助于房地产经纪人来获取有关信息和经验。

4. 房地产交易的复杂性

由于房地产交易的复杂性,使得每一笔交易都需要耗费时日,并且还要懂得有关的法律、财务等知识。训练有素的房地产经纪人员能为买卖双方提供各种专业帮助。而且房地产买方大都需要融资,经纪人员需要熟悉抵押贷款的各种规定,以便帮助买主向金融机构筹措购房贷款。

(1)交易价格的复杂性。房地产商品具有空间固定性的特征,其区域性强,不能集中上柜展示。房地产的空间固定性还决定了房地产商品的单一性、强异质性,即没有两宗房地产是完全相同的,因此,房地产商品市场比价难,而且房地产的产出能力是以物理特征、地理特征和法律特征的综合因素为基础的,在任意一个时点上估算存量房地产的价值都会存在一定的困难。

(2)交易专业信息的复杂性。房地产交易需要认知房屋的功能和品质、地段和环境、价值和产权,以及当事人的心理和文化诉求等,涉及众多专业知识和能力,包括房地产专业知识、产权交易的法律知识、房屋质量的评估技术与能力、与人沟通和交流的技能、掌握房地产复杂市场行情变化的能力等多个方面。

(3)商品自身信息的复杂性。房地产商品自身信息包括房屋质量、房龄等物理信息,区域、环境等地理信息,另外,房地产商品作为一种不动产,其交易必然涉及产权关系,因此房地产商品自身信息还包括产权信息。房屋产权具有模糊性、非平衡性和错构性等特征。模糊性是指房屋产权的界定是相对的;非平衡性是指房屋产权结构的不稳定性;错构性是指物业产权所有人与使用者往往是分离的。房地产商品是非匀质的商品,因此其物理信息、地理信息也是复杂的。

(4)交易心理的复杂性。房地产所有权带来的某些满足感在性质上并非是属于经济价值的,而是属于心理的。房地产交易中的这种个人偏好的心理信息,与买卖双方的个人经历、性格和环境有关,受当事人文化诉求、价值取向、情感需要等心理因素的影响。由于房地产的差异性和房地产商品的异质性,以及当事人一般缺乏专业信息,难以了解市场比价,房地产交易不易受到社会、市场观点的平衡与约束,因此房地产交易心理变得更为多种多样、纷繁复杂。

五、房地产经纪的特点

房地产经纪服务具有地域性、专业性、服务性的突出特点。

1. 房地产经纪的地域性

房地产的空间固定性使房地产经纪活动具有很强的地域性。土地是固定在地球特定的经纬度上的,而房地产又固定在土地上,这种固定性使房地产实体不可能在空间上流动。这就导致了某一地区的房地产经纪人员常常只能掌握该地区的房地产商品和市场信息,从事该地区的房地产经纪活动。对于跨地域的房地产经纪机构,其在不同地域的经纪业务,一般只能由不同的经纪人员来具体从事。由于房地产政策的地方性特点,在国家总的经济政策和房地产政策的指导下,不同省份、不同城市都制定了不同的地方政策,因而房地产经纪人员必须了解地方性房地产政策,才能适应不同地区房地产经纪活动的要求。

2. 房地产经纪的专业性

由于房地产空间位置的固定性,产品的多样性,使每一个房屋的结构、质量、户型、配套、周围景观、物业都有其独特性,加上房地产市场的不完全性,因此房地产产品出售、出租双方很难全面了解房地产市场、房地产产品本身、房地产交易相关税费和相关法律手续等。

房地产作为价值量大的单项商品,人们在购买房地产商品时,常常不可缺少信贷的支持。因此房地产经纪人员必须具有丰富的金融知识,熟悉各种金融机构的职能以及开办的业务,能够熟练办理各种信贷手续,才能更好地满足客户的需要,为交易双方服务。

房地产是人们生活、生产必不可少的基本物质资料,这就要求房地产经纪人员不仅要把握房地产交易作为经济活动的一般规律,还要洞悉和把握其所涉及的社会、情感等因素,尽力促使每一笔交易能产生最大的社会效益。

房地产作为不动产,其交易须通过一系列法律程序才能完成,这要求房地产经纪人员须熟悉与房地产交易相关的法律、法规和具体手续。由于房地产业对国家宏观经济政策以及其他产业政策的反应比较敏感,所以房地产经纪人员必须有较强的政策意识,时刻关注各种政策的变化和新政策的出台,以便在进行经纪活动的时候及时调整不符合市场形势和政策的行为。因此,房地产经纪是一项专业性极强的活动。

3. 房地产经纪的服务性

"服务"是其行为活动的核心内容。经纪人只为委托人实现某种目的创造条件和提供方便,自身并不直接参加委托事项的投资和经营。即,经纪人在经纪活动中只提供服务,不直接从事商品的生产经营。房地产经纪活动是一种服务性的活动。据我国产业结构的总体分类,房地产业属于第三产业。与房地产业中的开发业相比,房地产经纪、价格评估、咨询、物业管理等更具有服务业的性质。

发展完善房地产经纪行业的过程中,必须重视其服务业的属性和特点。第一,作为服务业,房地产经纪业所提供的商品不具有实物状态,而是一种具有动态过程的服务,因此,其质量的高低主要体现在这一过程是否快速、便捷,以及由房地产经纪人员的服务态度给消费者带来的心理感受是否愉快等。第二,房地产经纪业作为一种服务性行业,要求房地产经纪人员在每一个操作环节都必须体现较高的服务质量。第三,服务业所特有的不可储存性对房地产经纪机构的内部管理以及整个行业管理提出了较高的要求。未能及时促成一笔房地产买卖合同,意味着丧失一次中介活动的机会,也意味着失去一个买卖房屋或租赁房屋的客户,是一种机会损失。

六、房地产经纪的功能定位

1. 沟通信息,提供咨询

房地产交易中,买卖双方之间存在严重的信息不对称。因此,需要房地产经纪人搜集交易信息,沟通供需双方,提供专业咨询。房地产经纪人的中介地位和专业能力,使他们具有获得房地产商品交易信息的职业优势,他们的业务宗旨是沟通交易信息。房地产经纪人具有获得市场信息的职业优势,而其经济利益却有别于当事人。因此如果房地产经纪人不能坚守中介立场,而是运用职业便利做出超越中介的行为,则更易加剧信息的不对称,导致市场失灵。

借鉴美国等市场经济发达国家的经验,房地产市场信息不对称的问题,需要通过房地产

模块一 房地产经纪概述

经纪行业的自律管理与政府管理的相互配合、功能互补来得以较好地解决。这是在深层意义上对房地产经纪人沟通信息、提供咨询的使命的认识。

2. 公平买卖，保障安全

房地产交易主要是产权的转让。由于房地产价值量大，在当事人的全部财产中占有相当大的份额，因此，房地产交易的安全关系到当事人的重大利益。目前，银行为房地产买卖提供主要的金融贷款支持，房地产交易的不安全也会增加银行风险，严重的情况还会危及社会稳定，从而具有社会风险性质。

追根溯源，在房地产交易中，利用交易信息不对称逐利，以及缺乏专业能力是导致交易风险的根本性隐患。因此，防范房地产交易不安全造成的相关风险，保护有关当事人的财产安全最有效的市场方式，就是依托经纪人坚守中介立场，发挥专业优势，规范服务程序。对房地产经纪业来说，必须在交易过程的各个环节，从接盘、房屋调查、客户查询，到签约、过户、登记，都严格把好安全关。公平买卖、交易安全是客户保护财产的基本需求，与实现全面建设小康社会时期"家庭财产普遍增加"的目标密切相关，从这层意义上来说，维护房地产交易安全是房地产经纪业的首要使命。房地产经纪人唯有以诚信为本，才会尽维护交易安全之职守，否则经纪人会失去客户的信任，殃及整个房地产经纪业的声誉，危害行业的发展。

3. 促成交易，提高效率

在房地产交易中，当事人需要市场供求、对方诚信等信息，只有在了解市场和对方的情况后才会作出决定。房地产又由于价值量大，交易双方都比较谨慎。不仅导致双方搜寻信息的成本相当高，而且由于缺乏房地产知识而使交易的效率低下。因此房地产经纪业存在的第二个基本理由，也就是行业功能的另一个基本定位，就是通过为当事人提供专业服务，促成双方顺利、安全交易，以提高市场交易效率，从而为当事人省事、省钱。

在正常的房地产交易活动中，房地产经纪人能比较准确地把握市场供需，并根据物业现状对价格作出判断，运用法律知识为双方当事人制定相对完备的合同，减少或杜绝违约行为。这些专业服务可使双方当事人减少顾虑，较快促成交易，提高效率。当然，房地产经纪人不能为了快速成交而偏袒一方，甚至蒙骗、诱导当事人。这种对于当事人的不公平交易，即使一时成交，也会留下隐患，并且会损害当事人的利益，引发各方纠纷，实际结果是交易的低效，甚至是无效。

知识链接

房地产经纪相关概念解析
经纪、经销、行纪、包销

经纪活动与经销活动有本质的差别。经纪活动的主体对交易标的没有所有权，仅仅是为交易双方提供中介服务。收益主要是中介费（即佣金）。

经销活动的主体直接参与交易，对交易标的有所有权，收益主要是通过买进价格和卖出价格的差额获得。

行纪是指经纪机构受委托人的委托，以自己的名义与第三方进行交易，并承担规定的法律责任的商业行为。行纪是一种极其特殊的活动，它的性质介于经纪活动和经销活动之间。

一方面,从与交易标的的关系看,行纪与经纪活动相似的是对交易标的没有所有权;另一方面,从报酬形式和交易的"名义"来看,行纪与经销活动相似的是以自己的名义通过买进价格和卖出价格的差额获利。从形式上看,行纪与自营(经销等)很相似。但是除经纪机构自己买受委托物的情况外,大多数情况下经纪机构都并未取得交易商品的所有权,它是依据委托人的委托而进行活动。从事行纪活动的经纪人员拥有的权利较大,承担的责任也较重。在通常情况下,经纪机构与委托人之间有长期固定的合作关系。

包销是行纪的一种特殊形式。介于经纪行为和经销行为之间的行纪,可以采用更靠近经纪的形式,不仅不转移交易标的的所有权,而且仍以交易标的的所有者的名义进行销售,但是中介服务方面的报酬采用"佣金+差价"的形式。如国内房地产领域出现的"包销"。

经纪故事

经纪活动在西方国家非常普遍,分布于各种商业和文体活动中。经纪活动的业务范围十分广泛,涉足的领域包括商品和证券买卖、劳动雇佣、房地产交易、融资借款、保险等一般的商业活动,以及体育比赛、文艺演出、图书出版发行等文体活动。同时,经纪活动形成了庞大的经纪人群体,例如证券经纪人、房地产经纪人、体育经纪人、文艺经纪人、文化经纪人等。

据调查,在美国的二手房交易中,约82%的买主利用了经纪人提供的服务,85%的卖方通过经纪人帮助他们实现销售,只有15%的卖方没有雇佣经纪人。实际上,即使没有雇用经纪人,也有人在扮演着类似于经纪人的角色。经纪人成为美国人居家理财不可缺少的好帮手。举例来说,如果委托人希望出售其房产,他的单方经纪人就会凭借丰富的房地产专业知识、从业经验和市场信息,详细地为委托人做出规划:欲出售的房产有多少价值?有多少的投资回报?怎样操作最划算?需要交哪些费用?有什么具体手续?如果委托人下一步需要可以节省大量的时间和精力,并且避免了相当大的房产投资风险。从某种角度上来看,经纪人的定位实际上是类似于私人律师性质的房地产私人顾问,担负着真正的代理责任。经纪人由于其高水平的执业能力和专业水准,赢得了广泛的社会尊重与信赖。

任务四 我国房地产经纪的产生与发展

课堂思考

您了解房地产经纪发展的历史吗?

一、中国内地房地产经纪业发展简介

1. 1949年以前的中国内地房地产经纪业

我国房地产经纪业的历史源远流长,早在宋代就有"典卖田宅增牙税钱"的记载(《宋史》一七九卷第一三二志)。据元《通制条格》卷十八《关市》记载的内容,在元代就大量存在从事

模块一　房地产经纪概述

房地产经纪活动的人,当时从事房地产经纪活动即房屋买卖说合的中介被称为"房牙"。

1840年鸦片战争之后,在我国一些通商口岸城市,如上海,出现了房地产经营活动,于是房地产掮客应运而生。房地产掮客的活动范围十分广泛,有买卖、租赁、抵押等。

2. 1949年以后中国内地房地产经纪业的发展

在20世纪50年代初,政府加强了对经纪人员的管理,采取了淘汰、取缔、改造、利用以及惩办投机等手段,整治了当时的房地产经纪业。

随后直到1978年改革开放前,由于住房作为"福利品"由国家分配,整个社会的房地产资源配置并不是通过市场交易,因此,在这一时期房地产经纪活动基本消失。

(1)现代房地产经纪业起步阶段(20世纪80年代至90年代初)。

自改革开放以后,随着城镇国有土地使用制度改革和住房制度改革的逐步推进,特别是1992年邓小平同志南方谈话之后,我国房地产市场得到了快速发展。

在我国房地产市场快速发展中,房地产经纪作为房地产市场的一个重要环节,发挥了重要作用,成为活跃房地产市场的一个重要方面。特别是1995年1月1日《中华人民共和国城市房地产管理法》和1996年2月《城市房地产中介服务管理规定》(2001年8月5日修改)颁布施行后,房地产经纪行业的地位逐步为社会所承认。

(2)现代房地产经纪业崛起阶段(1997—1999年)。

随着住房制度改革的推进和住房商品化进程的加快,房地产三级市场(即二手房市场)兴起,这为我国房地产经纪业带来了第二次大发展的机遇。这一阶段,一些商品房开发发展较快的沿海城市,针对宏观调控后出现的大量商品房空置现象,开始推行以消化空置房为重点的各项政策,同时贯彻国务院发布的《进一步深化城镇住房制度改革加快住房建设的通知》(国发〔1998〕23号)。这直接催生了大批主要从事二手房买卖、租赁经纪的经纪企业在全国各大城市迅速崛起。至此,中国内地的房地产经纪业不仅在行业规模上迅速扩大,而且形成了以新建商品房营销代理业务和二手房居间、代理业务并重的格局。

这一阶段,一些城市的市级、区(县)级房产交易所和房产交易市场陆续转制,由直接参与房地产中介服务转为主要履行相关房地产市场管理职能。同时,随着房地产经纪行业的崛起,行业管理问题日趋紧迫,政府开始考虑由房地产经纪行业组织来协助行业行政主管部门进行行业管理。

(3)现代房地产经纪业扩张阶段(2000—2004年)。

在这一阶段,政府对房地产经纪业的全面管理职能逐步向监管职能转变,房地产经纪行业组织开始走向一线管理。2004年7月,经批准,中国房地产估价师学会更名为中国房地产估价师与房地产经纪人学会。中国房地产估价师与房地产经纪人学会作为唯一的全国性房地产经纪行业组织,在房地产经纪业行业管理中的主要职能是:负责房地产经纪人执业资格注册工作,并将房地产经纪人执业资格注册与房地产经纪人的行业自律管理结合起来;大力推动房地产经纪行业诚信建设,建立房地产经纪人和房地产经纪机构信用档案;开展房地产经纪机构资信评价,建立房地产交易信息共享系统,促使房地产经纪人和房地产经纪机构为居民提供行为规范、诚实信用、信息准确、高效便捷的服务;制定房地产经纪执业规则,探索房地产经纪执业风险防范制度。全国性房地产经纪行业组织的成立标志着房地产经纪业已发展到一个新阶段。

(4)现代房地产经纪业盘整阶段(2005—2008年)。

2005年,中央政府自2003年以来的宏观调控效应逐渐显现,同年中央政府又加大了宏观调控力度,全国许多城市房地产市场上的投机、投资需求受到较大程度的抑制,商品住房市场和二手住房市场开始盘整。房地产经纪业也相应出现了"洗牌"局面,一些品牌不过硬、经营管理不善的企业逐步被淘汰出局,而一些优秀的品牌企业则逆市扩张,占据了更大的市场份额。同时,有关房地产经纪的一系列相关政策、法规、条例的出台,也为行业的盘整提供了有利的制度保障。因此,从总体来看,这一阶段中国内地的房地产经纪业在机构数量上有所缩减,如上海2005年4月底,房地产经纪机构缩减为9 800家,其中分支机构9 060家,从业人员23 842人;一些规模大的品牌房地产经纪机构在信息化建设、研发投入、员工培训上有了长足发展;随着连续几年全国房地产经纪人执业资格考试的进行,一批具有较高素质的房地产经纪人成为行业骨干,并带动了大批从业人员主动提高自身素质,这使得房地产经纪机构和从业人员的整体素质比上一阶段均有所提高;房地产经纪行业组织在房地产经纪行业管理中的作用也越来越大,对房地产经纪业的健康发展起到了积极的推动作用。

知识链接

从20世纪90年代末开始,20多年来,我国房地产中介行业从无到有,从小到大。这个行业的进化史,亦是普通民众居住空间和方式的变迁史。

基于此,腾讯新闻平台希望通过一部纪录片,为中介行业书写一部傲慢与偏见、光荣与梦想的故事正传。用纪录片式的视角,以专业内容为基础,以情怀为纽带维系,从时间轴、故事线、人物群体勾勒三重维度,给用户呈现行业20年光阴里张扬的个性,冲突的命运,科技的光辉,进步的力量。

《街角风云》将全景式展现房地产中介行业的巨大变革,时间跨度从中国大陆1998年房改后中介行业产生、中国香港及内地拓荒者出现、中介行业路线选择、互联网与线下之争,到如今的平台化等各个历史时期。参与嘉宾包括中原地产创始人施永青、链家创始人左晖、21世纪中国不动产创始人卢航等。

腾讯视频《街角风云》纪录片(2020)

(5)现代房地产经纪业发展趋势。

在经历了一段时间的迅速发展之后,当前我国房地产经纪业正步入新的调整发展与完善规范时期。房地产经纪的一系列相关政策、法规、条例的出台,为房地产经纪人员和经纪机构的经纪行为、动作程序、组织制度、资质管理等制定了比较科学的依据、标准,为房地产经纪行业的进一步发展、成熟、壮大创造了条件。一些具有一定规模、操作比较规范的大型房地产经纪机构已经出现,它们将作为行业的中坚力量,推动行业前进。

然而,从整体情况来看,目前我国房地产经纪业仍存在着从业人员素质不高、企业经营不够规范、法律法规不健全等问题。少数从业人员和企业的不诚信行为,甚至违法行为,导致相当规模的经纪机构陆续关门倒闭,不仅给人民群众的财产造成了严重损害,也破坏了房地产经纪业的整体社会形象。因此,对房地产经纪活动的管理和监督还有待于进一步加强和完善。发展、完善我国房地产经纪业还有很多工作要做,有待广大房地产经纪人员和经纪机构共同努力,并进一步塑造全行业良好的社会形象。

 模块一　房地产经纪概述

预计房地产经纪业未来发展趋势有：

1）在经营主体上，向企业化、市场化发展。由于我国房地产市场发展的特殊情况，出现了房地产市场中介组织或脱胎于某一行政主管部门，或挂靠某一机关，名为公司（企业），实际上则依靠背后的行政权力，而使之不仅在市场上处于特许的垄断地位，而且既是管理者又是经营者，因而导致政企不分的局面。这既与市场经济运行机制不相适应，也与中介本身的发展相悖。所以，发展房地产市场中介组织的关键或首要任务，是实行政企分开，使房地产中介组织独立出来，并按照企业方式进行组建，成为独立法人的经济实体和市场竞争的主体，向企业化、市场化方向发展。

2）在经营方向上，向专业化、品牌化发展。房地产中介作为主要信息传递者，随着房地产业的发展和房地产市场机制的日臻完善，其重要性将日益显现，不仅开发商对中介机构的依赖越来越强，消费者在消费时，也会因房地产市场的信息不对称性及对房地产有关专业知识的准备不足而需要房地产中介服务，再加之房地产商品的特殊属性要求，从而促使房地产中介机构进一步向专业化方向发展。

与此同时，中介企业必将改变目前小、杂、乱的形象，取而代之的是一种有系统、有明确标识、有资深品牌的全新形象。房地产中介企业将更加重视品牌，品牌作用也将越来越突出。知名从业人员和机构将占有越来越多的市场份额，中介人员个人的知名度对中介机构的影响也将越来越大。

3）在组织结构上，向集团化、规模化发展。房地产中介作为一个信息窗口，应该保证有足够的房源，但任何一个中介机构都不可能满足全部客户的需求，也不可能包揽千差万别的客户。同时，目前我国房地产中介企业从总体来看还不成熟、不规范，与业已出现的买方市场还不相称，以中、小规模为主，大规模、有实力，特别是连锁经营的大型中介企业凤毛麟角，中介职能表现得还不太明显，还需要一个较长时期的发展过程。随着房地产市场的不断完善和房地产中介服务的不断规范，房地产中介将依靠现代化的管理手段和高水平的管理人员而走向集团化、规模化经营管理之路。

4）在经营手段上，向信息化、网络化发展。信息畅通是中介机构从事经营活动的基础，但在目前情况下，任何一家中介机构企图独揽搜集、整理、利用不断产生的大量房地产信息的全过程都是不现实的。目前，许多房地产中介服务机构对外联络不广，甚至处在信息阻塞、各自为政的状态中，不仅缺乏信息源，而且缺乏必要的信息处理手段和电子通信技术，对情报、信息的收集主要靠人工完成，开发利用缺乏深度，导致信息资源浪费，难以发挥行业优势。

现代科学技术的发展，将使房地产中介技术手段得到根本改变。计算机的应用，将使房地产咨询、估价中常常涉及的大量数据处理工作变得容易，也使房地产中介信息的查询、配对变得迅捷方便。电脑的普及和Internet成本的降低，信息产品进入家庭的步伐加快，网络为物业信息的发布提供了最便捷的途径。买方不仅可以通过网络寻找中意的房产，而且可以在网上看到物业视频、图片等资料，甚至还可以进行物业比较，从而使房地产交易信息的展示变得有声有色。网络技术的推广，将给房地产信息的沟通、传播、展示带来全新理念。

5）在从业人员素质上，向综合化、多样化发展。房地产经纪工作涉及面广，具有综合性、广泛性的特点，是多学科知识的综合能力体现。因此，从事房地产经纪工作的人员不仅需要精通房地产业务、房地产法律等方面知识，而且还要掌握现代化信息设备的操作技巧，同时，还要具备公关能力和敬业精神。因而，房地产业比较成熟的国家对经纪人员从业资格都有专

门规定,如美国规定至少要有两年以上从事房地产工作的经历,并修完与房地产有关的八门学科方具有获得房地产经纪人执照的资格。

在我国,由于房地产经纪行业是近些年才兴起的一个行业,不少房地产中介机构缺乏一支经过专门训练的房地产经纪人员。加之,目前中介服务人员资格认证制度尚不规范,从而造成房地产经纪机构从业人员来源复杂的现状:既有来自工民建、经济管理、法律等与房地产相关专业的人员,也有来自文史类、农医类等与房地产专业无关的人员;既有高等学历的从业人员,更有大量"半路出家",没有房地产知识,缺乏专门训练,中等学历甚至低学历的从业人员。而且,许多从业人员缺乏应有的敬业精神和职业道德,唯利是图,严重影响了经纪机构的形象,损害了客户利益,扰乱了房地产市场的正常秩序。

房地产市场呼唤素质综合化、多样化的中介服务人才,这种人才具有较高学历、较深的专业知识、较强的业务能力和较高的道德水准。他们是经纪行业的骨干力量,是当前亟须的人才。随着房地产市场不断向纵深发展,综合素质差的人将难以对市场信息做出正确的处理和预见性的分析,这势必影响他们的经纪活动。今后既懂专业知识,又有营销经验的人员将会越来越多地加入房地产经纪行业,为房地产经纪事业的发展贡献力量。

经纪故事

贝壳博学大考

"博学大考"作为经纪人职业化体系中的一项重要举措,自 2011 年起,链家每年举办 2 次,通过以考促学,整体提升了经纪人的专业知识和服务水平。通过最近几年考试结果的数据分析发现,"博学大考"对经纪人专业化培养和职业化深耕有积极的影响,考试成绩和经纪人业绩、服务水平、用户口碑、从业年限、好评率均呈正相关。

此次贝壳博学大考知识点囊括专业交易知识、房地产的基础知识、平台知识以及文化等内容,覆盖了经纪人日常服务和实际工作中需要掌握的各方面知识点,共计 130 题。"与以往不同,此次考试全国统一命题,基本统一难度系数",认证考试院负责人张勇表示,"由认证考试院先定出试题框架,出一份参考样题,统一和规范试题格式,然后召集全国 37 个城市的专家基于样题,根据城市实际情况改造"。

在统一难度系数的前提下,考试成绩就一定程度上能衡量经纪人之间谁的专业知识储备更充足。"本次博学考试,将依据成绩高低,给予经纪人 4 个称号,从低到高,分别为:博学新星、博学能手、博学达人和博学大师。博学称号标签在贝壳网上与经纪人头像绑定出现"。张勇强调,博学大考成绩将成为消费者选择经纪人的重要参考标准之一。

此前,北京房地产中介行业协会秘书长赵庆祥曾经表示,"博学大考作为企业层面的考试,在不同的层面对房地产经纪人员的知识体系、业务能力起到了检测和提高的作用,也对全国的职业资格统考做了有效的补充"。此次,贝壳面向平台所有新经纪品牌及经纪人开放"博学"体系,无疑是要将"博学大考"打造成为最具实操意义、最接地气的全行业经纪人知识升级、专业迭代的利器,进一步推动行业品质和专业服务升级。

贝壳找房官网微博(2018)

二、中国香港地区房地产经纪业发展简介

1. 发展概述

房地产经纪公司在香港被称为地产代理公司,房地产经纪行业亦被称为地产代理业。在香港,地产代理起着促进房地产市场兴旺活跃的重要作用,大约70%的房地产交易是由地产代理促成的。

20世纪五六十年代,香港的地产代理处于个人代理阶段,以独立个人的方式运作。他们没有固定的办公地点、分支机构等,大都集中在中环至湾仔一带的茶楼活动。当时地产代理之间交换信息的活动是建立在房地产经纪人员彼此信任的基础上的,没有信用的地产代理为同行所不齿,很难在行业内立足。

1968年是香港房地产经纪业发展的一个转折点。当时,大型私人住宅——美孚新村落成后,楼花开始发售,分期付款也逐步流行,吸引了更多人加入地产代理行业。现在香港一些大中型地产代理公司就是那时在美孚新村开始创业的,如香港唯一上市的地产代理公司——美联物业集团。当时的很多地产代理运作方式甚至保留到了今天,如当时收取的"介绍费",现在称为"佣金服务费",等等。

香港房地产经纪业,真正意义上的由个人为主的经营方式向企业化转变是在20世纪80年代初。香港的地产代理公司是从那时引入佣金制度,即员工为公司赚取的佣金越多,所分得的该笔佣金的比例越高。在此之前,地产代理公司的营业员以每月薪金为主,员工工作表现及业绩良好,老板只以奖金作为鼓励,并没有佣金制度,更别说佣金比例了。而在新的佣金制度下,营业员底薪虽然较少,但佣金占收入的绝大部分。这种制度一直沿用到今天,它强调与实际工作业绩直接挂钩,从而使房地产经纪由一个具有相对稳定收入的行业转变成了一个高度竞争的行业。这种积极的收入分配制度导致了此后十多年香港房地产经纪行业的急速膨胀。与此相应,地产代理企业规模逐步扩大,在全香港纷纷建立分支机构。

20世纪80年代末,房地产经纪业开始逐步网络化、信息化,从事的业务更加多元化,其业务范围扩展到策划、咨询、物业管理等方面,并逐步拓展到中国内地及海外市场。

20世纪90年代是香港地产代理公司大力扩张的时期,不少公司已经成长为大型连锁集团,拥有遍布香港的分行网络,员工数百人,朝着集团化方向发展。1995年,香港首家地产代理公司——美联物业在联交所挂牌上市交易,规模化之路又向前迈出一大步。

1997年5月21日,香港颁布《地产代理条例》,标志着房地产经纪纳入了法制化管理的轨道,其动作更加规范、有效、专业。

2. 执业资质及教育培训机制

香港立法局于1993年通过决议,开始建立完善的牌照制度来对房地产经纪行业进行有效的监督和管理。牌照制度具体是指所有地产代理机构均须取得牌照方可营业。牌照种类有:地产代理个人牌照(要求无论独资经营者、合伙人、管理公司具体业务的董事的身份,还是以地产代理业务经理身份从事房地产代理工作的人都必须获得地产代理个人牌照)、地产代理公司牌照(即从事地产代理的公司必须持有地产代理公司牌照方可营业)、营业员牌照(获得营业员牌照是地产代理机构从业人员最起码的从业条件)。为不断提高从业人员的素质,香港多家大型地产代理公司、高等院校及职业培训机构还经常举办相关的培训课程。

三、中国台湾地区房地产经纪业发展简介

1. 1949年以后中国台湾地区房地产经纪业的发展

（1）传统时期（1970年以前）。20世纪70年代以前，台湾民间出售房屋的传统做法是由业主自行张贴"吉屋出售"的红纸条，或通过亲朋好友、左邻右舍提供资讯，寻找买主，当时的房地产买卖介绍人多以个人"跑单帮"方式操作。

（2）中介雏形时期（1971—1980年）。1971年左右，台湾开始出现房地产介绍人的行业，从事代客买卖、租赁业务。随着成屋交易的增加，介绍零星户买卖的掮客大量出现。然而这种中介雏形实际上已由个人"跑单帮"逐渐发展为有组织的中介机构。

（3）零星户时期（1980—1985年）。随着经济发展及房屋投资建造能力的提高，房产交易趋于活跃。在此期间，零星住户（中古屋）的成交量约占整体房产市场交易的64%，促使零星户销售业迅速发展，"零星屋代销公司"应运而生。这类公司可分为普专、高专两种形态。

（4）中介公司建立时期（1985—1991年）。1984年底，台湾"经济部"正式开放"房屋介绍公司"办理登记，为创办房地产中介企业提供了有力保障。随后，国外中介经营业务陆续引进台湾，促使中介经营范围多面发展，房屋中介公司纷纷登记注册，仅1987年就达340余家，进入由暗变明、全面经营的新时期。1987年11月，"经济部"在商业团体分类标准中增列了"房屋中介商业"类目，并准予成立公会。1988年3月，确定"内政部"为房屋中介业的主管机关，从而使房屋中介业在主管机关及商业分类上得到应有的归属与定位。1990年以来，台湾房地产中介业的经营模式，由楼面式营业转向店面经营，由直营连锁发展到加盟连锁经营。

（5）中介发展时期（1991—1996年）。这个时期，行业发展有以下几个特点：拓展项目，全面服务；调整薪奖，注重品牌；同业联盟、交易安全。1996年6月，信义房屋推出"成屋履约保证"，住商不动产宣告办理"不动产交易签证"，为保障交易安全建立了良好制度，并为同业相继推广，在行业中逐渐形成交易安全的保障机制。

2. 执业资质及教育培训制度

（1）地产经纪业者。我国台湾地区于1999年2月颁布的《不动产经纪业管理条例》（简称《条例》）规定："经营经纪业者，应向主管机关申请后，依法办理公司工商业登记。"

（2）地产经纪人员。台湾地区房地产经纪人员以前曾设有中介主任、中介专员两个层次，现在《条例》中对经纪人员规定为经纪人和经纪营业员两种身份。经纪人的职务为执行中介或代销业务，并由经纪业指派取得签订有关契约的权力；经纪营业员的职务为协助经纪人执行中介或代销业务。房地产经纪人和经纪营业员均需经过培训，考试合格，取得资格证书方能从事经纪业务。经纪业指派取得签订有关契约的权力；经纪营业员的职务为协助经纪人执行中介或代销业务。房地产经纪人和经纪营业员均需经过培训，考试合格，取得资格证书方能从事经纪业务。经纪人员应专任一家经纪机构，并不得为自己或其他机构执行中介或代销业务。

（3）教育培训。

1）资格教育。房地产经纪人和经纪营业员的培训、考试，由主管机关委托台湾房屋中介商业同业公会主办。

2）继续教育。不动产经纪人证书有效期为4年，期满时，经纪人应接受继续教育，提交

模块一 房地产经纪概述

4年内在主管机关认可的机构、团体完成30个小时以上专业训练的证明文件,并向政府部门办理换证。

3.佣金制度

（1）台湾地区收取佣金的费率。台湾地区房地产经纪业过去收取佣金的费率,一般为成交标的的4%～5%。有的买方收4%,卖方收1%等,并未形成统一的标准。

（2）不得收取差价或其他报酬。从30多年的行业发展过程来看,台湾房地产中介机构在实际操作中的收费方式和标准在不断地发生变化。总体来看,台湾房地产中介收费的形态可归纳为下列4种。

1）固定费率,不赚超价。

2）固定费率,赚取超价。采用这种方式的固定费率为2%～3%,其超价部分由卖方与经纪人员平分。

3）不付佣金,完全赚取超价。有的消费者因缺乏服务付费的观念,不愿支付佣金,但中介人员利用委托能售出更高价格,从中赚取超价。这种方式因追求超额利润而损害消费者权益,发生了不少纠纷。

4）固定费率,超价归中介。此种收费方式不合理,经纪人既收佣金,又将超价占为己有,被称为"两头斩"。因抬高房价,扰乱交易秩序而备受批评。

4.信誉与风险防范制度

（1）建立公示制度,开展"金仲奖"评选,树立行业形象。

（2）建立交易安全保障制度,实行营业保证金及赔偿制度。

在房地产经纪活动中,以产权与购房款列为风险的主要来源,因而买卖双方均以保障交易安全作为最大的需求。

5.纠纷处理制度

（1）建立投诉通道。

（2）设立仲裁机构。

（3）通过《条例》立法,对违规行为进行处罚。

知识链接

美国房地产经纪业发展简介

美国经纪行业发展

1.产生与发展

纵观西方发达国家的房地产经纪业,一个普遍的特点是建立了较为完善的房地产经纪制度。西方发达国家的房地产经纪制度,一般都以一定的法律形式,对有关专业人员资质认定、执业保证金、佣金制定、契约形态等方面的内容进行规定,并由有关政府主管机关进行监管。同时,又注重发挥房地产经纪行业协会在教育培训、执业规范、职业道德、信誉制度方面的作用。当然,各国在房地产经纪制度的形式和侧重点上也有不同。美国的市场机制非常完善,行业协会在房地产经纪行业中的作用显著,政府和法律对中介机构的限制较少,整个中介市场比较活跃。

美国早期的房地产交易,主要由律师和公证人为买卖双方作见证,并处理产权转让等具体事宜。后来，介绍房地产买卖的房地产经纪人逐步熟悉了房地产方面的法律以及产权转让程序，除了买卖居间，并能代表交易双方办妥产权过户。这样，房地产经纪人在房地产的交易中渐渐取代了律师和公证人，成为房地产交易的中介人。这种真正意义上的房地产经纪人的出现，大大促进了美国房地产业的发展。但是，当时这些经纪人在开展活动时，主要靠个人资信担保，各州政府对房地产经纪人的资格及执业行为都没有相关的法律加以管理。

1917年，加利福尼亚州首先在这方面立下管理法案，后来各州政府也陆续立法，以规范房地产经纪行业。尽管各州规定的具体条款有所不同，但基本精神是一致的，即通过规定房地产经纪人所应具备的各项资格、执照的颁发、执业行为的规范、相应的惩罚措施以维持其专业服务水准，保障消费大众的基本权益。

2. 执业资质与教育培训机制

为保证房地产业的健康发展，美国房地产经纪业建立了严格的执业牌照管理制度。法律规定替他人买卖房屋必须持有房地产经纪人牌照，同时，还规定了有关暂停或吊销经纪人牌照的条款。

同样，美国房地产经纪人牌照也必须通过考试获取，在注册后还须参加继续教育培训。

3. 佣金制度

一般而言，对未开发土地转让的销售佣金率为6%～10%，独立住宅的佣金率为3%～8%，大型商用房地产的佣金率为3%～6%，商业性房地产租赁则是以6%的年租金作为佣金。

4. 纠纷处理制度

纠纷解决的渠道主要是房地产经纪人组织，州房地产局或房地产委员会下属的房地产仲裁委员会。

5. 信誉及风险赔偿机制

美国法律规定，凡发现经纪人员在业务活动中有不实陈诉、虚假承诺、多头代理、公私款项不分、以不法手段取得牌照、有不良行为等，均会受到暂停或吊销牌照的处罚。

此外，还广泛建立了复原基金，可以用于赔偿受害人的经济损失。

模块小结

房地产经纪是伴随着房地产试产的建立和发展而形成的一门新兴行业。本模块主要阐明了房地产的基本概念、房地产中介服务及房地产经纪的含义等。

思考与练习

一、填空题

1. 房地产是_____和_____的总称，它包括土地、附着在土地之上的建筑物及其地上定着物。

模块一 房地产经纪概述

2.根据房地产（建筑物）的层数或总高度,可将房地产分为_____、_____、_____和_____4大类。

3.住宅房地产是按照建筑层数来划分的:_____为低层;_____为多层;_____为中高层;_____为高层。

4.根据房地产是否和现代高科技结合,可将其分为_____和_____。

5.房地产业运营过程由三个部分组成:_____、_____和_____。

6._____是指具有专业执业资格的人员在房地产投资、开发、销售、交易等各个环节中,为当事人提供专业服务的经营活动,是房地产咨询、房地产价格评估、房地产经纪等活动的总称。

7.目前房地产中介服务包括_____、_____、_____3种类型。

8.房地产中介服务机构组织方式有_____、_____。

9._____是指以收取佣金为目的,为促成他人房地产交易而从事居间、代理等经纪业务的经济活动。

二、选择题

1.房地产的特点包括(　　)。
　A.固定、耐久性　　　　　　　　B.保值增值性
　C.统一性　　　　　　　　　　　D.巨大性
　E.相互影响性

2.根据房地产的不同用途、不同特性,它可划分为(　　)。
　A.国有房产　　　　　　　　　　B.民用房地产
　C.营业用房地产　　　　　　　　D.农业用房地产
　E.行政用房地产

3.按房地产开发程度分为(　　)。
　A.生地　　　　　　　　　　　　B.毛地
　C.熟地　　　　　　　　　　　　D.在建工程
　E.现房

4.在中介服务活动中,中介服务人员不得有(　　)行为。
　A.索取、收受委托合同以外的酬金或其他财物,或者利用工作之便,牟取其他不正当的利益
　B.不允许他人以自己的名义从事房地产中介服务
　C.同时在两个或两个以上中介服务机构执行业务
　D.与一方当事人串通损害另一方当事人的利益
　E.法律、法规禁止的其他行为

5.房地产经纪的活动包括(　　)。
　A.房地产居间　　　　　　　　　B.房地产代理
　C.房地产经纪　　　　　　　　　D.房地产经纪的佣金
　E.房地产产权登记

三、简答题

1.房产与地产的区别主要表现在哪些方面?

2. 按房地产的完损状况分为哪几类？
3. 什么是房地产业？
4. 房地产服务业分为哪两大类？
5. 房地产中介服务的特点有哪些？
6. 房地产中介服务机构的业务管理主要内容包括哪些？
7. 简述房地产经纪的必要性。
8. 简述房地产经纪的功能定位。

模块二 房地产经纪行业

知识目标

1. 了解房地产经纪人的概念、特点；掌握房地产经纪专业人员职业资格制度。
2. 熟悉房地产经人的权利与义务，房地产经纪人职业素质、房地产经纪的知识结构及经纪人员的技能。
3. 了解房地产经纪机构的设立；掌握房地产经纪机构的基本类型及经营模式；熟悉房地产经纪机构的组织系统及职业规范。
4. 了解房地产经纪合同的含义及特点；熟悉房地产经纪合同的作用、内容及类型。

能力目标

1. 能够具备从事房地产经纪职业的能力和素质。
2. 具备对当地房地产经纪企业的经营模式和组织结构等进行初步调查分析的能力。
3. 具备房地产经纪活动争议处理的基本能力。

素养目标

1. 具有较强的学习能力，爱岗敬业的工作态度。
2. 诚信教育，引导学生养成学法尊法、诚信守约的职业道德。

模块二 房地产经纪行业

任务一 房地产经纪人员

课堂思考

房地产经纪人的基本素养是什么？

房地产经纪人

一、房地产经纪人概述

(一)房地产经纪人的概念

房地产经纪人指受委托人(客户)的委托,为委托人提供信息,促使委托人与第三方就房地产的转让、房屋租赁、房地产抵押等交易活动成功,从中获取佣金作为服务报酬的中间人。

房地产经纪人应依法取得相应的职业资格证书,经有关部门注册生效,在房地产经纪机构中从事房地产经纪业务。

国家对房地产经纪人员实行职业资格制度,并纳入全国专业技术人员职业资格制度的统一规划。凡从事房地产经纪活动的人员,必须取得房地产经纪人员相应职业资格证书并经注册生效。未取得职业资格证书的人员,一律不得从事房地产经纪活动。

知识链接

2020年2月21日起,电视剧《安家》在东方卫视首映。《安家》以房产经纪人为背景,剧中对房产经纪人的工作状态,以及一些工作细节的描述,相信让更多的人,对房产经纪人有了一个新的认识和了解。

没有看这部剧之前,在很多人心里都对房产经纪人没有多少好感。他们(房产经纪人)会经常打一些营销电话,会在路边发传单,会拉着一个人就想要不断地讲解房屋信息。这种现象多少都会让人反感。

似乎房产经纪人的工作姿态,显得这个行业和其他行业不太一样,让人觉得有一点格格不入、"低人一等"的感觉。这属于偏见,而这种偏见是存在于大部分人心中的,在这种情况下,该行业的发展趋势并不乐观。

《安家》电视剧用特别的方式带我们重新认识了房产中介行业。他们的行为其实是在努力工作,和其他行业一样,都值得被人们尊重。随着电视剧《安家》的热播,会逐渐改观人们的看法,继而影响到人们看待房产经纪人的态度。

来源于网络新闻报道

(二)房地产经纪人的特点

1. 房地产经纪人的服务性

房地产经纪业是服务性行业,房地产经纪活动是一种服务性活动。房地产经纪人需要具

模块二 房地产经纪行业

备供需信息配对的能力,为客户出具专业房产投资置业方案,在深入了解房地产市场的基础上,为购房者提供各种需要的服务。由于房地产价值大,关系客户的切身利益,服务对象广泛,因而房地产经纪人责任重大,其业务的社会影响也很大。

2. 房地产经纪人的地域性

房地产的不可移动性,造成某一地区的房地产经纪人常常只能掌握该地区的房地产商品和市场信息,从事该地区的房地产经纪活动。对于跨地域的房地产经纪机构,在不同地域的经纪业务,一般只能由不同的经纪人员来具体从事。房地产的空间固定性使房地产经纪人的活动具有很强的地域性。

3. 房地产经纪人的专业性

房地产是一种极为特殊的商品。它直接以土地为基本物质构成要素,不仅造成了其空间位置的固定性,还使得它成为一种不完全的劳动产品,因而在价格影响因素和价格形成、运动机制上具有不同于一般完全劳动产品的商品特性。所以房地产经纪人员要把握交易中最敏感、最关键的因素——价格,就必须具备一定的房地产市场和房地产价格评估的专业知识以及丰富的市场经验。

4. 房地产经纪人的高收入性

因房地产的高价值性,每笔房地产交易的数额都很大,房地产经纪人所得的佣金也相对较高,行业竞争也就非常激烈。房地产经纪人员要想生存和发展,只有通过为客户提供优质、高效的服务及良好的执业信誉,才能赢得客户的依赖和合作,从而获得较高的收益。从国际的趋势来看,我国房地产经纪业中1‰~3‰的佣金比例还是偏低的,但同时也是现行市场能够接受的,也能够和目前的服务水平相适应。

知识链接

房地产经纪人的作用

房地产业是一项投资大、生产周期长、交易程序复杂、竞争激烈的行业。由于房地产具有占用资金数额大以及不可移动的特性,使得房地产这个特殊商品不能像其他商品那样以"物流"的形式进行销售。因此房地产经纪人是房地产交易市场不可缺少的重要主体。

1. 为交易双方提供及传播房地产信息

房地产经纪人充分了解房地产市场信息,能够凭借自身所拥有的专业优势和网络优势,为房地产交易市场中双方解决因信息不足的问题,为委托方选择适合的交易对象,通过中介活动把收集的信息传播给委托方。房地产经纪人凭借自身的能力,通过实践掌握房地产的开发、建筑、结构、造价、市场分析及相关房地产知识,并且通晓房地产交易过程中的法律、法规和政策及交易程序和规则。从而为客户提供准确信息,促使房地产交易的成功。因此,房地产经纪人在业务活动过程中也起到了向广大客户介绍、宣传房地产相关知识的作用。

2. 代办交易涉及的各项具体事务

房地产交易涉及许多专门知识,涉及的事务性手续也较为复杂。房地产商品交易,不像其他商品交易那样简单,只要买方付款、卖方就将商品交给买方、交易完全结束,房地产商品交易在双方签订协议、买(租)方向卖(出租方)支付了相关款项之后,还需要办理一系列相关手续。房地产经纪人可以利用自身掌握的有关知识、信息和经验,为房地产交易双方代办上述事务,还包括代办产权过户登记、代办抵押贷款、代交税费、代签合同,甚至可以为客户联系室内装修、室外绿化、代购家具等服务。为交易双方省时、省力、省钱。

3. 规范房地产交易市场秩序,推动房地产市场的良性发展

房地产经纪人是精通房地产交易各个环节的行家,由经纪人代理房地产交易,房地产交易中严格按照国家法律规定和操作流程进行。这样做既方便了客户,又减少了各种房地产纠纷的发生,无形中规范了房地产交易市场,推动了房地产市场的良性发展。

(三)房地产经纪人员的类型

按照不同的划分标准,房地产经纪人员可以分为不同的类型,常见的几种分类是:

1. 按经纪活动的形式划分

房地产经纪人员根据经纪活动的主要内容可以分为房地产居间经纪人、房地产代理经纪人、房地产行纪经纪人。

(1)房地产居间经纪人。专门从事房地产居间活动的经纪人,为房地产居间经纪人。现阶段,我国的房地产居间经纪人一般主要集中在二手房市场领域。

(2)房地产代理经纪人。专门从事房地产代理活动的经纪人,为房地产代理经纪人。我国的房地产代理经纪人主要集中在开发商新开发建设的增量房市场领域。房地产代理经纪人和开发企业有着密切的联系,为开发企业进行营销策划等工作,帮助开发商最快地销售房屋。房地产代理机构也有从事零散的存量房市场的买和卖代理交易活动。

(3)房地产行纪经纪人。专门从事房地产行纪活动的经纪人,为房地产行纪经纪人。现阶段,主要表现为将工业厂房、闲置房地产或其他房地产买下或租下,然后进行装修改造,再销售或招商引资。房地产行纪由于受房地产自身价值大、投资风险大等因素影响,所以从事此活动的行纪人员相对较少。

2. 按从业人员的资历划分

按房地产经纪人员的资历划分,可分为一般房地产经纪人和专家房地产经纪人。

(1)一般房地产经纪人。一般房地产经纪人指那些非专门进行房地产经纪业务的经纪人。他们是没有法定资格,并且没有进行登记注册的兼职人员。目前,我国房地产市场上的经纪人员多数是一般房地产经纪人,随着房地产市场的完善和充分发展,一般房地产经纪人将作为经纪业的一种补充形式而存在。

(2)专家房地产经纪人。专家房地产经纪人指具有一定学历,取得一定法定资格,具有多年从事房地产经纪活动经验的房地产经纪人。他们既有专业知识,又了解国内外房地产市场行情,不仅素质高,而且其社会信誉较高,是房地产经纪业的骨干力量,也是房地产经纪人的最高层次。

3. 按职业资格划分

房地产经纪人员根据职业资格分为房地产经纪人执业资格和房地产经纪人协理从业资格两种。

(1)房地产经纪人。房地产经纪人是指依法取得《房地产经纪人执业资格证书》,并经申请执业,由有关主管部门注册登记后取得《房地产经纪人注册证》,在房地产经纪机构中能以房地产经纪机构的名义独立执行房地产经纪业务,或可以自行开业设立房地产经纪机构或经

执业的房地产经纪机构授权,独立开展经纪业务,并承担责任的自然人。

(2)房地产经纪人协理。房地产经纪人协理是指依法取得《中华人民共和国房地产经纪人协理从业资格证书》,在房地产经纪机构中协助房地产经纪人从事非独立性房地产经纪工作的自然人。从事非独立性房地产经纪工作指所从事的房地产经纪工作必须是在房地产经纪人的组织和指导下进行的。因此,几个只取得房地产经纪人协理资格的人员在没有房地产经纪人指导下联合进行经纪活动也是属于超越执业范围的违规行为。房地产经纪人协理资格的有效执业区域比房地产经纪人要小,房地产经纪人协理资格只能在注册的省、直辖市和自治区内从业。

取得房地产经纪人执业资格是进入房地产经纪活动关键岗位和发起设立房地产经纪机构的必备条件。取得房地产经纪人协理从业资格是从事房地产经纪活动的基本条件。

4. 按组织形式划分

按组织形式划分,房地产经纪人员分为个人房地产经纪人、法人房地产经纪人、合伙房地产经纪人。

(1)个人房地产经纪人。个人房地产经纪人是指取得房地产经纪资格,持有工商税务部门核发的营业执照,以个人名义从事房地产经纪业务的经纪人。目前,在我国房地产市场上大量以个人名义从事房地产经纪活动的经纪人广泛存在,对加速房地产流通、促进房地产交易、活跃房地产市场起到了积极作用。

(2)法人房地产经纪人。法人房地产经纪人是具有独立的法人资格,可以独立享有民事权利和承担民事义务的经济实体。凡具有国家规定的资金数额及设立的条件等,经国家房地产主管机关批准,依法向法人登记机关登记,即能取得房地产法人资格。因此,法人房地产经纪人的成立必须符合法人的设立条件。

(3)合伙房地产经纪人。合伙房地产经纪人是依法设立,由各合伙人订立合伙协议,共同出资、共同经营、共同承担责任的组织,并对合伙房地产经纪企业债务承担无限连带责任。

5. 按业务性质及获得报酬的方式划分

按业务性质及获得报酬的方式划分,房地产经纪人员分为佣金房地产经纪人,手续费经纪人、差价房地产经纪人。

(1)佣金房地产经纪人。佣金房地产经纪人根据委托人委托完成交易后,按成交额的一定比例作为报酬收取佣金。佣金房地产中经纪人是房地产交易市场上数量最多、最为活跃的经纪人。

(2)手续费经纪人。手续费经纪人也称"两美元经纪人",最初来源于证券市场,按每一百股收取两美元手续费而形成的经纪人。引申为专门接受佣金经纪人委托完成其未完成或不易完成的经纪业务的经纪人。房地产手续费经纪人是帮助完成交易手续、专门收取手续费的经纪人。

(3)差价房地产经纪人。差价房地产经纪人可以代委托人进行交易,也可自营买卖,自担风险。在进行交易时,受房地产卖主的委托而销售房地产,卖主不付劳动费,只把底价告诉经纪人,经纪人以高于底价的价格出售,从而获得差价作为经纪活动的报酬。

6. 按房地产的不同用途划分

按房地产的不同用途,房地产经纪人员可分为住宅房地产经纪人、商业用房房地产经纪人、工业用房房地产经纪人。

(1)住宅房地产经纪人。进入房地产业的大多数新的经纪人都是从住宅经纪服务开始的，他们是房地产经纪业中最活跃的力量。人人都需要住房，人人都在改善住房，这都为住宅房地产经纪人的存在提供了可能性。

（2）商业用房房地产经纪人。随着我国市场经济的不断发展，商业用房的需求量与日俱增。商业用房的收益率高，不同商业地段的收益差距大，这给房地产经纪人提供了极大的服务空间。寻找买主，安排写字楼、商场、仓库等的出租、出售、经营管理等是商业房地产经纪人的基本业务。

（3）工业用房房地产经纪人。主要为需要新建、迁建或改建生产用房的厂商寻找合适的土地或厂房，也可为拥有这些房地产的单位或个人推销其房地产。现代标准工业厂房的兴起也为工业用房房地产经纪人提供了市场机会。

二、房地产经纪专业人员职业资格制度

（一）房地产经纪人员职业资格的种类

为适应房地产经纪行业发展的需要，加强房地产经纪专业人员队伍建设，提高房地产经纪专业人员素质，规范房地产经纪活动秩序，依据《中华人民共和国城市房地产管理法》《国务院机构改革和职能转变方案》和国家职业资格证书制度有关规定，在总结原房地产经纪人员职业资格制度实施情况的基础上，人力资源社会保障部、住房城乡建设部于2015年6月25日发布了《房地产经纪专业人员职业资格制度暂行规定》（以下简称《暂行规定》）和《房地产经纪专业人员职业资格考试实施办法》，自2015年7月1日起施行。

《暂行规定》确定了国家设立房地产经纪专业人员水平评价类职业资格制度，面向全社会提供房地产经纪专业人员能力水平评价服务，房地产经纪专业人员纳入全国专业技术人员职业资格证书制度统一规划。

（二）房地产经纪人员执业资格考试

1. 考试组织安排

人力资源社会保障部、住房城乡建设部共同负责房地产经纪专业人员职业资格制度的政策制定，并按职责分工对房地产经纪专业人员职业资格制度的实施进行指导、监督和检查。中国房地产估价师与房地产经纪人学会具体承担房地产经纪专业人员职业资格的评价与管理工作，组织成立考试专家委员会，研究拟定考试科目、考试大纲、考试试题和考试合格标准。从2016年起，房地产经纪人协理、房地产经纪人职业资格实行全国统一大纲、统一命题、统一组织的考试制度。原则上每年举行1次考试。考试时间一般安排在每年10月的第二周的周末。每年考试的具体时间由人力资源和社会保障部在上一年第四季度向社会公布。考点原则上设在直辖市和省会城市的大、中专院校或者高考定点学校。

2. 考试报名和条件

参加考试由本人提出申请，按有关规定办理报名手续。考试实施机构按照规定的程序和报名条件审核合格后，核发准考证。参加考试人员凭准考证和有效证件在指定的日期、时间和地点参加考试。中央和国务院各部门及所属单位、中央管理企业的人员按属地原则报名参加考试。

申请参加房地产经纪专业人员职业资格考试应当具备的条件如下：

(1)基本条件有：

1)遵守国家法律、法规和行业标准与规范；

2)秉承诚信、公平、公正的基本原则；

3)恪守职业道德。

(2)申请参加房地产经纪人协理职业资格考试的人员，除具备上述基本条件外，还必须具备中专或者高中及以上学历。

(3)申请参加房地产经纪人职业资格考试的人员，除具备上述基本条件外，还必须符合下列条件之一：

1)通过考试取得房地产经纪人协理职业资格证书后，从事房地产经纪业务工作满6年。也就是说，只有高中或中专学历的人员，只要通过考试取得房地产经纪人协理职业资格证书，从事房地产经纪工作满6年后，就可以报名参加房地产经纪人职业资格考试。通过考试后，可以与拥有大专、本科学历的人员一样，取得房地产经纪人职业资格，单位可以聘用其担任中级职称，享受中级职称专业人员的政策待遇。这个规定，给房地产经纪行业人员中的高中、中专学历的人员，提供了晋升为房地产经纪人的通道。

2)取得大专学历，工作满6年，其中从事房地产经纪业务工作满3年。

3)取得大学本科学历，工作满4年，其中从事房地产经纪业务工作满2年。

4)取得双学士学位或研究生班毕业，工作满3年，其中从事房地产经纪业务工作满1年。

5)取得硕士学历(学位)，工作满2年，其中从事房地产经纪业务工作满1年。

6)取得博士学历(学位)。

3.考试科目和时间

房地产经纪人协理职业资格考试设《房地产经纪综合能力》和《房地产经纪操作实务》2个科目。考试分2个半天进行，每个科目的考试时间均为2.5小时。房地产经纪人职业资格考试设《房地产交易制度政策》《房地产经纪职业导论》《房地产经纪专业基础》和《房地产经纪业务操作》4个科目。考试分4个半天进行，每个科目的考试时间均为2.5小时。

《暂行办法》还规定，对参加房地产经纪专业人员职业资格考试的部分人员免试有关科目。参加房地产经纪人协理职业资格考试，可免试《房地产经纪综合能力》科目的人员为：通过全国统一考试，取得经济专业技术资格"房地产经济"专业初级资格证书的人员，可只参加《房地产经纪操作实务》1个科目的考试。可免试《房地产经纪操作实务》科目的人员为：按照《〈房地产经纪人员职业资格制度暂行规定〉和〈房地产经纪人执业资格考试实施办法〉》(人发〔2001〕128号)要求、通过考试取得房地产经纪人协理资格证书的人员，只参加《房地产经纪综合能力》1个科目的考试。参加房地产经纪人职业资格考试，可免试《房地产交易制度政策》科目的人员为：通过全国统一考试，取得房地产估价师资格证书的人员和取得经济专业技术资格"房地产经济"专业中级资格证书的人员，或者按照国家统一规定评聘高级经济师职务的人员，只参加《房地产经纪职业导论》《房地产经纪专业基础》和《房地产经纪业务操作》3个科目的考试。免试部分科目的人员在报名时，应当提供相应证明文件。

4.考试过程纪律要求

根据《专业技术人员资格考试违纪违规行为处理规定》(人力资源和社会保障部令第31号)，参加房地产经纪专业考试的人员在考试过程中有违规行为的，分别给予其当次该科目考试成绩无效,情节严重的,给予其当次全部科目考试成绩无效的处理,并将其违纪违规行为记入专业技术人员资格考试诚信档案库。

5. 成绩滚动和资格证书

房地产经纪专业人员职业资格各科目考试成绩实行滚动管理的办法。在规定的期限内参加应试科目考试并合格,方可获得相应级别房地产经纪专业人员职业资格证书。参加房地产经纪人协理职业资格考试的人员,必须在连续的2个考试年度内通过全部(2个)科目的考试;参加房地产经纪人职业资格考试的人员,必须在连续的4个考试年度内通过全部(4个)科目的考试。参加1个或3个科目考试的人员,须在1个或连续的3个考试年度内通过应试科目的考试,方可获得相应的房地产经纪专业人员职业资格证书。

房地产经纪人协理、房地产经纪人职业资格考试合格的,由中国房地产估价师与房地产经纪人学会颁发,人力资源社会保障部、住房城乡建设部监制,中国房地产估价师与房地产经纪人学会用印的相应级别《中华人民共和国房地产经纪专业人员职业资格证书》。该证书在全国范围有效。对违反考试工作纪律和有关规定的人员,按照国家专业技术人员资格考试违纪违规行为处理规定处理。对以不正当手段取得房地产经纪专业人员资格证书的,按照国家专业技术人员资格考试违纪违规行为处理规定处理。

对于《暂行规定》施行前,依据原人事部、原建设部印发的《〈房地产经纪人员职业资格制度暂行规定〉和〈房地产经纪人执业资格考试实施办法〉》(人发〔2001〕128号)要求,通过考试取得的房地产经纪人执业资格证书,与按照《暂行规定》要求取得的房地产经纪人职业资格证书效用等同。通过考试取得房地产经纪人协理资格证书效用不变。

(三)房地产经纪人员执业资格登记

房地产经纪专业人员登记证书(以下称登记证书)是房地产经纪专业人员从事房地产经纪活动的有效证件,从事房地产经纪业务时应当主动向委托人出示。房地产经纪专业人员资格证书实行登记服务制度。中国房地产估价师与房地产经纪人学会负责全国房地产经纪专业人员职业资格证书登记服务的具体工作,接受国务院住房和城乡建设行政管理部门、人力资源和社会保障行政管理部门的指导和监督。地方房地产经纪行业组织等单位(以下称地方登记服务机构)接受中国房地产估价师与房地产经纪人学会委托,协同做好本行政区域内房地产经纪专业人员职业资格证书登记服务工作。中国房地产估价师与房地产经纪人学会建立全国房地产经纪专业人员信用档案,将登记情况等信息通过信用档案及时向社会公布,提供社会查询,接受社会监督。

为了落实房地产经纪专业人员职业资格证书登记服务制度,规范房地产经纪专业人员职业资格证书管理,中国房地产估价师与房地产经纪人学会于2017年6月20日印发《房地产经纪专业人员职业资格证书登记服务办法》(中房学〔2017〕6号),自2017年7月1日起施行。房地产经纪专业人员职业资格证书登记服务工作(以下称登记服务工作)包括初始登记、延续登记、变更登记,以及登记注销和登记取消。根据《房地产经纪人员职业资格制度暂行规定》取得房地产经纪人执业资格证书的,以及通过资格互认取得房地产经纪专业人员职业资格的,参照本办法办理登记。

1. 登记办理

初始登记、延续登记的有效期为3年,有效期起始之日为登记结果公告之日。初始登记、延续登记有效期间的变更登记,不改变初始登记、延续登记的有效期。

中国房地产估价师与房地产经纪人学会建立全国房地产经纪专业人员职业资格证书登记服务系统(以下称登记服务系统)。登记服务工作实行在登记服务系统上办理。

申请登记的房地产经纪专业人员(以下称申请人)通过登记服务系统提交登记申请材料,查询登记进度和登记结果,打印登记证书。申请人应当对其提交的登记申请材料的真实性、完整性、合法性和有效性负责,不得隐瞒真实情况或者提供虚假材料。登记申请材料的原件由申请人妥善保管,以备接受检查。中国房地产估价师与房地产经纪人学会、地方登记服务机构认为有必要的,可要求申请人提供登记申请材料的原件接受检查。

中国房地产估价师与房地产经纪人学会、地方登记服务机构通过登记服务系统办理登记服务工作。

(1)申请人应当具备下列条件:

1)取得房地产经纪专业人员职业资格证书;

2)受聘于在住房和城乡建设(房地产)主管部门备案的房地产经纪机构(含分支机构,以下称受聘机构);

3)达到中国房地产估价师与房地产经纪人学会规定的继续教育合格标准;

4)最近3年内未被登记取消;

5)无法律法规或者相关规定不予登记的情形。

(2)登记服务工作按照下列程序办理:

1)申请人通过登记服务系统提交登记申请材料;

2)地方登记服务机构自申请人提交登记申请之日起5个工作日内提出受理意见,逾期未受理的,视为同意受理;

3)中国房地产估价师与房地产经纪人学会自收到地方登记服务机构受理意见起10个工作日内公告登记结果。

予以登记的,申请人自登记结果公告之日起可通过登记服务系统打印登记证书。

不予登记的,申请人可通过登记服务系统查询不予登记的原因。

2. 初始登记

申请人取得房地产经纪专业人员职业资格证书后首次申请登记,或者登记注销、登记取消后重新申请登记的,应当申请初始登记。

申请初始登记的,应当提交下列登记申请材料:

(1)初始登记申请表影印件;

(2)房地产经纪专业人员职业资格证书影印件和身份证件影印件;

(3)与受聘机构的劳动关系证明影印件;

(4)受聘机构营业执照影印件和备案证明影印件。

取得房地产经纪专业人员职业资格证书超过3年申请初始登记的,申请之日前3年内应当达到中国房地产估价师与房地产经纪人学会规定的继续教育合格标准。

3. 延续登记

登记有效期届满继续从事房地产经纪活动的,应当于登记有效期届满前90日内申请延续登记。

登记有效期届满后申请登记的,按照延续登记办理。

申请延续登记的,应当提交下列登记申请材料:

(1)延续登记申请表影印件;

(2)与受聘机构的劳动关系证明影印件;

(3)受聘机构营业执照影印件和备案证明影印件。

申请人应当在延续登记申请之日前3年内达到中国房地产估价师与房地产经纪人学会规定的继续教育合格标准。

申请延续登记并同时变更受聘机构的,还应当提供与原受聘机构解除劳动关系的证明影印件或者原受聘机构依法终止的相关证明影印件。

4. 变更登记

(1)在登记有效期间有下列情形之一的,应当申请变更登记:

1)变更受聘机构;

2)受聘机构名称变更;

3)申请人姓名或者身份证件号码变更。

(2)申请变更受聘机构的,应当提交下列登记申请材料:

1)变更登记申请表影印件;

2)与原受聘机构解除劳动关系的证明影印件或者原受聘机构依法终止的相关证明影印件;

3)与新受聘机构的劳动关系证明影印件;

4)新受聘机构营业执照影印件和备案证明影印件。

(3)申请变更受聘机构名称的,应当提交下列登记申请材料:

1)变更登记申请表影印件;

2)工商行政管理部门出具的受聘机构名称变更核准通知书和名称变更后的营业执照影印件;

3)受聘机构名称变更后的备案证明影印件。

(4)申请变更姓名或者身份证件号码的,应当提交下列登记申请材料:

1)变更登记申请表影印件;

2)公安机关出具的相关证明影印件;

3)姓名或者身份证件号码变更后的身份证件影印件。

5. 登记注销和登记取消

(1)有下列情形之一的,本人或者有关单位应当申请登记注销:

1)已与受聘机构解除劳动合同且无新受聘机构的;

2)受聘机构的备案证明过期且不备案的;

3)受聘机构依法终止且无新受聘机构的;

4)中国房地产估价师与房地产经纪人学会规定的其他情形。

(2)有下列情形之一的,中国房地产估价师与房地产经纪人学会予以登记取消,记入信用档案并向社会公示:

1)以欺骗、贿赂等不正当手段获准登记的;

2)涂改、转让、出租、出借登记证书的;

3)受到刑事处罚的;

4）法律法规及中国房地产估价师与房地产经纪人学会规定应当予以登记取消的其他情形。

有前述登记取消情形之一的，地方登记服务机构、有关单位和个人应当及时报告中国房地产估价师与房地产经纪人学会，经查实后，予以登记取消；情节严重的，收回其职业资格证书。登记取消的，中国房地产估价师与房地产经纪人学会向社会公告其登记证书作废。房地产经纪专业人员死亡、不具有完全民事行为能力或者登记有效期届满未申请延续登记的，其登记证书失效。

三、房地产经纪人员的权利与义务

房地产经纪人可以依法行使自己的权利，但同时必须履行其相应的义务。

1. 房地产经纪人享有的权利

（1）依法发起设立房地产经纪机构。房地产经纪人取得房地产经纪人资格证书后，可以有权领取营业执照以个体房地产经纪人的身份或合伙、公司等方式从事房地产经纪活动。没有取得房地产经纪人资格证书的人员无权发起设立房地产经纪机构。依法设立的房地产经纪机构受国家法律保护，任何单位和个人无权阻碍和妨害经纪人从事合法的经纪业务活动，更不得随意取消经纪人资格或吊销营业执照。

（2）指导房地产经纪人协理进行各种经纪业务。由于房地产经纪人是经纪机构的主要负责人，因此在积极开展房地产经纪业务的同时应指导房地产协理进行各种经纪业务。

（3）加入房地产经纪机构，承担房地产经纪机构关键岗位。房地产经纪人取得房地产经纪人资格证书并注册后，可以受聘于某房地产经纪机构，承担法人、合伙人、董事、经理等关键岗位。

（4）要求委托人提供与交易有关的资料。房地产经纪人有权要求交易委托方如实提供委托活动相关的资料和情况。如果委托人由于经营上的不合法或其他原因，提供虚假信息和资料，故意隐瞒事实真相或有欺诈行为时，房地产经纪人不对出现的问题负责，有权拒绝继续提供服务。情节严重的，可以依法起诉。

（5）执行房地产经纪业务并获得合理报酬。房地产经纪人促成交易双方达成协议时，有权依照合同的约定获得合法佣金收入，并按照合同要求委托人支付在房地产经纪活动中差旅费、利息费用、交通与通信等开支或代垫的费用。有关佣金、费用问题，一定在合同有关条款中详尽地说明。

（6）经所在机构授权订立房地产经纪合同等重要文件。对于在房地产经纪活动中签订委托房地产买卖、居间、代理、行纪、抵押、租赁等合同，只能由相应资格的注册房地产经纪人签署。

（7）有权拒绝执行委托人发出的违法指令。委托人在进行房地产交易时，违反国家法律、法规、规章或地方法规、规章，房地产经纪人应指出，并有权拒绝执行违法指令。委托人不听劝告的，有权拒绝继续提供服务。

2. 房地产经纪人协理享有的权利

（1）有权加入房地产经纪机构。

(2) 协助房地产经纪人处理有关事务并获得合理的报酬。
(3) 依法开展房地产经纪业务活动。
(4) 要求委托人提供与交易有关的资料。
(5) 有权拒绝执行委托人发出的违法指令。
(6) 享有请求支付成本费用的权利。

3. 房地产经纪人、房地产经纪人协理应履行的义务

房地产经纪人、房地产经纪人协理应当履行以下义务：

(1) 遵守法律、法规、行业管理规定和职业道德。房地产经纪人在开展经纪业务时，必须遵守国家的有关法律、法规，严禁违法经营。如不得超越经营范围、不得收取佣金以外的额外报酬或好处费、不得为国家法律禁止流通的房地产进行经纪活动、接受监管和依法纳税的义务等。同时应遵守行业管理规定和职业道德，如依法经营、诚信、尽职等。

(2) 向委托人披露相关信息，充分保障委托人的权益，完成委托业务。房地产经纪人有必要将当事人应当知道的事实如实告知当事人，如有关房屋的质量、建造年代、位置、真实价格、城市规划、权属有无瑕疵等情况。房地产经纪人应忠实于委托人，对信息的事实性负责，保障委托人权益。房地产经纪人不得利用虚假广告、隐瞒或夸大事实、弄虚作假等手段欺骗交易人，损害当事人利益。由于经纪人提供虚假信息或未尽到事先披露相关信息的职责而使当事人遭受意外损失的，委托人有权要求经纪人承担赔偿责任。

(3) 接受职业继续教育，不断提高业务水平。国家不断出台新的房地产相关的政策法规、房地产市场不断向前发展、科技的不断发展、房地产软件的不断引入、网络的不断发展，都使得房地产经纪人必须站在房地产市场的最前沿，因此房地产经纪人必须接受职业继续教育，不断提高业务水平。

(4) 为委托人保守商业秘密。在房地产经纪人与委托人的双向信息流动中，可能涉及委托人的商业秘密，如果委托人要求对其商业秘密进行保密时，房地产经纪人就应当严格遵守职业道德，为客户保守商业秘密。对于房地产经纪人故意泄露委托人商业秘密而对委托人造成损失的，委托人有权要求赔偿。

(5) 不能同时受聘于两个或两个以上房地产经纪机构执行业务。房地产经纪人只能在一个房地产经纪机构注册并开展相关的房地产经纪业务，为了维护当事人的利益和保证公平交易，不允许房地产经纪人同时受聘于两个或两个以上的房地产经纪机构。房地产经纪人在聘用合同期内要忠于自己的机构，不随意"跳槽"或"脚踏数条船"，房地产经纪人员都是以自己所在的房地产经纪机构的名义来从事业务活动，因此房地产经纪人员对自己所在的机构要承担一定责任。

(6) 接受国务院建设行政主管部门和当地地方政府房地产行政主管部门的监督检查。房地产经纪人应主动接受国务院建设行政主管部门和当地地方政府房地产行政主管部门的监督检查，向主管部门报送业务统计报表，并按经纪业务收入的一定比例缴纳管理费。同时接受财政及税务部门的监督，依法向国家缴纳规定的税费。

四、房地产经纪人员的职业素质

(一)道德与职业道德

1. 道德

在我国,"道德"一词自古有之。所谓"道",是指人们行走的道路,后引申为运动变化发展的规则或规律;所谓"德",是指人的内心情感或信念。

道德是一种社会意识,属于上层建筑的范畴。它受社会存在——经济基础的影响,但又具有相对独立性,并能反作用于经济基础。道德起源于原始社会,但道德作为一种独立的社会意识形态,则是在奴隶社会形成的。由于私有制和阶级的出现,人类进入了奴隶社会,这时物质劳动和精神劳动分离,社会意识逐渐分化为各自相对独立的领域,道德才发展成为调整人们行为准则和行为规范的复杂思想体系。

房地产经纪

2. 职业道德

职业道德是指人们在从事各种职业活动的过程中应该遵循的思想、行为准则和规范。

在当今社会中,职业活动是人们最重要的活动之一,因为所有的社会财富都是人们在职业活动中创造的。而且,在各种社会活动中,以职业身份出现的活动占据很大的比例。但是,职业活动是人们社会活动的一种形式,所以,职业道德只能是社会道德的组成部分,它与家庭道德、民族道德、社会公德等共同构成了整个社会的道德体系。因此,职业道德受道德体系的约束,服从于社会的基本道德规范。

由于社会分工的产生,人们的生产活动逐渐演变成各种职业活动。每一种职业出现,都是为满足特定的社会需要,并承担一定的社会责任。同时,由于同一职业的从业者从事同一种劳动、依赖于同一类资源、服务于同一类对象,因而相互间形成了特定的关系。为了协调每种职业与社会的关系以及协调同一职业中各行为主体之间的关系,就逐渐形成了职业道德。

职业道德是与一定的职业相联系的,具有专业性、稳定性、连续性的特点。在经纪行业中,良好的职业道德是一笔巨大的无形资产,房地产经纪人员应具有良好的职业道德,这是经纪行业对经纪从业人员最基本的要求。

(二)房地产经纪人员职业道德的内涵

职业道德是人们在从事各种职业活动的思想、行为准则和规范,是服务于社会的基本道德规范,是社会道德的重要组成部分。

房地产经纪人员职业道德的思想观念包括对涉及房地产经纪活动的一些基本问题的是非、善恶的根本认识。房地产经纪职业道德的情感层面涉及房地产经纪人员的职业荣誉感、成就感及在执业活动中的心理习惯等。房地产经纪人员职业道德在行为习惯方面包括房地产经纪人员遵守有关法律、法规和行业规则以及在执业过程中仪表、言谈、举止等方面的修养。行为习惯是最能显现职业道德状况的层面。

就思想观念而言,它包括对涉及房地产经纪活动的一些基本问题的是非、善恶的根本认识,这种认识是指在房地产经纪人员思想观念中所形成的一种内在意识。从内容上讲,主要涉及三个方面:职业良心、职业责任感和执业理念。职业良心涉及对执业活动的"守法""诚实""守信"等执业原则、经纪人员收入来源、经纪服务收费依据和标准等一些重大问题的认识。职业责任感涉及房地产经纪人员对自身责任及应尽义务的认识。执业理念主要指对市场竞争、同行合作等问题的认识和看法。

房地产经纪职业道德与房地产经纪的有关法规、行业规范有着共同的目的,即调节房地产经纪行业从业人员与服务对象以及从业人员之间的关系。但两者在作用机制上有着明显的区别。法规和行业规范均属于外在的规定,主要通过法律手段、行政手段及行业管理手段来约束经纪人员。而房地产经纪职业道德则是指内化于房地产经纪人员思想意识和心理、行为习惯的一种修养,它主要通过良心和舆论来约束房地产经纪人员。

(三)房地产经纪人员职业道德的基本要求

1. 遵纪守法

遵纪守法是社会对每个公民的基本道德要求。房地产经纪人员更应牢固树立这一思想观念,并理解其对于自己职业活动的特殊意义。

房地产经纪业一般都是依靠其掌握房地产及其相关的法律法规,来开展各项业务。作为一个知法者,不仅要向客户提供法律咨询等方面服务,更要自身依法经营。因此,房地产经纪人在促使他人进行房地产交易时,必须严格按照法律法规进行操作,以保证交易活动的有效性和合法性。为此,国家政府对房地产经纪机构和从业人员进行行业管理,只有取得房地产经纪执业资格和资质,并遵循相关行业管理规定的机构和人员,才能从事房地产经纪活动,不得无照、无证从业和经营。

房地产经纪人员必须认真贯彻党和政府的方针和政策,依法经营,不接受超越政策允许范围的经纪业务,在经纪活动的各个环节,如接受委托、签订合同、刊登广告、收取佣金等环节,都必须遵守有关法律、法规的规定。房地产经纪行业中存在的一些诸如经纪合同不规范、高于规定标准收费等现象,就反映出一些房地产经纪人员和机构"守法经营"意识淡薄的现象。为了房地产经纪行业的长远发展,必须加以纠正。

2. 诚实信用

诚实原则要求房地产经纪人在进行经纪活动的过程中,本着实事求是的精神以善意的方式开展经纪活动,不隐瞒、虚构事实,不串通一方恶意欺诈另一方,不乘人之危;信用原则要求房地产经纪人在经纪活动中一诺千金,恪守信用,严格按照合同的条款办事。

(1)在房地产经纪活动中,应以行动来体现诚实信用。如果经纪机构以佣金为唯一的收入来源,并且以成交为收取佣金的前提,那么房地产经纪人的利益与客户的利益大方向一致,就能赢得客户的信任,尽最大力量为客户寻找最适合的交易对象。在实践中,有些房地产经纪机构在交易未达成时即收取所谓的"看房费",或者获取佣金之外的其他经济利益,失信于客户。所以,从"以真诚为本"的要求出发,房地产经纪人员一定要树立"不成交不收费""佣金是唯一收入"的观念。

(2)在房地产经纪活动中,当客户由于不懂专业知识或不具备专业经验而对成交价格等产生不恰当期望时,不能一味迎合客户,应客观地帮客户进行分析。坦诚的结果是使客户充分知晓影响交易的方方面面,并完全按自己的意愿做出决定。这样的交易不容易产生后续纠纷,同时,也有助于客户对房地产经纪人员及其机构产生信赖感。这种依赖感又会通过口碑传播使经纪人员和机构树立品牌形象。

(3)在房地产经纪活动中,房地产经纪人员应牢固树立"信用是金"的思想观念,靠信用赢得客户的信赖和合作,为经纪机构创造良好的品牌和收益。由于一般房地产经纪人和交易双方没有连续性的业务往来,房地产交易达成后,服务终止,服务时间较短,但房地产经纪业务的社会接触面大,社会影响广,如果房地产经纪人在社会上拥有良好的口碑,树立了良好的信誉,并和许多老客户建立深厚友谊,形成融洽的人际关系网,就会有更多的新客户不断慕名而来,老客户也会主动提供一些有效的交易信息。相反,一次不公平的交易,就会引起客户、客户的朋友、熟人的注意。房地产经纪人的信誉胜于数以万计的广告费。

(4)市场经纪是一种契约的经济,诚实信用是社会主义市场条件下参与经济活动的各个主体应当具备的基本道德要求,是维系各个主体之间利益及各个主体利益与社会利益平衡的基本的道德伦理规范,更是经济活动的一条根本原则。在房地产经纪活动中,要求房地产经纪人员必须具备诚实信用的道德素质,遵循诚实信用的原则开展经纪活动。

3. 尽职守责

房地产经纪人员应该敬业爱岗、尽职守责,以促使客户的房地产交易成功为己任,尽最大努力去实现这一目标。

(1)房地产经纪活动中的许多环节都是必不可少的,因此房地产经纪人员决不能为图轻松而省略某些环节,也不能马马虎虎,敷衍了事。对卖家委托的房源,应充分了解,不仅要通过已有的文字资料了解,还要到现场进行实地勘察。

(2)房地产经纪人员是以自己拥有的房地产专业知识、信息和市场经验来为客户提供服务的。因此,房地产经纪人员要真正承担起自己的职业责任,还必须不断提高自己的专业水平。

(3)替委托人保守商业秘密。一些房地产交易业务往往是客户的商业机密或个人隐私。除非客户涉及违法,否则经纪人员决不能将客户的机密散布出去,更不能以此谋利,应该替客户严守秘密,充分保护客户的利益。

(4)按现行的规定,房地产经纪人员都是以自己所在的房地产经纪机构的名义来从事业务活动,因此房地产经纪人员对自己所在的机构也要承担一定责任。这种责任表现为既要帮助公司实现盈利目标,又要维护公司信誉、品牌。从承担自身责任的要求出发,房地产经纪人员必须做到在聘用合同期内忠于自己的机构。同时,在言谈举止和经纪行为中都要维护公司名誉,不做有损公司信誉的事情。

4. 规范服务

房地产经纪人员从事房地产经纪活动,应当坚持公平自愿、等价有偿、诚实信用的原则,独立、客观、积极地开展工作,以向客户提供优质、高效、规范的专业服务为宗旨,提倡全心全意为客户服务的精神,规范操作,恪守职业道德,不断改进服务态度,忠实于委托者,为客户负责,按时完成房地产经纪任务。

5. 公平竞争,团结合作

房地产经纪活动中,也存在激烈的同行竞争。房地产经纪人员必须不怕竞争、勇于竞争。在开展房地产经纪活动中,应处理好房地产经纪机构内部经纪人之间、同行之间的竞争与合作关系。通过合作,房地产经纪人员和经纪机构可以以他人之长,补己之短,应当相互尊重、加强沟通、团结合作、平等竞争,不应相互攻击、互相拆台、随意抢夺其他经纪人的客户。

合作常常是房地产经纪人员和经纪机构提高市场竞争力的重要手段。通过合作,房地产经纪人员和经纪机构可以以他人之长补己之短,在做大业务增量的同时,提高自己的市场份额和收益。在合作过程中也存在着竞争,房地产经纪人员必须不断提高自身的竞争能力,否则就会逐渐失去自身的合作价值,最后被淘汰掉。当然,在这个合作过程中,也要以公平的方式进行竞争。公平竞争、注意合作,是房地产经纪人员在经营过程中必须遵循的基本职业道德素质要求。

(四)房地产经纪人员的心理素质

房地产经纪工作虽然收入丰厚,但工作难度大、挑战性强,经常会遭遇拒绝、挫折、失败,这就要求房地产经纪人员必须具有较高的心理素质,有较强的心理承受能力,百折不挠,不轻言失败,只有这样才能取得事业的成功。

1. 自知、自信

自知,是对自己的了解。房地产经纪人员对自己的职业应有充分而正确的认识,即对这一职业的责任、性质、社会作用、意义、经济收益等各个方面有全面和客观的认识。自信,房地产经纪人员在自知基础上形成的一种职业荣誉感、成就感和对执业活动中的自信心。

房地产经纪人员的佣金是根据交易标的金额的一定比例来确定的。由于房地产的价值高昂,房地产交易的标的金额通常都是很高的,因此房地产经纪人员的收入水平也相对较高。要认识到较高的收入是对专业化劳动的一种回报,它的背后是脑力加体力的艰辛劳动,如果看不到这一点,不肯付出,或者不能够不断提高自己的专业水平,而单纯为高收入来从事这一行业,那肯定是做不好的。

自信心强的经纪人员,敢于面对挑战,敢于追求卓越。自信能激发出强大的勇气和毅力,最终走向成功。同时,自信能给对方以信任感。房地产经纪人员在业务活动中与各种各样的人员打交道,需要说服他人,促成交易,没有一种自信和坚韧的心理素质是很难胜任的。只有自信的人才能更好地与人进行沟通,才能让客户相信,并能不断突破自我,提升销售额。自信主要来自房产专业知识的把握、对客户需求的把握、对所销售房源情况的了解、对市场的认识等。一个从容自信、谈吐自如的经纪人出现在客户面前是会很快得到客户的认可和信任的。但是,自信绝非盲目自大。就个人而言,自信等于实力。自信来源于对自我的认识和把握。从职业角度看,房地产经纪人员的自信取决于对市场信息的全面了解和自己深厚充实的知识技能功底。

2. 乐观、开朗

在人与人的交往中,乐观、开朗的人容易使人接近,因而更受人欢迎。房地产经纪人员如果本身不具备这种性格,就应主动培养自己乐观、开朗的气质。

房地产经纪人员在心态上调整好自己。在促使交易的过程中,被拒绝从而导致失败的情形是经常有的,房地产经纪人员一定要对自己的工作有正确的认识,几次业务的失败不等于这项工作的失败,要对自己所从事的职业保持乐观的心态。房地产经纪人员心态的另一个重要方面,是与同事、同行之间的关系。房地产经纪人员如果能树立与同事、同行积极合作、公平竞争的心态,就不会因竞争而产生消极、悲观情绪,更不会产生嫉妒、敌视之类的心理,乐观、开朗的气质也就容易形成。

房地产经纪人要多接触美好的事物,如宜人的风景、优美的艺术品,用这些美好的东西来陶冶自己乐观的气质。同时,应注意在自己的表情、仪容、语言中增加积极、美好的元素,如微笑、清新怡人的香水以及"我相信我能做成这笔交易""我一定能想出办法解决这个问题"等积极的自我心理暗示。

3. 坚韧、奋进

房地产经纪人员一定要具备坚韧不拔的精神,要做到这一点,首先要认识到房地产交易的复杂性,房地产是个性极强的商品,又是价值特别昂贵的商品,影响它的因素又很复杂,一宗交易合同的达成,经历种种反复和曲折是很自然的。因此,房地产经纪人员应正视挫折,具有积极向上的奋进精神。一方面,房地产经纪人员应充分认识到时代、环境在不断地发生变化,很多过去自己熟悉、掌握的知识、技能、信息可能变得过时、陈旧,因此要"与时俱进",要不断地学习新知识、新技术,了解新信息。另一方面,房地产经纪人在业务上要有不断开拓的意识和勇气。市场需求瞬息万变,房地产经纪人切不可故步自封,只局限于自己所熟悉的领域,而要不断地开拓新市场,建立新的客户群,形成新的业务类型。

(五)房地产经纪人员的礼仪修养

1. 仪容仪表

房地产经纪人员穿着合适的职业装,表现得干练、稳重、职业化,第一印象就能使客户产生信任感,放心将金额巨大的房地产交易业务交到自己手上。经纪人员直接和客户打交道,代表的是公司的形象,所以仪容和服饰很重要。

房地产经纪人应经常洗澡,保持身体无异味;保持口腔卫生,口气清新;头发应经常清洗,避免出现头皮屑,清洗后头发上的自然清香,可以使接近你的人倍觉清爽;指甲应经常修剪,过于时髦的长指甲并不适合于房地产经纪人员;皮鞋应经常擦,灰头土脸的皮鞋极易给人邋遢的感觉。特别应注意适当的休息,每天保持旺盛的精力,精神饱满。

服饰反映了经纪人员的精神面貌和文化修养,房地产经纪人员在衣着和佩戴首饰方面也应特别注意。一般而言,房地产经纪人员工作时的着装最好是职业装,端庄得体有助于树立自己的专业形象。男性经纪人工作时最好穿西装。穿西装有三忌:一忌不合身,二忌塞满物品,三忌袜子搭配不当。穿西装应配领带,起到画龙点睛的作用。选择领带必须考虑与脸形、肤色、西服的色彩及使用的场合相搭配,而且还要考虑不同的季节、不同款式的西服怎样搭配。夏季可穿衬衣配西裤。女性经纪人应尽量穿职业套装,不宜穿过于暴露的衣服。此外,太随意的服装,如休闲服饰等不太适合房地产经纪人员树立专业人士的形象。服装最重要的是整洁、和谐,较好的装束可以表达自己的情感和对客户的尊重。

房地产经纪人员的个人妆饰应大方、得体。男士房地产经纪人员只要干净、整洁、大方,整体格调健康舒适即可。女士房地产经纪人员应化淡妆,化妆风格应该和自己的气质相近,妆容应该表现出典雅又不失清新的职业女士格调,体现出成熟、干练而又亲切的职业形象。另外,女士佩戴首饰时,不宜戴得过多,最好不要超过三种。

2. 通信礼仪

在通信高度发达的今天,电话常常是客户与房地产经纪人员首次接触的主要方式。如果房地产经纪人员通过电话给客户留下了良好的印象,就有利于与客户的进一步接触。因此,电话礼仪非常重要。

(1)打电话的礼仪。首先在使用电话前要做一些基本准备,不仅要准备好记事簿、笔等基本工具,还要从心理上做好准备,比如端正坐姿、调整心情等。其次,在打电话的礼仪上,要注意以下几个方面:

1)时间选择。房地产经纪人员最好不要在休息时间给客户打电话。往对方家里打电话,应避开早晨8点以前和晚上10点以后;往单位打电话谈公事,最好避开临下班前10分钟。尤其是需要查询后方可回复的电话或处理各种业务问题的电话,最好在早晨上班的时候打,此时人们头脑最清楚,办事效率最高。万不得已有急事,一定要先说"抱歉,事关紧急,打扰您了",否则别人会很不耐烦。

2)语言、声调的选择。房地产经纪人员在给客户打电话时,应做到语音、声调简洁、清楚、文明、礼貌。在通话时,声音应当清晰而柔和,吐字应当准确,句子应当简短,语速应当适中,语气应当亲切、自然。打电话时,第一句话关系到自己给对方的第一印象,所以应当慎之又慎。还需注意的是,打电话时应首先报出自己的单位和姓名。如:"您好!我是×××。我找×××。"

3)时长的选择。电话礼仪有一个规则,叫作"三分钟法则",也就是说,每次与对方通话的时间应该控制在三分钟之内。尽量做到"长话短说、废话不说、没话别说"。为了避免通话时间过长,可以在每次拨打电话之前列明要讲的内容,把最重要的事情放在前面说,重点突出,言简意赅。

(2)接听电话的礼仪。接听电话亦有许多具体要求。首先,电话铃声一响,就应立即去接电话,并且越快越好。在国外,接电话有"铃响不过三遍"一说。

接电话时,拿起话筒后也要首先报出自己的姓名。如:"您好!我是×××。请讲。"需要注意的是,不允许接电话时以"喂,喂"或者"你找谁呀"作为第一句话。特别是不允许一张嘴就毫不客气地查问对方,一个劲儿地问人家"你找谁""你是谁",或者"有什么事儿呀"。在通话中,不要对着话筒打哈欠,或是吃东西,也不要同时与其他人闲聊。不要让对方由此感到在通话人的心中无足轻重。

(3)挂断电话的礼仪。打电话在一般情况下是请对方先挂电话。作为房地产经纪企业的经纪人,由于是服务者,应该请客户先挂电话。

挂电话前的礼貌也不应忽视。挂电话前,向对方说声"请您多多指教""抱歉,在百忙中打扰您"等,会给对方留下较好印象。

(4)手机通话礼仪。房地产经纪人员在日常交往中使用手机时,大体上有如下3个方面的礼仪规范必须遵守:

1)放置到位。按照惯例,外出随身携带手机的最佳位置有两处:一是公文包里,二是上衣口袋之内。穿套装、套裙之时,切勿将其挂在腰带上。

2)遵守公德。在公共场所活动时,房地产经纪人员尽量不要使用手机。当其处于待机状态时,应设置为静音或振动。需要与他人通话时,应寻找无人之处,切勿当众通话。

3)保证畅通。使用手机的目的是为了保证自己与外界的联络畅通无阻,房地产经纪人员必须为此采取行之有效的措施,保证客户能随时找到自己。因为房地产经纪行业是服务业,因而通常要求房地产经纪人员"手机24小时待机"。虽然客户通常不会在晚上10点后或早上8点前打电话询问房屋状况,但有时也会出现水管爆裂等突发状况,这就要求房地产经纪人员能在第一时间为客户提供一些服务支援。

(5)传真礼仪。在给客户发送传真时,不可缺少必要的问候语和致谢语;发完后应当确认客户是否已经收到。在收到客户传真时,应当在第一时间采取适当方式告知对方,以免对方惦念。

(6)电子邮件礼仪。电子邮件应当认真撰写,主题要明确,语言要流畅,内容要简洁。

3. 接待客户时的仪态

房地产经纪人员要以不同途径、不同方式接触大量客户,其言谈举止在很大程度上影响房地产交易的成败。

房地产经纪人员要有优雅的站姿,这是必备仪态。站立时,应将重心放在两个前脚掌上,双肩收拢且平直,挺胸收腹,眼光平视前方,面带微笑。站立或走路时,手臂应自然下垂或在体前交叉,右手放在左手上以保持向客户提供服务的最佳状态。不要把手插进口袋、抱在胸前或叉在腰间。女性站立时,双脚呈"V"字,双膝靠紧,两个脚后跟靠紧。男性站立时,双脚与肩同宽。

房地产经纪人在与客户见面时要相互致意,握手是商业交往中的常用礼仪,男女相见时,由女士先向男士伸手,与女士握手,一般轻且时间短,握手指部分。邀请客户入座,等客户坐下后,房地产经纪人员才就座。房地产经纪人员的正确坐姿:坐在椅面外侧二分之一的部位,同时上身略向前倾。男士两腿可以略为分开,女士应将膝盖并拢,腿可以放在中间。这种姿态一方面是便于与客户交流,同时又显得积极主动,容易拉近客户与自己的心理距离。

房地产经纪人员与客户交谈时,应当注意与客户的目光交流,这既是符合国际惯例的基本礼仪,又是了解客户心理活动的重要方法。交谈时应自然地看着对方,不能避开客户的目光而四处游移,也不能瞳孔聚焦,死死盯住对方。

在引导客户看房或观看房屋模型时,应注意引导礼仪。房地产经纪人员应走在客户侧前方半步左右,用手势引领前进方向,并经常侧脸看着客户说:"这边请"。千万不要说了一句"跟我走",就自顾自地走在客户前面。在行路时,要守交通规则,注意环境卫生,不能随地吐痰,不要乱扔杂物,注意文明。在看房时,要尊重客户的评价。

客户离开时,应将客户送到门口,为客户拉开大门,然后双手重叠放在身前,略为欠身,同时面带微笑地向客户道别。待客户出门后拐弯或直行数米后,自己再转身归位。如果接待客户的地方处于高层建筑内,应将客户送到电梯口,客户进入电梯后,等电梯门关闭后再转身返回。

在接待客户,与客户进行交流过程中,房地产经纪人员要注重语言礼仪。主要包括声音要洪亮,问候和寒暄的时候态度要真诚,语气要亲切,语调要自然,要营造一种和谐、愉快的谈话氛围,保证交易成功。

五、房地产经纪人员的知识结构

从房地产经纪业务需要出发,房地产经纪人员应具有较完善的知识结构和较高的文化修养,广博的科学文化知识是房地产经纪人员的内在要求,是一个成功的房地产经纪人员不可缺少的基本素质。

1. 基础知识

房地产经纪人员虽然是一种专业的中介人员,但也要服从一般经纪业的运行规律,应懂得一般商品及房地产商品的基本运动规律,掌握一些基本经济理论及相关知识。

(1)经济学和管理学的基础知识。经济学和管理学的基础知识是对人类社会经济活动高度概括和总结的基础理论,是对人们经济活动内在规律和外在因素研究的成果。作为房地产经纪人员只有了解了这样一些基本规律,才能对客观经济现象作出符合规律的判断。这些基础知识包括市场学和市场分析的专业理论知识、财务会计的理论和操作知识以及金融、证券、财政税收方面的理论和操作知识。

(2)法律知识。社会主义市场经济是法治经济,房地产经纪人员从事经纪活动要有法治意识和法律观念,要依法开发经纪活动并依法维护自己和其他当事人的合法权益。房地产经纪人员要认真学习和掌握基本法律知识,如《中华人民共和国民法典》《中华人民共和国商标法》《中华人民共和国广告法》《中华人民共和国反不正当竞争法》《中华人民共和国消费者权益保护法》,以及各类税法和其他与房产经纪有关的法规。

(3)金融知识。房地产的每笔交易数额大,银行成为房地产业的强力支撑,房地产也离不开金融的支持,无论房地产投资者还是房地产消费者都要向银行申请贷款,房地产经纪人员经常周旋于各种金融机构和金融需求者之间,为金融机构寻找可靠的贷款对象,代办各种贷款手续。因此,房地产经纪人员应具备丰富的金融知识,这对业务开展非常有益。

2. 专业知识

房地产经纪活动是为房地产投资者、开发商、房地产消费者等各类房地产经纪活动主体提供服务的,这要求房地产经纪人员必须扎实地掌握大量的房地产专业知识,如房地产经纪、房地产开发与经营、房地产市场营销、房地产政策法规、房地产估价以及房屋建筑、房地产测量、物业管理等各个方面的知识。这是房地产经纪人员知识结构中的核心部分。

(1)房地产基本制度与政策知识。房地产经纪人员必须了解《中华人民共和国民法典》《中华人民共和国城市房地产管理法》《中华人民共和国城乡规划法》等基本法律,同时掌握如《国有土地上房屋征收与补偿条例》《住房公积金管理条例》等行政法规,更要熟悉针对房地产业制定的部门规章,如《城市商品房预售管理办法》《商品房销售管理办法》《已购公有住房和经济适用住房上市出售管理暂行办法》《商品房屋租赁管理办法》等。此外,对于一些规范性文件如《房地产经纪人员职业资格考试实施办法》等也应有一定的了解。

(2)房地产市场营销相关知识。它要求房地产经纪人员在房地产市场基础知识的基础上,进一步详细了解包括房地产市场及市场细分、市场调查、市场预测、市场经营策略、产品策略、定价策略、销售策略、对消费者及用户情况的分析等内容。

(3)房地产投资分析。熟悉资金的时间价值、资金时间价值的换算、项目的现金流分析、财务评价、经济评价指标与分析方法。

(4)房地产基本政策与法律知识。房地产业是政策性极强的产业,每一笔房地产交易都要涉及诸多法律、法规,因此,房地产经纪人员除具备基本的法律知识外,还要有针对性地掌握房地产产业的相关政策和法律、法规,如《中华人民共和国土地管理法》《中华人民共和国房地产管理法》《中华人民共和国城乡规划法》等,以及与房地产经纪有关的政策和法律、法规。

(5)房地产交易知识。熟悉土地使用权出让、转让、房屋销售、抵押、出租、典当、其他转让的各个环节、条件、程序及行业术语。这是房地产经纪人员扩展业务、促成成交的关键所在。

3. 相关知识

房地产经纪人员需要熟悉社会学、公共关系学、心理学、信息及计算机等方面的知识,这些知识在实际经纪活动中有着重要的作用。

(1)社会学知识。目前,一些消费者购房已不仅仅为满足于居住需要,他们有更高的消费需求。一般来说,购买新住宅实质上是购买未来的生活方式。所以,消费者不仅会对楼盘的设计、建筑质量等加以关注,而且会对社区周围的环境、相关的配套设施等相关因素加以考量,如公共交通、中小学校、农贸市场、大型商场、娱乐场所和其他基础设施等,都会成为购房者的关注焦点。由此可见,房地产经纪人员必须掌握一定的社会学知识,例如,对所在地区的人口总量、人口性别结构、年龄结构、人口受教育程度、家庭结构、城乡人口比例、民族风俗、宗教、伦理道德、消费趋向等因素加以了解,以便更好地把握社会动态的变化,进而把握房地产市场的走势及房地产供需关系的变化。

(2)公共关系学知识。房地产经纪人员要和很多政府官员、企业单位、金融机构、媒体打交道,如何协调在交易过程中的矛盾、冲突,需要房地产经纪人员有较好的公共关系意识和较强的公关能力。

(3)心理学知识。房地产经纪人员的工作是频繁与人打交道的工作,因此,社会心理学方面的知识也是房地产经纪人员所必须要掌握的。主要包括人口、家庭等社会因素对房地产市场的影响、国家的社会发展形势和政府的主要政策、大众心理、消费心理等。房地产经纪人员掌握一定的心理学知识,可以自如地面对各种各样的客户,在交易过程中灵活运用,把握最佳时机,促成交易。同时心理学还能在房地产经纪人员业务受挫、遇到困难时,说服自己战胜困难。

(4)信息和计算机知识。房地产经纪人员应熟悉计算机,能够对信息进行数据的录入、检索、输出,以及进行数据库的维护;能够运用办公软件,进行文档输入、编辑、打印,能够运用局域网和广域网进行数据信息交换、数据信息共享以及数据信息检索,同时包括浏览互联网、收发电子邮件等,以便迅速捕捉有用的信息,利用各种信息开展房地产经纪业务。

中国已加入WTO,经济全球化对中国的影响日益显著,国外企业和人员大量进入中国,并日益频繁地参与房地产交易。因此,房地产经纪人员还必须掌握至少一门外语,才能更好地为各类外籍人士提供经纪服务。

此外,房地产经纪人员还必须有较高的文化修养,应尽可能多地阅读和欣赏文学、艺术作品,提高自己的艺术品位和鉴赏力。

六、房地产经纪人员的技能

(一)房地产经纪人员职业技能的构成

1. 收集和整理信息的能力

市场交易信息的获得是房地产经纪人员开展房地产经纪工作的第一步。信息是房地产经纪人员开展经纪业务的重要资源,没有信息,房地产经纪业就没有了内容。房地产经纪人员只有具备良好的信息收集技能,才能源源不断地掌握大量真实、准确和系统的房地产经纪信息。

房地产经纪人员应以媒体、实地调研、房地产交易会、产权登记资料、同业间交流等各种方式尽可能地收集信息。同时应做好信息的筛选工作,对于那些过时的信息、假的信息、具有局限性和偶然性的信息、无法确认或证实的信息,应给予剔除,对于看准的信息要采用。因此,收集信息的技能包括对日常得到的信息进行鉴别、分类、整理、储存和快速检索的能力,还包括根据特定业务需要,准确把握信息收集的内容、重点、渠道,并灵活运用各种信息收集方法和渠道,快速有效地收集到有针对性信息的能力。如根据某客户需要购买一个大型商铺的要求,迅速收集有关该类大型商铺的房源、市场供求、市场价格等方面的信息。

2. 人际沟通的技能

房地产经纪的服务性决定了房地产经纪人员需要不断与人打交道,如与客户、银行、房地产交易中心、物业管理公司等机构的人员打交道。房地产经纪人员需要通过与这些人员的沟通,将自己的想法传达给对方,使对方在思想上认同自己的想法,并在行动上给予支持。房地产经纪人员不仅要有良好的心理素质,还必须掌握良好的人际沟通技能。它包括了解对方心理活动和基本想法的技能、适当地运用向对方传达自我意思的方式(如语言、表情、身体动作等)的技能,把握向对方传达关键思想的时机的技能等。

3. 市场分析技能

市场分析技能是指房地产经纪人员根据所掌握的信息,采用一定的方法对其进行分析,进而对市场供给、需求、价格的现状及变化趋势进行判断。对信息的分析方法包括:数学处理分析、比较分析、因果关系分析等。小至每一笔业务的进展,大至房地产经纪人员、经纪机构业务重心的调整,都离不开准确的市场分析,因此,市场分析能力也是房地产经纪人员必须掌握的职业能力。

4. 供求搭配的技能

房地产经纪人员是以促成交易为己任的,因此不论是居间经纪人,还是代理经纪人,都需要一手牵两家,其实质也就是要使供需双方在某一宗(或数宗)房源上达成一致。由于房地产商品具有个别性,每一宗房地产都是与众不同的,这就要求房地产经纪人员准确地把握买方的具体要求,并据此选择恰当的房源供其考虑。房地经纪人员不仅要充分知晓这种搭配的具体方法,更要能熟练掌握,而使之内化为自身的一种能力,这就是供求搭配的技能。

在实务操作中,常常表现为经纪人员是否能在较短的时间内完成供求搭配,从而尽可能地实现每一个交易机会。例如商品房销售代理经纪人在售楼处接待了一组来访客户,经过十几分钟,甚至是几分钟的交谈,代理经纪人就必须准确了解他们的需求,并推荐恰当的房源。这组客户可能仅看了两套房源,就选中了其中一套。反之,顾客可能看了好几套房子都没有令自己满意的。所以在实际工作中,供求搭配技能较高的房地产经纪人员,成交量高,每笔业务的进展速度也快,工作效率高,而供求搭配技能较差的经纪人员工作效率较低。

5. 把握成交时机的技能

交易达成,是房地产经纪人员劳动价值得以实现的基本前提,因此它是房地产经纪业务流程中关键的一环。然而,由于房地产商品的复杂性、个别性以及价值量大等特点,房地产商品的买卖双方(尤其是买方)都会在最终决定成交的时候产生犹豫。房地产经纪人员不能不顾客户的实际情况只求成交,更不能诱使客户成交,但也不能贻误合适的成交时机。因此,房地产经纪人员应能准确判断客户犹豫的真正原因和成交的条件是否成熟,如果成交条件已经成熟则要灵活采用有关方法来消除客户的疑虑,从而使交易达成。这就是把握成交时机的技能。房地产经纪人员如能把握好成交时机,不仅能提高自己的工作效率和经济收益,同时也能增进顾客的利益。

(二)房地产经纪人员职业技能的培养

职业技能是房地产经纪人员熟练掌握有关房地产经纪操作方法,并将自己摸索出的一些技巧融入其中,从而形成的一种内化于房地产经纪人员自身的能力。作为房地产经纪人员,一定要重视自身职业技能的培训,在实践中认真学习总结,不断提高自身的职业技能。

房地产经纪人执业资格考试主要是政府用来考核准备进入房地产经纪行业关键岗位的人员入门条件的手段,考核内容主要是房地产经纪的基本知识及相关制度、法规和相关学科知识,并不涉及全面、系统的实务操作方法。因此,已通过考试的房地产经纪人,并非表明已具备很高的职业技能,应重视自身职业技能的培养,可参加培训、行业报告会等活动,对自己进行继续教育,并在实践中认真学习,不断提高自身的职业技能。但是,不管采用哪些具体方式进行培养,都应注意以下4个方面。

1. 勤于思考、善于总结

房地产经纪人员应在日常的业务操作中,注意对自己具体操作方法的运用进行自我评估和总结,勤于思考,如运用情况是否恰当?熟练程度如何?实际效果怎样?然后思考针对问题进行改进的方法,为今后的工作总结经验。

2. 认真学习有关操作方法

随着房地产经纪行业的不断发展,人们总结了很多有效的实物操作方法,房地产经纪人员必须认真学习这些方法,才能逐步形成自己的职业技能。值得注意的是,有一些操作方法常常表面看上去非常简单,房地产经纪人员千万不要因此而草率对待,应该始终以小学生的心态去对待每一个具体的方法。

3. 反复练习,不断实践

房地产经纪人员应当在实务操作中,反复运用已经学到的具体方法,最后才能形成自己的职业能力。

4. 形成日常工作习惯

无论是对操作方法的学习,还是练习,很多都要借助良好的工作习惯来形成。如遇到报告会、同行交流等学习机会,就细心倾听报告人、发言人的发言,听到好的方法就认真记录,回去后仔细研读;再如养成每天花一段时间进行案头工作的习惯,包括做笔记和剪报,进行日常的信息收集和整理。良好的工作习惯不仅可创造更多的学习渠道,也创造了大量的练习机会,有助于使各类外在的方法内化为房地产经纪人员自身的能力。

房地产经纪人员在一种敬业的态度支持下,坚持理论学习、实践学习,才能适应不断变化的房地产市场,提高房地产经纪活动的成功率。

(三)房地产经纪人员的职业技巧

1. 开发客户的技巧

房地产经纪业务成功与否和客户的质量直接相关。因此,房地产经纪最关键的一步就是准确找到需要为自己提供房源信息或为他服务的人。然而，并不是每个房产经纪机构都能清楚地告诉它的经纪人员，如何拓展客户，如何找到需要为自己提供房源信息和为他服务的人。

(1) 专注工作。房地产经纪人员在销售过程中，一定要安排好时间，充分利用营销经验曲线。正像任何重复性工作一样，在相邻的时间片段里重复该项工作的次数越多，就会变得越优秀。

开发客户也不例外。与第二个客户的沟通会比第一个好，第三个会比第二个好，以此类推。在体育运动里，我们称其为"渐入最佳状态"。销售技巧会随着销售时间的增加而不断改进。

(2) 每天安排一定的时间用于新客户的研究。一般经纪人员总认为，新客户的开发总是需要很多的有利条件才能促成，其实，我们永远也不确定什么时候是最有利的，从另一个角度来讲，每个时机都是最合适的，每天安排一定的时间来研究名单名册，认真记录每日工作访谈的细节内容，收集整理客户资料并分级分类，确认哪些客户属于我们的目标客户层，分析其特点，选择拜访的优先顺序，确定有效的选用方法和技巧，为后续的销售工作做好准备。

(3) 不要停歇，坚持到底。毅力是销售成功的重要因素之一。大多数的销售都是在很多次的电话谈话和见面沟通之后才成交的。然而，大多数销售人员则在第一次电话或者第一次见面碰壁后就停下来了。要获得成功，坚持是最重要的。

(4) 做好争取客户的各项准备工作。房地产经纪人员可利用个人的经验和各种关系去寻找判断准客户，在销售工作之前应做好大量的准备工作，如分析准客户的需要与欲望，房源的特性和客户的满足性，客户可能提出的异议，如何给予满足等。

2. 促成交易的技巧

经过与客户的面谈，顾客已对产品有了一定的了解，此刻最为关键的一环就是及时促成与顾客的交易，现将一般在此情境中可能会遇到的情况及其应对技巧简要总结如下。

(1) 选择合适的成交机会。房地产经纪人员应该学会察言观色，在和客户交谈中，发现客户今天很开心，在条件成熟的情况下，适时地提出成交的要求，通常情况下成功的概率会比较大。另外，在和客户沟通中，向客户介绍房源的某个优点，如果客户认同，即应该马上提出成交的建议。如果和客户就某个问题异议较大，经过反复协商、说服，最后解决了客户的重大异议后，房地产经纪人应该马上提出交易。

(2) 运用二选一法则。假定准客户已经同意购买，当准客户一再出现购买信号，却又犹豫不决拿不定主意时，可采用"二选其一"的技巧。譬如，房地产经纪人员可对准客户说："请问您喜欢哪套房？是3号楼的202房还是5号楼的301房呢？"或是说："请问您交小定金还是大定金？"此种"二选其一"的问话技巧，只要准顾客选中一个，其实就是你帮他拿主意，下决心购买了。

(3) 做好杀价阶段的工作。当客户接受了所有的条件时，只是希望能够降价，这时房地产经纪人员应明确没有对客户让价的权利。但此时要掌握主动，了解客户的心理价格。在业主虽不接受现有的价格，但也做了些让步的情况下，给出一个高于客户上限的价格，让客户再次抉择。并试探客户的价格底线，和客户共同设定一个比较实际的价格，再与业主协商，使双方成交，然后，房地产经纪人员可以准备好相关的书面合同，简单解释合同的条款。

(4) 主动建议，避免失去商机。很多房地产经纪人很勤勉，准备、讲解、带领客户看房、解答异议都做得很到位，但是就是欠缺临门一脚，从来不主动建议客户购买，从而失去了促成交易的机会。房地产经纪人员很多时候,只要一句话、一个动作,客户的购买欲望就会被转化为实际购买行动。房地产经纪人员的主动建议购买行为,会争取到销售机会,不能被动等待客户说购买。只有主动建议客户购买,成交的希望才能更大。

(5)加强团队合作。在诱导客户下定的过程中,房地产经纪人员应注意和团队之间的配合,如果该房源客户仍在犹豫,可由其他房地产经纪人员提出交易的请求,增加客户紧迫感,早日落定,这样才可以提高成功的概率。

(6)做好售后服务。在客户签下意向书,下定以后,房地产经纪人员应及时向客户索取身份证等有效证件,复印留底,做好交易前的资料准备。及时通知贷款专员,为客户制订贷款计划。同时及时联系到业主,把物业的出售情况第一时间通知业主,把客户的定金转交到业主手上,确定销售的有效。

3.面谈的技巧

面议洽谈是接近客户的延续,目的是说服客户,以便促成交易。成功的面谈将会将准客户变成租售业主,成功的接待就是销售成功的一半。

(1)做好迎客工作。注意情感的巧妙运用。当客户到达房地产经纪机构或售楼处,为客户开门、安排入座、上茶。如果客户要看沙盘模型,则先带客户进行参观,并做适当讲解,等客户看完后再安排入座。在租售过程中房地产经纪人员一定要注意情感的巧妙运用。多年的房地产销售经验显示:人类无论怎样理性都无法封杀情感的微妙作用。房地产经纪人员要能够做到主动、热情、耐心、周到、亲和且富有激情地与客户谈判。通过调查发现,那些富有激情、积极主动的房地产经纪人往往能取得不错的租售业绩。这也验证了房地产租售的一个奇怪现象:新来的房地产经纪人员往往比那些已经做过几年的经纪人员更能取得较好的销售业绩。

(2)做好迎接客户的准备。房地产经纪人员在与目标客户接触之前,尽可能收集所有从各种渠道收集来的相关信息,知彼知己才能百战百胜。同时要做好心理准备,商谈之前应拟定几种不同的商谈方案,以备客户选择,不至于无路可走,而使商谈陷入僵局。同时,最好拟定多种应对措施,包括客户愿意合作时的举措、客户对合作态度不明朗时的举措、客户拒绝时的举措。并且要做好心理准备,客户的想法千差万别,客户的选择范围很广,不一定每个目标客户都能开发成功。各行业的佼佼者,不一定都是最优秀、最聪明、最敏捷和最健壮的,但绝对都是最苦干的。面谈前房地产经纪人员应做好这样的心理准备——客户与公司签约是福气,即使暂时不签约也很正常。

(3)热情、准确地介绍楼盘。房地产经纪人员必须是一个专家,了解楼市,了解价格走势,了解各种楼市的政策,了解楼盘所在片区的竞争性楼盘,是楼市专家和通才,对市场和客户可能选择的其他楼盘(竞争对手)比较了解并有自己的独到见解,给予客户的专业、权威、全面印象,客户将由此增强买楼、落单的信心。

(4)留下最好的第一印象。房地产经纪机构应做好接待现场的环境布置工作,环境要干净、整洁、整齐、有品位,让客户有舒适感。如果说销售场景的布局是对物的要求,那么前台接待就是对人的要求了。房地产经纪人员对客户进入销售中心的"第一印象"一定要高度重视,因为"第一印象"一旦建立,客户就不会轻易改变,这种心理感觉会直接影响双方的后续谈判。因此,销售人员良好的体态容貌、服饰衣着、言语表达,可以从一个侧面反映房地产项目的正规、品位、值得信赖以及工作的高效率。

（5）做好客户心理分析及应对策略。房地产经纪人在与客户面谈时，必须注意分析客户的心理状态，设身处地为客户着想，掌握必要的应变策略以刺激客户的成交欲望。

知识链接

房地产经纪人员与房地产经纪企业的关系

房地产经纪产业是人才密集型产业，是人才需求量大、专业人才需要多的产业。作为房地产经纪企业人才主体的房地产经纪人员，其与房地产经纪企业之间有着较为特殊的关系，从而构成房地产经纪企业人力资源管理的一些特殊性。同时，明确房地产经纪人员与房地产经纪企业之间的关系也是建立企业薪酬制度和激励机制的前提条件。房地产经纪人员与房地产经纪企业之间的关系主要体现在以下几个方面：

首先，房地产经纪人员与房地产经纪企业之间有执业关系，决定了房地产经纪企业的人力资源管理必须遵守行业的相关规定。一方面，大多数房地产经纪人员从事经纪活动必须以房地产经纪企业的名义进行，同时房地产经纪业务由房地产经纪企业统一承接；另一方面，房地产经纪企业必须是由房地产经纪人员组成的。根据一般规定，不论是设立房地产经纪公司、房地产经纪合伙企业、房地产经纪个人独资企业，还是设立房地产经纪企业的分支机构，都必须有规定数量的持有《中华人民共和国房地产经纪人执业资格证书》的人员和一定数量的持有《中华人民共和国房地产经纪人协理从业资格证书》的人员。由此可见，没有房地产经纪人员的加入，房地产经纪企业是无法成立的。这决定了房地产经纪企业人力资源管理必须符合房地产经纪行业管理中有关房地产经纪人员职业资格注册管理、职业道德管理等的相关规定。

其次，房地产经纪企业与房地产经纪人员之间有法律责任关系，这要求房地产经纪企业的人力资源管理必须遵守相关劳动法规的规定。由于房地产经纪业务一般是由房地产经纪企业统一承接的，房地产经纪合同是在委托人与房地产经纪企业之间签订的，因此，一方面房地产经纪人员在执业活动中由于故意或过失给委托人造成损失的，由房地产经纪企业统一承担责任，房地产经纪企业向委托人进行赔偿后，可以对承办该业务的房地产经纪人员进行追偿；另一方面，由于委托人的故意或过失给房地产经纪企业或房地产经纪人员造成损失的，应由房地产经纪企业向委托人提出赔偿请求，委托人向房地产经纪企业进行赔偿后，再由房地产经纪企业针对房地产经纪人员的损失进行补偿。房地产经纪业务的特点决定了房地产经纪人员执业的流动性比较大，由经纪企业统一承接业务并承担法律责任有利于保护委托人、房地产经纪人员和房地产经纪企业三方的合法权益，也有利于促进经纪企业加强对其下执业经纪人员的监督和管理。

最后，房地产经纪企业与房地产经纪人员之间有经济关系，这决定了房地产经纪企业人力资源管理要有更加符合行业和地区特点的薪酬制度。由于房地产经纪业务是由房地产经纪企业统一承接的，房地产经纪合同是在委托人与房地产经纪企业之间签订的，因此，由房地产经纪企业统一向委托人收取佣金，并由房地产经纪企业出具发票。经纪企业收取佣金后应按约定给予具体承接和执行经纪业务的房地产经纪人员报酬，报酬的形式可以由经纪企业与经纪人员协商约定，可以是计件的也可以是按标的提成等。报酬的具体金额或比例由双方约定，但应符合当地当时提供同类服务的正常水平。

模块二 房地产经纪行业

任务二 房地产经纪机构

课堂思考

如果您想设立一个属于自己的房地产经纪机构，需要什么条件呢？

一、房地产经纪机构的设立

（一）房地产经纪机构概述

1. 房地产经纪机构的含义

房地产经纪机构，是指符合执业条件，并依法设立，从事房地产经纪活动的具有法人资格的经济组织。它工作内容包括房地产转让、租赁、抵押等经营活动中，以收取佣金为目的，为促成他人交易而进行居间、代理、行纪及其他相应服务的组织，包括公司、合伙机构和个人独资机构。

境内外房地产经纪机构在境内外设立的分支机构也可以以自己的名义独立经营房地产经纪业务。房地产经纪机构是房地产经纪业运行的主要载体，是开展房地产经纪业务的基本法律主体，也是大多数房地产经纪人员从事房地产经纪活动必须依附的经济实体。

2. 房地产经纪机构的权利

(1) 享有工商行政管理部门核准的业务范围内的经营权利，依法开展各项经营活动，并按规定标准收取佣金及其他服务费用。

(2) 按照国家有关规定制定各项规章制度，并以此约束在本机构中执业经纪人员的执业行为。

(3) 房地产经纪机构有权在委托人隐瞒与委托业务有关的重要事项、提供不实信息或者要求提供违法服务时，中止经纪服务。

(4) 由于委托人的原因，造成房地产经纪机构或房地产经纪人员的经济损失的，有权向委托人提出赔偿要求。

(5) 可向房地产管理部门提出实施专业培训的要求和建议。

(6) 法律、法规和规章规定的其他权利。

3. 房地产经纪机构的义务

(1) 依照法律、法规和政策开展经营活动。

(2) 认真履行房地产经纪合同，督促房地产经纪人员认真开展经纪业务。

(3) 维护委托人的合法权益，按照约定为委托人保守商业秘密。

(4) 严格按照规定标准收费。

(5) 接受房地产管理部门的监督和检查。

(6) 依法缴纳各项税金和行政管理费。

(7)法律、法规和规章规定的其他义务。

4. 房地产经纪机构的性质

(1)专业性。因房地产是涉及面广且交易程序较为复杂的特殊商品,信息不对称的情况普遍存在,因此需要有高素质的从业人员来充当中介者。房地产经纪机构的专业性主要体现在房地产经纪机构是专业性企业;房地产经纪机构组织分工的专业性及从业人员基础知识、操作水平的专业性。随着我国房地产市场的逐步发育、完善,对房地产经纪机构的服务内容、质量和水平提出了更高的要求。这就需要房地产经纪机构按照房地产经纪业务操作流程,对内部员工进行合理分工,使其各尽所能,各司其职,逐步提高其专业操作水平。

(2)服务性。房地产经纪机构是服务性企业,服务是看不见、听不到、摸不着的无形商品。生产性企业与服务性企业的本质区别在于企业为顾客所提供的供应品不同。生产性企业提供的供应品是产品,服务性企业提供的供应品是服务。产品是有形的,服务通常是无形的。

(3)营利性。房地产经纪机构是企业,它有健全的管理机构、章程和财务制度,是以营利为目的的,是许多资源的整合。

知识链接

房地产经纪机构的功能

(1)顾问功能。房地产经纪机构凭借专业知识和丰富的市场经验,可以给予投资者、置业人士、开发商及业主一些意见,做其顾问,令这些人士可以做出更合适的房地产买卖决定。

(2)介绍功能。房地产经纪机构的介绍功能对房地产的买卖或租赁双方非常重要,一方面,可使业主与大量客户洽谈购买或租赁其物业,从中选择价高者。另一方面,客户亦可通过大量的信息选择一个价格合理且适合自己的物业。

(3)撮合功能。房地产经纪机构的撮合功能,是指房地产经纪人员在合适的时机采用有效的技巧,使客户双方做出成交的决定。

(4)资讯功能。房地产经纪机构中,执业人员对房地产资料的认识和对市场信息的掌握,可为客户提供客观科学的资讯,供其分析。

(5)议价功能。房地产经纪机构作为中间人,可协调买卖双方买卖条件的差距,发挥其议价功能。除此之外,房地产代理可开始发挥置业一条龙的增值服务功能,令买卖双方可享有买卖房地产一站式服务。

(二)房地产经纪机构的设立条件和程序

1. 房地产经纪机构的设立条件

房地产经纪机构的设立应符合《中华人民共和国公司法》《中华人民共和国合伙企业法》《中华人民共和国个人独资企业法》《中华人民共和国中外合作经营企业法》《中华人民共和国中外合资经营企业法》《中华人民共和国外资企业法》《外商独资经营企业法》等法律法规及其实施细则和工商登记管理的相关规定。

设立房地产经纪机构应具备下列条件:

(1)有自己的名称。房地产经纪机构作为独立的法人,一般情况下只可使用唯一的名称,且该名称必须在设立登记时由工商行政主管部门核准。同时,必须有一定的组织形式、组织章程和健全的财务制度。

(2)有符合规定的注册资本。一定数量的财产和经费是保证房地产经纪机构依法开展经纪活动的必要条件,同时,也能在一定程度上保障房地产权利人在由于房地产经纪机构的原因而造成经济损失时,得到合理合法的赔偿。

(3)有固定的服务场所。房地产经纪机构在申请设立时,必须提供拥有该固定场所的使用权或所有权的合法证明,同时该固定场所应该是永久而非临时场所,不允许流动性地开展房地产经纪活动。

(4)有符合规定数量的专业人员。

1)以公司形式设立房地产经纪机构的,应当有3名以上持有《中华人民共和国房地产经纪人执业资格证书》的专职人员和3名以上持有《中华人民共和国房地产经纪人协理从业资格证书》的专职人员。

2)以合伙企业形式设立房地产经纪机构的,应当有2名以上持有《房地产经纪人执业资格证书》的专职人员和2名以上持有《房地产经纪人协理从业资格证书》的专职人员。

3)以个人独资企业形式设立房地产经纪机构的,应当有1名以上持有《中华人民共和国房地产经纪人职业资格证书》的专职人员和1名以上持有《中华人民共和国房地产经纪人协理从业资格证书》的专职人员。

4)房地产经纪机构的分支机构应当具有1名以上持有《房地产经纪人执业资格证书》的专职人员和1名以上持有《房地产经纪人协理从业资格证书》的专职人员。

5)设立房地产经纪机构,应当符合拟设立的房地产经纪机构所在地政府有关管理部门的规定,对于采取有限责任公司或股份有限公司形式的房地产经纪机构,还应该符合《中华人民共和国公司法》的有关规定。

2. 房地产经纪机构的设立程序

房地产经纪机构的设立程序一般包括以下几个步骤。

(1)准备阶段。设立房地产经纪机构应认真准备如下材料,报请当地房地产主管部门进行审查。

1)申请报告,阐述成立本机构的意义、作用及本机构的优势等。

2)经纪机构章程,主管部门已经备案有规范的房地产经纪章程。

3)企业成立批准文件,有主管部门的企业由主管部门批准成立。

4)法人代表任职文件。

5)财政部门或会计师事务所出具的验资证明。

6)办公场地证明或房屋租赁合同。

7)拟聘人员名册、房地产经纪人资格证及其他人员职称证、学历证明等(复印件)。

8)资质审查表,房地产主管部门对具备条件的单位进行发放,根据审查表的要求补充材料并认真填报审查表。

(2)前置审查阶段。企业将资质审查表连同相关材料报请当地房地产主管部门后,主管部门将审查申请者的从业资格、经营范围、相关人员和开业条件的真实性、合法性和有效性。审查内容包括:

1)办公场地是否到位;

2)财务是否独立或分账;
3)人员是否到位;
4)是否已经营业;
5)收费标准;
6)业务范围及拓展状况。

(3)批复阶段。初审符合条件后,由经办人在资质审批表上签署意见并草拟书面报告,上报主管领导批复,并由房地产主管部门颁发"房地产经纪资格证书"。

(4)办照阶段。凭"房地产经纪资格证书"和其他工商行政管理部门要求提供的证件、材料,到与拟成立企业名头级别相符的工商行政管理部门办理工商登记,并由工商行政管理部门核发"营业执照",然后办理银行开户和税务登记等手续。

(5)备案、开业阶段。房地产经纪机构在领取工商营业执照后的1个月内,应当持营业执照及必要材料(以房地产主管部门要求为准)到当地房产主管部门或委托机构备案,经登记备案的房地产经纪机构,才能依法开展房地产经纪活动。

知识链接

第二章 房地产中介服务机构

第七条 从事房地产中介服务业务,应当设立相应的中介服务机构。

设立房地产中介服务机构应当具备以下条件:

(一)有自己的名称和组织机构;

(二)有不少于十五平方米的固定服务场所;

(三)注册资金不少于三十万元,仅从事咨询业务的,注册资金不少于十万元;

(四)有房地产中介服务相应职业资格证书的人员不少于三人,其中从事房地产经纪业务的,还应当持有《中华人民共和国房地产经纪人执业资格证书》的人员。

第八条 房地产中介服务机构及其分支机构,应当自取得营业执照之日起三十日内,持营业执照复印件、企业章程、中介服务人员的职业资格证书和聘用合同等文件向市房地产行政主管部门办理备案手续。市房地产行政主管部门应当在受理的同时发给备案证明。

第九条 市房地产行政主管部门应当每年对房地产中介服务机构的专业人员条件及经营服务等资质情况进行检查,并向社会公布年度检查结果。年度检查办法和资质的评定标准由市人民政府制定。

摘自《广州市房地产中介服务管理条例(2015年修正本)》

(三)房地产经纪机构的资质审批、管理与注销

1. 房地产经纪机构的资质审批

设立房地产经纪机构,应当在领取营业执照之日起30日内,向所在地县级以上房地产管理局申请办理资质登记,领取资质证书后方可经营。

房地产经纪机构资质等级及具体标准由各地市根据当地具体情况制定。

申请房地产经纪机构资质证书,应当符合下列条件:
(1)有房地产经纪范围的营业执照;
(2)有与其机构类型相适应的房地产经纪执业人员;
(3)有与其机构类型相适应的注册资本或资金数额;
(4)符合法律、法规规定的其他条件。

房地产经纪机构依法设立的分支机构,应当有与其经营范围和规模相适应的房地产经纪执业人员,领取营业执照和资质证后方可经营。

申请房地产经纪机构资质证书,需要提供如下材料:单位营业执照、企业组织机构证书、机构章程或协议书及主要的内部管理制度、房地产经纪人员执业证书、学位证书、职称证书及其聘用合同、法人代表资格证书、房地产经纪机构资质申请书和其他有关文件资料。

2. 房地产经纪机构的资质管理

我国对房地产经纪机构营业执照和资质证书及房地产经纪执业人员实行年度检验制度。房地产经纪机构逾期未进行营业执照、资质证书年检的,或被取消资质的,不得继续从事房地产经纪活动。房地产经纪执业人员逾期未参加年检或年检不合格的,不得继续从事房地产经纪业务。房地产经纪机构资格等级实行动态管理,每2年核定一次。

房地产经纪机构有下列行为之一的,依据《城市房地产中介服务管理规定》第24条第1款、第4款的规定,由所在地县级以上房地产管理部门责令限期改正,给予警告,并可处以1万元以上、3万元以下罚款:
(1)未取得房产管理部门核定资质等级从事房地产经纪活动的;
(2)超越资质等级和业务范围从事房地产经纪活动的;
(3)未经年检或年检不合格,继续从事房地产经纪活动的。

3. 房地产经纪机构的注销

房地产经纪机构的注销,标志着其主体资格的终止。注销后的房地产经纪机构不再有资格从事房地产经纪业务,注销时尚未完成的房地产经纪业务应与委托当事人协商处理,可以转由他人代为完成,可以终止合同并赔偿损失,在符合法律规定的前提下,经当事人约定,也可以用其他办法。

房地产经纪机构的备案证书被撤销后,应当在规定的期限内向所在地的工商行政管理部门办理注销登记。

房地产经纪机构歇业或因其他原因终止经纪活动的,应当在向工商行政管理部门办理注销登记后的规定期限内向原办理登记备案手续的房地产管理部门办理注销手续。

二、房地产经纪机构的基本类型

1. 不同企业性质的房地产经纪机构

(1)房地产经纪公司。房地产经纪公司是指依照《中华人民共和国公司法》和有关房地产经纪管理的部门规章,在我国境内设立的从事房地产经纪业务的有限责任公司和股份有限公司。有限责任公司是指股东以其出资额为限对公司承担责任,公司以其全部资产对公司的债务承担责任。股份有限公司是指其全部资本分为等额股份,股东以其所持股份为限对公司承担责任,公司以其全部资产对公司的债务承担责任。

出资设立公司的出资者可以是自然人也可以是法人,出资形式可以是货币资本也可以是以实物、工业产权、非专利技术、土地使用权作价出资,但对作为出资的实物、工业产权、非专利技术或者土地使用权,必须进行评估作价,核实财产,不得高估或者低估作价。

在资金来源于国外的房地产经纪机构中,按其资金组成形式不同,还可把房地产经纪公司分为中外合资房地产经纪公司、中外合作房地产经纪公司和外商独资房地产经纪公司。

(2)合伙制房地产经纪机构。合伙制房地产经纪机构是指依照《中华人民共和国合伙企业法》和有关房地产经纪管理的部门规章,在我国境内设立的由各合伙人订立合伙协议、共同出资、合伙经营、共享收益、共担风险,并对合伙机构债务承担无限连带责任的从事房地产经纪活动的营利性组织。

合伙机构存续期间,合伙人的出资和所有以合伙机构名义取得的收益(合伙机构财产)由全体合伙人共同管理和使用。合伙人原则上以个人财产对合伙机构承担无限连带责任,但如果合伙人是以家庭财产或夫妻共同财产出资并把合伙收益用于家庭或夫妻生活的,应以家庭财产或夫妻共同财产对合伙机构承担无限连带责任。

合伙人可以用货币、实物、土地使用权、知识产权或者其他财产权利出资;对货币以外的出资需要评估作价的,可以由全体合伙人协商确定,也可以由全体合伙人委托法定评估机构进行评估。经全体合伙人协商一致,合伙人也可以用劳务出资,其评估办法由全体合伙人协商确定。

(3)个人独资房地产经纪机构。个人独资房地产经纪机构是指依照《中华人民共和国个人独资企业法》和有关房地产经纪管理的部门规章在我国境内设立,由一个自然人投资,财产为投资人个人所有,投资人以其个人财产对机构债务承担无限责任的从事房地产经纪活动的经营实体。这种形式在设立要求和程序上比较简单,与其他形式相比,在资金、技术和社会信誉等方面要弱些,并且经营风险较大。

(4)房地产经营机构设立的分支机构。在中华人民共和国境内设立的房地产经纪机构(包括房地产经纪公司、合伙制房地产经纪机构、个人独资房地产经纪机构)、国外房地产经纪机构,经拟设立的分支机构所在地主管部门审批,都可以在中华人民共和国境内设立分支机构。分支机构能独立开展房地产经纪业务,但不具有法人资格。

房地产经纪机构的分支机构独立核算,首先以自己的财产对外承担责任,当分支机构的全部财产不足以对外清偿到期债务时,由设立该分支机构的房地产经纪机构对其债务承担清偿责任;分支机构解散后,房地产经纪机构对其解散后尚未清偿的全部债务(包括未到期债务)承担责任。

该机构承担责任的形式按照机构的组织形式决定,股份有限公司和有限责任公司以其全部财产承担有限责任,合伙机构和个人独资机构承担无限连带责任。国外房地产经纪机构的分支机构撤销、解散及债务的清偿等程序都按照中华人民共和国相关法律执行。国内房地产经纪机构经国内房地产经纪机构所在地主管部门及拟设立分支机构的境外当地政府主管部门批准,也可在境外设立分支机构。

分支机构是否具有法人资格视分支机构所在地法律而定。分支机构撤销、解散及债务的清偿等程序按照分支机构所在地法律进行,但不应该违反中华人民共和国法律。

2. 不同业务类型的房地产经纪机构

(1)实业型。以租售代理居间为重点的实业型房地产经纪机构。这类房地产经纪机构根据主要业务类型的不同分为代理机构和居间机构。目前代理机构主要以新建商品房销售代理为主要业务,居间机构则以二手房租、售的居间业务为主,部分房地产经纪机构则兼营商品房销售代理和二手房租售居间。这一类机构以新建商品房和二手房的销售、居间为主要业务,是目前我国数量最多、最常见的一种房地产经纪机构类型。

(2)顾问型。以房地产营销策划、投资咨询为重点的顾问型房地产经纪机构。这类房地产经纪机构的主要业务:为参与房地产活动的各类企业或相关人员提供有关于房地产法律法规、政策、土地价值评析、房地产市场信息、可行性研究、市场调研及市场定位、项目战略定位与形象定位、整合营销传播推广策划、投资咨询、业务培训等方面的服务。

(3)管理型。以管理型房地产为主的房地产经纪机构。这类机构的经纪业务主要局限于其上级开发商推出的各类楼盘的租售代理及物业管理,适当兼营其他开发商的物业代理业务。此类机构专注于物业管理服务,在楼宇规划、建设、销售、管理等方面积累了比较丰富的经验。

(4)全面型。以全面发展的综合型房地产经纪机构。这类机构涉足于房地产服务业的多个领域,如经纪、估价、咨询、培训等,是一种综合型的房地产服务机构。这类机构在英国和中国香港地区较多,这类机构的特点有两个:一是服务范围全面,通常集房地产经纪、价格评估、营销策划、投资咨询、销售代理、物业管理顾问等功能于一体,有能力形成全方位的服务体系,为客户开展综合服务;二是跨区域经营较为普遍,它们一般采取全球化扩张策略,在世界上许多国家和地区设有分支机构,利用先进的科学技术服务手段以及强大的国际网络开展房地产综合服务,其执业标准、执业规范、专业人员素质、执业技术手段、执业运作经验和管理经验方面水准普遍较高。这类机构是我国房地产中介服务组织的发展方向。

3. 不同客体对象的房地产经纪机构

(1)专营住宅地产代理经纪机构。专营住宅地产代理经纪机构的主要工作内容是从事新建商品房销售、租赁、贷款、全案策划;存量商品房、房改房等的销售、租赁、置换、贷款等活动。

(2)专营商业地产代理机构。专营商业地产代理机构的主要工作内容是从事商业地产销售、招商、租赁、行纪等活动。

(3)专营其他房地产代理机构。专营其他房地产代理机构的主要工作内容是从事工业房地产开发招商、租赁、贷款、农场和土地经纪等活动。

4. 不同专业内容的房地产经纪机构

(1)房地产居间中介机构。房地产居间中介机构,只负责向委托人提供订立房地产交易的机会或提供订立交易合同的服务并收取佣金,业务内容有房地产买卖居间、房地产租赁居间、房地产抵押居间、房地产投资居间等。

(2)房地产代理中介机构。房地产代理中介机构,在委托人授权范围内,以委托的名义进行房地产交易活动并按照事先约定标准,收取委托人佣金,主要业务有商品房销售代理、二手房销售、置换代理、房地产租赁代理、房地产开发策划全程代理等活动。

(3)房地产行纪中介机构。房地产行纪中介机构,主要业务特点是对开发企业和业主的房地产在支付全额房款,但未办理产权过户的情况下,以自己的名义进行销售和其他房地产经纪活动。开展房地产经纪活动要求行纪中介机构有敏锐的市场眼光、超强的经营能力和强大的经济实力,现期行纪业务的服务对象多为二手房或商铺等升值空间较大项目。

5. 不同资质等级的房地产经纪机构

房地产经纪机构的资质等级的评定没有统一的标准。各地根据当地实际情况从注册资金、从业人员、办公面积、经营业务范围等方面制定了不同的房地产经纪机构资质等级的评定标准。如重庆市房地产经纪机构资质分为 A、B、C 三级，并实行逐级递升制；广州市房地产经纪机构资质分为一、二、三级。各地每年通过对房地产经纪机构进行年审来进行资质等级的评定。

三、房地产经纪机构的经营模式

（一）房地产经纪机构经营模式的概念

房地产经纪机构的经营模式是指房地产经纪机构承接及开展业务的渠道及其外在表现形式。根据房地产经纪机构是否通过店铺来承接和开展房地产经纪业务，可以将房地产经纪机构的经营模式分为无店铺模式和有店铺模式。

随着计算机网络技术的发展，目前房地产经纪行业内还出现了新的经营模式，如网上联盟经营模式和自由经纪人模式。

网上联盟经营模式是由一家房地产专业网站联合众多中小房地产经纪机构乃至大型房地产经纪机构而组成的，联盟内的各成员机构均可通过一个专业的房地产网站来承接、开展业务。从目前情况来看，参与这种网上联盟的房地产经纪机构大多主要从事二手房买卖和房屋租赁的居间、代理，通常还同时保留其有形的店铺。

自由经纪人模式，也可以被称为独立经纪人模式，即经纪人在房地产市场上从事房地产经纪都是以个人形式出现的，这个模式在美国是比较主流的。

（二）房地产经纪机构经营模式的类型

1. 无店铺模式

无店铺模式的房地产经纪机构并不依靠店铺来承接业务，而是靠业务人员乃至机构的高层管理人员走出自己的企业，直接深入各种场所与潜在客户接触来承接业务。这类机构通常有两种：一种是以个人独资形式设立的房地产经纪机构，另一种是面向机构客户和大宗房地产业主的房地产经纪机构。如专营新建商品房销售代理的房地产经纪机构。商品房销售代理机构的业务开展主要是通过售楼处，但售楼处并不是经纪机构的店铺，它通常有自己固定的办公场所。个人独资机构虽有固定的办公场所，但并非以店铺为主来承接业务，其所面向的客户大多是零星客户，也有少量机构面对大型机构客户，如房地产开发商，从事房地产转让等的居间业务。

2. 有店铺模式

有店铺模式的房地产经纪机构通常依靠店铺来承接业务，通常是面向零散房地产业主及消费者，从事二手房买卖居间和房屋租赁居间、代理的房地产经纪机构。房地产经纪机构的有店铺经营模式又可以分为单店模式、多店模式和连锁店模式。目前在我国房地产经纪行业中，上述三种经营模式都客观存在，而且从数量上看，单店模式和多店模式仍然是市场的主体，并将会在今后相当长一段时期内继续存在。

（1）单店铺模式。单店铺即只有一个店铺，它通常也是房地产经纪机构唯一的办公场所，这是大多数小型房地产经纪机构所采用的经营模式。在一个城市房地产经纪业发展的初级阶段，单店铺模式是市场的主体，因为单店铺模式对于资金等企业要素的要求较低，而且这一阶段房地产经纪服务市场尚未发展起来，市场容量有限，在此情况下，控制风险和减少管理成本是经纪机构首要考虑的因素。

（2）多店铺模式。多店铺模式是指一个房地产经营机构拥有几个店铺，分别由房地产经纪机构及其设立的分公司来经营，这些店铺也是它们各自的办公场所。这是一些小型房地产经纪机构有了初步发展以后常常采取的经营模式。由于机构的发展还不成熟，店铺数量也不多，因此这些店铺常常是各自独立经营，未能实现有效的信息联网和连锁经营。

（3）连锁店模式。连锁经营形式是零售业在 20 世纪的一项重要发展，这种模式是指众多小规模的、分散的、经营同类商品和服务的同一品牌的零售企业，在总部的组织领导下，采取共同的经营方针、一致的营销行动，实行集中采购和分散销售的有机结合，通过规范化的经营实现规模经济效益的联合体。采用连锁经营方式的房地产经纪企业是通过广泛设立门店，在店内直接开展经纪业务，并将各店的房源和客户信息依靠网络实现整体的信息共享，以提高服务效率、降低经营成本。连锁经营根据门店的拓展方式不同，可分为直营连锁、特许加盟连锁、直营和加盟混合连锁三种模式。

1）直营连锁经营。直营连锁经营是由同一公司所有，统一经营管理，具有统一的企业识别系统（CIS），实行集中采购和销售，由两个或两个以上连锁分店组成的一种形式。在房地产经纪行业中，直营连锁模式中所有的连锁门店都是由总部自己投资建立的，公司负担所有门店的成本开销，同时对门店的经营收入和盈利也拥有完全的索取权，公司对门店重大事项有完全的经营决策权。

在直营连锁经营方式下，房地产经纪机构能获得更多信息资源，并借助网络实现信息资源共享、扩大有效服务半径，以规模化经营实现运营成本的降低。各连锁店之间虽然也存在特许经营可能存在的利益竞争关系，但由于所有的连锁店都为一个机构所拥有，整体上的利益还是一致的，可以通过内部的协调机制来解决。同时，因为各连锁店属于同一个机构，管理权力绝对集中，在管理上相对容易，所有者的经营理念容易贯彻。但缺点是在跨区域扩张时，直营连锁模式往往因为资金占用过多、人力资源缺乏和管理等问题出现危机。此外，直营连锁方式经营风险过于集中，不利于应对周期性的市场波动。

2）特许加盟连锁经营。特许加盟连锁是将连锁经营与特许经营相结合的一种经营模式，它提供特许经营的方式来开设连锁店，而非像直营连锁经营那样由母公司直接投资并拥有各连锁店。

特许经营起源于美国，是指特许者将自己所拥有的商标（包括服务商标）、商品、专利和专有技术、经营模式等以特许经营合同的形式授予被特许者使用。被特许者按合同规定，在特许者统一的业务模式下从事经营活动，并向特许者支付相应的费用。这种经营模式现已在包括餐饮业、零售商业、房地产中介等多个行业中广泛应用。

特许经营具有以下几方面的特点：

①特许经营是以经营管理权控制所有权的一种组织方式。这也是该经营模式与直营连锁经营模式的区别所在：直营连锁是由同一资本所有，总部对各分店拥有所有权，由总部集中

管理。特许经营的特许方和加盟方并非同一资本所有,加盟方具有独立的市场主体资格,其人事和财务关系是独立的。

②特许经营是技术和品牌的扩张。它是利用自己的专有技术与他人的资本相结合来扩张的一种商业发展模式。

③特许经营的目的在于让加盟方因特许方的成功经验而能够快速发展且保持盈利。特许经营的条件:

a. 自营店成功概率高。通常在开放特许经营时,特许方至少已经营 10 家以上的自营店,且 80% 的店有相当盈余。

b. 品牌知名度高。特许方欲开放特许的区域时,应先了解自身知名度的状况,当目标客户对公司的品牌认知度达 50% 以上时,是特许方开放特许经营的基本门槛。

c. 特许方具有较强的管理和控制能力。总部是否具备足够的人力及能力是整个加盟体系能否成功的基础。

d. 具有独特性与竞争力。总部连锁体系在开放特许经营前,应塑造产品和服务的独特性,并加快发展的脚步,使潜在的竞争对手进入市场后无生存的空间。

④特许经营包括直接特许和分特许两种形式。直接特许是指特许者将特许经营权直接授予特许经营申请者,被特许者按照特许经营合同设立特许网点,开展经营活动,不得再行转让特许权。分特许是指特许者将指定区域内的独家特许经营权授予被特许者,该被特许者可将特许经营权再授予其他申请者,也可由自己在该地区开设特许网点,从事经营活动。

3)直营和加盟混合连锁经营。这种模式是在企业自身资金能力允许的范围内,尽可能多地设立直营连锁店;同时为了迅速扩大企业知名度和品牌影响的需要,通过加盟的方式吸收部分加盟店,从而形成了企业内部不同组织形式、不同管理方式并存的一种经营模式。对于直营门店,公司拥有完全的所有权和经营决策权;而对于加盟门店,则按照特许加盟模式经营。

四、房地产经纪机构的组织系统

1. 房地产经纪机构的组织形式概念

房地产经纪机构的组织形式是指其内部机构(部门)设置及其相互关系的基本模式。房地产经纪机构是法人机构,就必须具备必要的组织机构,而组织机构设置是否合理则直接关系到整个房地产经纪机构的运作效率和经营业绩。机构设置是否合理是由各机构所采用的经营模式决定的。对于小型的房地产经纪机构而言,其内部的组织结构非常简单,常常根本没有设置部门的必要,而对大、中型,特别是大型房地产经纪机构而言,内部组织结构的合理与否对房地产经纪机构的运作效率有很大影响。

2. 直线—参谋制组织形式

直线—参谋制又称直线—职能制,是在直线制的基础上结合房地产经纪业的特点发展起来的,是规模较小、业务较少的房地产经纪机构广泛采用的一种比较典型的组织形式,如图 2-1 所示。

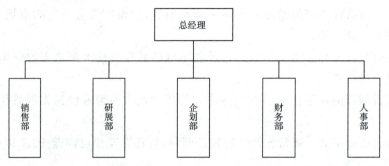

图 2-1　某房地产经纪机构直线—参谋制组织形式示意图

(1)直线—参谋制组织形式的优点：

1)可以聘用专家,弥补管理者之不足,同时减轻管理者的负担；

2)部门和人员只是同级管理者的参谋和助手,不能直接对下级发号施令,保证管理者的统一指挥,避免多头领导。

(2)直线—参谋制组织形式的缺点：

1)高层管理者高度集权,难免决策迟缓,对环境变化的适应能力差；

2)只有高层管理者对组织目标的实现负责,各职能机构都只有专业管理的目标；

3)职能机构和人员相互间的沟通协调性差,各自的观点有局限性；

4)不利于培养高层管理者的后备人才。

3. 分部制组织结构形式

为了避免直线制组织结构的管理缺点,一些大、中型房地产经纪机构,伴随着业务的发展和机构的扩大,开始采用职能权力相对分散的分部制组织结构,这种组织形式的特点是高层管理者只负责公司重大决策和整个机构战略发展方向的把握,如图 2-2 所示。

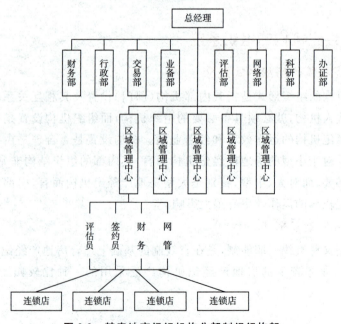

图 2-2　某房地产经纪机构分部制组织构架

(1)分部制组织结构形式的优点：

1)各分部有较大的自主经营权,利于发挥分部管理者的积极性和主动性,增强适应环境变化的能力;

2)利于高层管理者摆脱日常事务,集中精力抓全局性、长远性的战略决策;

3)利于加强管理,实现管理的有效性和高效率;

4)利于培养高层管理者的后备人才。

(2)分部制组织结构形式的缺点：

1)职能部门重叠,管理人员增多,费用开支大;

2)如分权不当,易导致各分部为部门利益损害组织整体目标和利益;

3)各分部之间的横向联系和协调较难。

4. 网络制组织结构形式

网络制是一种最新的组织形式。公司总部只保留精干的机构,而将一些基本职能,如市场营销、生产、研发等,都分包出去,由自己的附属企业和其他独立企业去完成。在这种组织形式下,公司成为一种规模较小,但可以发挥主要商业职能的核心组织——虚拟组织,依靠长期分包合同和电子信息系统同有关各方建立紧密联系。与传统的组织结构形式中公司各项工作依靠各职能部门来完成截然相反,在网络制组织结构形式下,经纪机构从组织外部寻找各种资源,来执行各项职能,如图2-3所示。

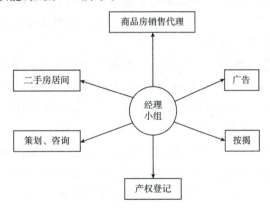

图2-3 房地产经纪机构网络制组织结构

网络制组织结构形式的优点：高度的灵活性和适应性,适合科技进步快、消费时尚变化快的外部环境。其缺点：将某些基本职能外包,增加控制上的困难,对外包业务缺乏强有力的控制。

5. 矩阵制组织结构形式

房地产经纪机构所开展的大量业务都需要各部门及各项目间的沟通和协调,尤其是各职能部门间的沟通和协调,在各部门通力协作的基础上各司其职,确保各个项目完成。所以,目前很多房地产经纪机构采用在分部制基础上发展起来的矩阵式组织形式,这种形式的主要特点是各职能部门按项目(重点项目)设专人管理、协调,这样有利于把握各个项目的特点和执行的连续性,如图2-4所示。

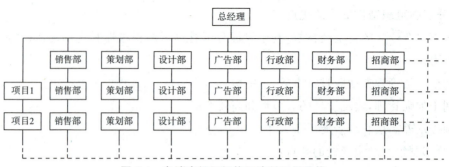

图 2-4 房地产经纪机构矩阵制组织结构

矩阵制组织结构形式的优点:有利于加强横向机构内部各职能人员之间的联系,沟通信息,协作完成横向机构的任务。其缺点:双重领导违反了统一指挥原则,会引起一些矛盾,领导职责不清、机构间相互扯皮的现象。

五、房地产经纪的执业规范

(一)房地产经纪执业规范的概念及作用

1. 房地产经纪执业规范的概念

执业规范是针对从事某一职业的人员和从事该行业的机构,制定的道德准则和行为标准。房地产经纪执业规范是指房地产行业组织制定或认可的,调整房地产经纪机构、房地产经纪人员与客户之间,房地产经纪机构、房地产经纪人员与社会之间以及房地产经纪同行之间关系的职业道德和行为规范总和。

房地产经纪执业规范是房地产经纪机构和房地产经纪人员从事房地产经纪活动的基本指引,是社会大众评判房地产经纪机构和房地产经纪人员执业行为的参考标准,是房地产经纪机构行业组织对房地产经纪机构和房地产经纪人员进行自律管理的主要依据。

2. 房地产经纪执业规范的作用

制定房地产经纪执业规范的主要目的是为了规范房地产经纪行为,提升房地产经纪服务质量;保障房地产交易当事人的合法权益,维护市场秩序;协调房地产经纪同行关系,维护行业整体利益;加强自律管理,促进房地产经纪行业的健康发展。

(1)规范房地产经纪行为,提升房地产经纪服务质量。房地产经纪执业规范形成后,新设立的房地产经纪机构可以依据执业规范制定内部的业务管理制度;新入职的房地产经纪人员可以通过学习执业规范了解房地产经纪工作的要求,已入职的房地产经纪人员可以对照执业规范修正自己的执业行为,这都有利于提升房地产经纪服务的质量。

(2)保障房地产经纪当事人的合法权益,维护市场秩序。房地产经纪执业规范不仅可以规范房地产经纪机构和房地产经纪人员的行为,也有利于房地产经纪业务的委托人、交易相对人监督房地产经纪人员是否违反了执业规范的相关要求和规定,有针对性地去投诉、索赔、起诉等,从而有效保障自身权益,维护市场秩序。

(3)协调房地产经纪同行关系,维护行业整体利益。以房地产经纪执业规范作为行为准则,有利于促使房地产经纪机构之间、房地产经纪人员之间的相互尊重、公平竞争,共同营造良好的执业环境,建立优势互补、信息资源共享、合作共赢的和谐发展关系。

(4)加强自律管理,促进房地产经纪行业的持续健康发展。房地产经纪执业规范一般由房地产经纪行业组织制定和发布,推行和落实执业规范是房地产经纪行业组织进行自律管理的有效手段。通过行业自律实现行业自治,不仅管理成本低而且管理效果好,有利于房地产经纪行业实现健康持续发展。

(二)房地产经纪执业规范的主要内容

1. 房地产经纪执业的基本原则

房地产经纪机构和房地产经纪人员从事房地产经纪活动,应当遵守法律、法规、规章的规定,恪守职业道德,遵循自愿、平等、公平和诚实信用的原则。

(1)合法原则。合法原则是指房地产经纪机构和房地产经纪人员的任何活动都要遵守法律、法规和规章的相关规定。主要体现在:

第一,房地产经纪机构必须依法设立,到工商登记机关办理营业执照,并到房地产管理部门领取备案证明。房地产经纪人员必须取得房地产经纪人协理从业资格以上级别的资格证书,并按规定注册领取注册证书。

第二,房地产交易标的必须合法。房地产经纪机构和房地产经纪人员不得承办法律法规规定不得交易的房地产、不符合交易条件的保障性住房的经纪业务。

第三,房地产经纪行为必须合法。房地产经纪机构和房地产经纪人员不得有弄虚作假、赚取差价、违规收费等行为。

(2)自愿原则。自愿原则是指房地产经济活动中,各行为主体必须遵循自愿协商的原则,都有权按照自己的真实意愿独立自主地进行选择和决策。主要体现在:

第一,委托人有权按照自己的真实意愿独立自主地选择房地产经纪机构、经纪人员及服务内容。

第二,房地产经纪机构和房地产经纪人员有权按照自己的真实意愿独立选择房地产经纪服务的对象和服务内容。

第三,房地产经纪活动的开展还应互相尊重对方的意愿和社会公共利益,不能将自己的意志强加给第三方;同时,合法的房地产经纪活动也不受第三方干涉。

(3)平等原则。平等原则是指房地产经纪活动中,所有行为主体在法律地位上是平等的,其合法权益应受到法律平等保护。主要体现在:

第一,房地产经纪活动中的相关主体,包括房地产经纪机构、房地产经纪人员、委托人、交易相对人等,他们的地位平等,受法律平等保护。

第二,房地产经纪活动当事人依法平等地享受权利和履行义务,平等地承担民事责任。

(4)公平原则。公平原则是指房地产经纪机构和房地产经纪人员在开展房地产经纪活动时,要以公平、正义的观念指导自己的行为,并选择合适的方式、方法处理相互关系。主要体现在:

第一,房地产经纪机构应平等地获取经纪业务。房地产经纪机构应站在同一起跑线上,依靠专业水平、服务质量和品牌来公平地竞争,而不是依靠特权来获取业务。

第二,房地产经纪机构作为受托方应当和委托方公平地确定彼此的权利和义务,既不能"店大欺客",也不能"妄自菲薄"。

第三,房地产经纪机构和房地产经纪人员在从事居间服务时应公正地平衡当事人各方的利益,不得偏向交易双方中的任何一方。

(5)诚实信用原则。诚实信用原则是指房地产经纪机构和房地产经纪人员在提供经纪服务时,要讲究信用,恪守诺言,诚实不欺,在不损害他人和社会利益的前提下追求自己的利益。主要体现在:

第一,房地产经纪机构和房地产经纪人员要诚实,不弄虚作假,不欺诈,进行正当竞争,例如不发布虚假房源和客源信息,不诽谤诋毁同行,不以引诱欺诈的手段促成交易等。

第二,房地产经纪机构和房地产经纪人员应信守诺言,不擅自毁约,严格按法律规定和当事人的约定履行义务,兼顾各方利益。在约定不明确或者订约后客观情形发生重大改变时,应依诚实信用的要求确定当事人的权利、义务和责任。

2. 房地产经纪执业行为规范

(1)房地产经纪业务招揽行为规范。

1)经营场所公示规范。房地产经纪机构及其分支机构应当在其经营场所醒目位置公示下列内容:

①营业执照和备案证明文件;

②服务项目、服务内容和服务标准;

③房地产经纪业务流程;

④收费项目、收费依据和收费标准;

⑤房地产交易资金监管方式;

⑥房地产经纪信用档案查询方式、投诉电话及12358价格举报电话;

⑦建设(房地产)主管部门或者房地产经纪行业组织制定的房地产经纪服务合同、房屋买卖合同、房屋租赁合同示范文本;

⑧分支机构应当公示设立该分支机构的房地产经纪机构的经营地址及联系方式;

⑨房地产经纪机构代理销售商品房项目的,还应当在销售现场醒目位置公示商品房销售委托书和批准销售商品房的有关证明文件;

⑩法律、法规、规章规定应当公示的其他事项。

房地产经纪机构及其分支机构公示的内容应当真实、完整、清晰。

2)经纪人员着装规范。房地产经纪人员在执行业务时,应当佩戴标有其姓名、注册号、执业单位和照片等内容的胸牌(卡),注重仪表、礼貌待人,维护良好的职业形象。

3)招揽业务时的禁止行为。房地产经纪机构和房地产经纪人员不得利用虚假的房源、客源、价格等信息引诱客户,不得采取胁迫、恶意串通、阻断他人交易、恶意挖抢同行房源、客源、恶性低收费、帮助当事人规避交易税费、贬低同行、虚假宣传等不正当手段招揽、承接房地产经纪业务。

房地产经纪机构和房地产经纪人员未经信息接收者、被访者同意或者请求,或者信息接收者、被访者明确表示拒绝的,不得向其固定电话、移动电话或者个人电子邮箱发送房源、客源信息,不得拨打其电话、上门推销房源、客源或者招揽业务。

房地产经纪机构和房地产经纪人员采取在经营场所外放置房源信息展板、发放房源信息传单等方式招揽房地产经纪业务,应当符合有关规定,并不得影响或者干扰他人正常生活,不得有损房地产经纪行业形象。

(2)房地产经纪业务承接行为规范。

1)合同签订规范。房地产经纪机构承接房地产经纪业务,应当与委托人签订书面房地产经纪服务合同。房地产经纪服务合同应当优先选用建设(房地产)主管部门或者房地产经纪行业组织制定的示范文本;不选用的,应当经委托人书面同意。房地产经纪机构承接代办房地产贷款、代办房地产登记等其他服务,应当与委托人另行签订服务合同。

2)信息告知规范。房地产经纪机构与委托人签订房地产经纪服务合同。应当向委托人说明房地产经纪服务合同和房地产交易合同的相关内容,并书面告知下列事项:

①是否与委托房地产有利害关系;

②应当由委托人协助的事宜、提供的资料;

③委托房地产的市场参考价格;

④房地产交易的一般程序及可能存在的风险;

⑤房地产交易涉及的税费;

⑥房地产经纪服务的内容及完成标准;

⑦房地产经纪服务收费标准和支付时间;

⑧其他需要告知的事项。

房地产经纪机构根据交易当事人需要提供房地产经纪服务以外的其他服务的,应当向委托人说明服务内容、收费标准等情况,并经交易当事人书面同意。书面告知材料应当经委托人签名(盖章)确认。

3)不得承办的业务。房地产经纪机构和房地产经纪人员不得招揽、承办下列业务:

①法律法规规定不得交易的房地产和不符合交易条件的保障性住房的经纪业务;

②违法违规或者违背社会公德、损害公共利益的房地产经纪业务;

③明知已由其他房地产经纪机构独家代理的经纪业务;

④自己的专业能力难以胜任的房地产经纪业务。

(3)房地产经纪业务办理行为规范。

1)资格审查规范。房地产经纪机构与委托人签订房屋出售、出租经纪服务合同,应当查看委托人的身份证明、委托出售或者出租房屋的权属证明和房屋所有权人的身份证明等有关资料,实地查看房屋并编制房屋状况说明书。

房地产经纪机构与委托人签订房屋承购、承租经纪服务合同,应当查看委托人的身份证明等有关资料,了解委托人的购买资格,询问委托人的购买(租赁)意向,包括房屋的用途、区位、价位(租金水平)、户型、面积、建成年份或新旧程度等。

房地产经纪机构和房地产经纪人员应当妥善保管委托人提供的资料以及房屋钥匙等物品。

2)人员安排规范。房地产经纪机构对每宗房地产经纪业务,应当选派或者由委托人选定注册在本机构的房地产经纪人员为承办人,并在房地产经纪服务合同中载明。

房地产经纪服务合同应当由承办该宗经纪业务的一名房地产经纪人或者两名房地产经纪人协理签名,并加盖房地产经纪机构印章。

房地产经纪机构和房地产经纪人员不得在自己未提供服务的房地产经纪服务合同等业务文书上盖章、签名,不得允许其他单位或者个人以自己的名义从事房地产经纪业务,不得以其他单位或者个人的名义从事房地产经纪业务。

3)房源发布规范。房地产经纪机构和房地产经纪人员对外发布房源信息,应经委托人书面同意;发布的房源信息中,房屋应当真实存在,房屋状况说明应当真实、客观,挂牌价应当

为委托人的真实报价并标明价格内涵。

房地产经纪机构和房地产经纪人员不得捏造、散布虚假房地产市场信息,不得操控或者联合委托人操控房价、房租,不得鼓动房地产权利人提价、提租,不得与房地产开发经营单位串通捂盘惜售、炒卖房号。

4)订约机会报告规范。房地产经纪人员应当根据委托人的意向,及时、全面、如实向委托人报告业务进行过程中的订约机会、市场行情变化及其他有关情况,不得对委托人隐瞒与交易有关的重要事项;应当及时向房地产经纪机构报告业务进展情况,不得在脱离、隐瞒、欺骗房地产经纪机构的情况下开展经纪业务。

5)尽职调查规范。房地产经纪人员应当凭借自己的专业知识和经验,尽职调查标的房地产状况,如实向承购人(承租人)告知所知悉的真实、客观、完整的标的房地产状况,不得隐瞒所知悉的标的房地产的瑕疵,并应当协助其对标的房地产进行查验。

6)交易撮合规范。房地产经纪机构和房地产经纪人员不得诱骗或者强迫当事人签订房地产交易合同,不得阻断或者搅乱同行提供经纪服务的房地产交易,不得承购或者承租自己提供经纪服务的房地产,不得将自己的房地产出售或者出租给自己提供经纪服务的委托人。

房地产经纪机构和房地产经纪人员应当向交易当事人宣传、说明国家实行房地产成交价格申报制度,如实申报成交价格是法律规定;不得为交易当事人规避房地产交易税费、多贷款等目的,就同一房地产签订不同交易价款的合同提供便利;不得为交易当事人骗取购房资格提供便利;不得采取假赠予、假借公证委托售房等手段规避国家相关规定。

7)资金监管规范。房地产经纪机构和房地产经纪人员应当严格遵守房地产交易资金监管规定,保障房地产交易资金安全,不得侵占、挪用或者拖延支付客户的房地产交易资金。

房地产经纪机构按照交易当事人约定代收代付交易资金的,应当通过房地产经纪机构在银行开设的客户交易结算资金专用存款账户划转交易资金。交易资金的划转应当经过房地产交易资金支付方和房地产经纪机构的签字和盖章。

8)佣金收取规范。房地产经纪机构和房地产经纪人员不得在隐瞒或者欺骗委托人的情况下,向委托人推荐使用与自己有直接利益关系的担保、估价、保险、金融等机构的服务。

佣金等服务费用应当由房地产经纪机构统一收取。房地产经纪人员不得以个人名义收取费用。

房地产经纪机构不得收取任何未予标明或者服务合同约定以外的费用;在未对标的房屋进行装饰装修、增配家具家电等投入的情况下,不得以低价购进(租赁)、高价售出(转租)等方式赚取差价;不得利用虚假信息骗取中介费、服务费、看房费等费用。

房地产经纪机构未完成房地产经纪服务合同约定的事项,或者服务未达到房地产经纪服务合同约定标准的,不得收取佣金;但因委托人原因导致房地产经纪服务未完成或未达到约定标准的,可以按照房地产服务合同约定,要求委托人支付从事经纪服务已支出的必要费用。

9)业务转让规范。房地产经纪机构转让或者与其他房地产经纪机构合作开展经纪业务的,应当经委托人书面同意。

两家或者两家以上房地产经纪机构合作开展同一宗房地产经纪业务的,只能按照一宗业务收取佣金;合作的房地产经纪机构应当根据合作双方约定分配佣金。

10)业务记录和资料保管规范。房地产经纪机构应当建立健全业务记录制度。执行业务的房地产经纪人员应当如实全程记录业务执行情况及发生的费用等,形成房地产经纪业务记录。

房地产经纪机构应当妥善保存房地产经纪服务合同和其他服务合同、房地产交易合同、房屋状况说明书、房地产经纪业务记录、业务交接单据、原始凭证等房地产经纪业务相关资料。

房地产经纪服务合同等房地产经纪业务相关资料的保存期限不得少于5年。

11) 保密规范。房地产经纪机构和房地产经纪人员应当保守在执业活动中知悉的当事人的商业秘密,不得泄露个人隐私;应当妥善保管委托人的信息及其提供的资料,未经委托人同意,不得擅自将其公开、泄露或者出售给他人。

12) 售后服务规范。房地产经纪机构和房地产经纪人员对已成交或者超过委托期限的房源信息,应当及时予以标注,或者从经营场所、网站等信息发布渠道撤下。

房地产经纪机构应当建立房地产经纪纠纷投诉处理机制,及时妥善处理房地产交易当事人与房地产经纪人员的纠纷。

房地产经纪机构依法对房地产经纪人员的执业行为承担责任,发现房地产经纪人员的违法违规行为时应当进行制止并采取必要的补救措施。

(4) 争议处理与执行责任。

1) 房地产经纪活动中的争议处理。在房地产经纪活动中,由于房地产经纪人员或其所在的房地产经纪机构的故意或过失,给当事人造成经济损失的,由房地产经纪机构承担赔偿责任。房地产经纪机构在向当事人进行赔偿后,可以向有关责任人追偿全部或部分赔偿费用。

当事人之间对房地产经纪合同的履行有争议的,可以本着平等自愿的原则协商解决。双方协商不成的,可以向有关政府管理部门投诉,由其从中进行调解。如经调解不能达成协议,双方可以按照合同中的有效仲裁条款进行处理。合同中无仲裁条款的,可以向房地产所在地人民法院提起诉讼。

2) 房地产经纪执业中违法违规行为的行政处罚。房地产经纪机构和房地产经纪人员违反有关行政法规和规章的规定,行政主管部门或其授权的部门可以在其职权范围内,对违法房地产经纪机构或房地产经纪人员处以与其违法行为相应的行政处罚。

行政处罚的种类包括计入信用档案、罚款、没收违法所得和非法财物、责令限期改正、停业整顿、暂扣或者吊销许可证、暂扣或者吊销营业执照、取消网签资格等。

《房地产经纪管理办法》第33条规定:"有下列行为之一的,由县级以上地方人民政府建设(房地产)主管部门责令限期改正,记入信用档案;对房地产经纪人员处以1万元罚款;对房地产经纪机构处以1万元以上3万元以下罚款:

①房地产经纪人员以个人名义承接房地产经纪业务和收取费用的;

②房地产经纪机构提供代办贷款、代办房地产登记等其他服务,未向委托人说明服务内容、收费标准等情况,并未经委托人同意的;

③房地产经纪服务合同未由从事该业务的一名房地产经纪人或者两名房地产经纪人协理签名的;

④房地产经纪机构签订房地产经纪服务合同前,不向交易当事人说明和书面告知规定事项的;

⑤房地产经纪机构未按照规定如实记录业务情况或者保存房地产经纪服务合同的。"

第34条规定:房地产经纪机构和房地产经纪人员构成价格违法行为的,由县级以上人民政府价格主管部门按照价格法律、法规和规章的规定,责令改正、没收违法所得、依法处以罚款;情节严重的,依法给予停业整顿等行政处罚。

第35条规定:房地产经纪机构擅自对外发布房源信息的,由县级以上地方人民政府建设(房地产)主管部门责令限期改正,记入信用档案,取消网上签约资格,并处以1万元以上3万元以下罚款。

第36条规定:房地产经纪机构擅自划转客户交易结算资金的,由县级以上地方人民政府建设(房地产)主管部门责令限期改正,取消网上签约资格,处以3万元罚款。

第37条规定:房地产经纪机构和房地产经纪人员有下列行为的,由县级以上地方人民政府建设(房地产)主管部门责令限期改正,记入信用档案,对房地产经纪人员处以1万元罚款;对房地产经纪机构,取消网上签约资格,处以3万元罚款。

①以隐瞒、欺诈、胁迫、贿赂等不正当手段招揽业务,诱骗消费者交易或者强制交易。

②泄露或者不当使用委托人的个人信息或者商业秘密,谋取不正当利益。

③为交易当事人规避房屋交易税费等非法目的,就同一房屋签订不同交易价款的合同提供便利。

④改变房屋内部结构分割出租。

⑤侵占、挪用房地产交易资金。

⑥承购、承租自己提供经纪服务的房屋。

⑦为不符合交易条件的保障性住房和禁止交易的房屋提供经纪服务。

知识链接

房地产经纪执业中违法犯罪行为的法律责任

(1)民事责任。

1)违约责任。违约责任是当事人不履行合同义务或者履行义务不符合约定条件而应承担的民事责任。违约责任是以有效合同为前提,合同未成立或者成立后无效、被撤销,纵使当事人有过失也无违约责任可言。违约责任的构成要件,一是必须有违约行为;二是不存在法定或约定的免责事由。

承担违约责任的方式主要有:

①继续履行。对于违约行为,采取以继续履行为主赔偿为辅的救济原则。当事人一方未支付价款或者报酬的,对方可以要求其支付价款或者报酬。当事人一方不履行非金钱债务或者履行非金钱债务不符合约定的,对方可以要求履行,但下列三种情形除外:一是法律上或者事实上不能履行;二是债务的标的不适于强制履行或者履行费用过高;三是债权人在合理期限内未要求履行。

②违约金。违约金是依当事人的约定或法律的直接规定,在当事人一方不履行债务时,向他方给付的金钱。违约金的数额由当事人在合同中约定,但约定的数额应与损失大致相当。因延迟履行给付违约金后,不免除违约人的合同义务,仍应继续履行。

③损害赔偿。在违约人继续履行或采取补救措施后,相对人还有损失的,可请求损害赔偿。赔偿的范围包括实际损失和预期利益损失,但预期利益不得超过违约人缔约时预见到或可能预见到违约可能造成的损失。在当事人违约行为侵害对方人身或财产的,对方有请求违约损害赔偿或侵权赔偿的选择权。例如承租人损毁租赁房屋,既是违约行为,又是侵害他人

财产所有权的行为,因而发生两个损害赔偿请求权的竞合,出租人可择一行使。

另外,在合同未成立或成立后无效、被撤销,无法请求违约责任的情况下,在合同成立以前缔约上有过失的一方应承担缔约过失责任。缔约过失责任虽不属于违约责任,但与合同有关,属于合同责任,缔约过失责任的条件是:当事人一方违反合同义务,如告知、注意、保密等义务;当事人一方有过失;另一方有损失。缔约过失责任的赔偿范围以实际损失为原则。

2)侵权责任。侵权责任是指侵犯经纪合同所约定的债权之外的其他权利而应承担的民事责任。一般侵权行为是指因过错侵害他人的财产或人身并应承担民事责任的行为。侵权责任的构成要件一是有侵权行为,二是无免责事由。

承担侵权责任的主要方式有:①停止侵害;②排除妨碍;③消除危险;④返还财产;⑤恢复原状;⑥赔偿损失;⑦消除影响、恢复名誉;⑧赔礼道歉。

(2)刑事责任。房地产经纪人员和房地产经纪机构在经营活动中,触犯刑法的,司法机关必将追究有关责任人的刑事责任,包括限制人身自由的管制、拘役、有期徒刑、无期徒刑,乃至死刑。与民事责任重在补偿性不同,刑事责任重在惩罚性,对刑事责任的追究非常注重行为的主观要件。

经纪故事

×××从事房地产经纪工作已有5年时间,2019年计划与朋友共同出资100万元,准备开一家房地产经纪公司,并且办理营业执照、确定公司名称、制定了公司章程和组织机构,并办理了验资证明。此之前,两人在某街租下一商铺作为经营场所,签了租期3年的租赁合同,两人准备了相关材料,到所在区域的工商登记机关进行设立登记,领取了营业执照。领取营业执照后,进行房地产经纪机构备案初始登记。

下面介绍申请设立房地产经纪机构的具体程序:

(1)领取营业执照之日起30日内办理备案。

(2)准备好房地产经纪机构备案登记申请表,申请报告、工作简历表、经纪机构网上签订合同申请表等表格,并填写完毕。

(3)准备好相关材料,需要携带的资料包括:①备案申请表及申请报告,原件/1份;②营业执照(正本,经营范围内主营为房地产经纪、房地产经纪机构名称中应当表述为"经纪"字样),复印件并核对原件/1份;③营业场所的自有房屋产权证或房屋租赁备案证;复印件并核对原件/1份;④法定代表人身份证及任职文件(原件/1份)及身份证明(复印件并核对原件/1份);⑤房地产经纪机构章程,原件/1份;⑥房地产经纪机构管理制度原件/1份;⑦注册资金验资报告,复印件并核对原件/1份;⑧3名以上专职房地产执业经纪人资格证书(全国房地产经纪人或杭州市房地产经纪人),复印件并核对原件/1份;⑨房地产经纪机构与专职经纪人签订的劳动合同及为其缴纳的社会保险证明原件/1份;⑩专职经纪人原房地产经纪机构解聘证明,原件/1份;⑪本人签章的专职经纪人工作简历,原件/1份;⑫经银行确认的房款监管账户及账号清单(可以备案后办理),原件/1份;⑬房地产经纪机构网上签订合同开户申请(可以备案后办理)原件/1份。

(4)往相关部门现场提交资料申请备案,工作人员对资料核对查收。

(5)自受理之日起10个工作日完成备案,杭州市房地产经纪机构备案证书,有效期2年。

任务三　房地产经纪合同

课堂思考

如果签订房地产经纪合同,最重要的条款有哪些?

一、房地产经纪合同的含义及特点

1. 房地产经纪合同的含义

房地产经纪合同是房地产经纪人员为委托人提供房地产交易等事项的劳务而与委托人约定订立的协议形式。房地产经纪合同含义的要点有:

(1)合同主体。合同主体是指直接参与一定的房地产经纪活动,并订立相应内容的合同的单位。例如,房地产经纪机构和委托人签订的房地产居间合同。房地产经纪机构和开发商签订的新房销售代理合同。

(2)合同的核心内容。合同的核心内容就是各方主体之间的权利与义务。如新建商品房的房地产代理经纪合同,开发商主要是提出代理委托,并按合同支付佣金。房地产经纪机构则要按合同进行营销策划,按合同进度,销售房地产产品。这种权利、义务关系应尽量保证公正、公平,只有公平的合同,才能顺利地实施。

(3)合同的具体目标。房地产经纪合同的目标都是为了房地产经纪活动的圆满完成,即在合同签订的范围内,完成房地产牵线搭桥、销售房屋、提供信息等事项。

2. 房地产经纪合同的特点

(1)房地产经纪合同是双务合同。双务合同是指一方当事人所享有的权利就是对方当事人所负担的义务。在双务合同中,当事人双方均承担合同义务,并且双方的义务具有对应关系,一方的义务就是对方的权利,反之亦然。从另一个角度说,双务合同也就是当事人双方互享债权的合同。双务合同是合同的主要形态,《中华人民共和国民法典》所规定的多数合同均为双务合同。

(2)房地产经纪合同是要式合同。房地产经纪合同根据法律规定必须采用特定形式如书面形式的合同。不是直接表现房地产交易关系的合同,可以是不要式合同。以合同的成立是否须采取一定的形式为标准,合同可分为要式合同与不要式合同。要式合同,是指法律规定必须采取一定形式的合同;反之,法律不要求采取特定形式的合同则为不要式合同。

(3)房地产经纪合同是有偿合同。有偿合同是指当事人取得权利必须支付相应代价的合同。有偿合同是商品交换最典型的法律形式,实践中常见的买卖、租赁、运输、承揽等合同,均属有偿合同。

(4)房地产经纪合同主要是从合同。从合同的特点在于它不能独立存在,必须以主合同的存在并有效为前提。房地产经纪合同一般是以房地产交易合同为主合同的,房地产经纪人在经纪活动中所担负的义务主要是以促成或承担完成房地产的交易为前提的劳务服务。房地产经纪合同在大多数情况下为从合同,但房地产经纪机构为客户提供信息咨询服务而与客户签订的合同不要求以完成实际交易为前提,不是从合同。

二、房地产经纪合同的作用

房地产经纪合同对有效保障合同当事人的合法权益,维护和保证市场交易的安全与秩序及将房地产经纪机构服务"产品化"方面具有重要作用。

1. 有效保障合同当事人的合法权益

《房地产经纪管理办法》规定,房地产经纪机构接受委托提供房地产信息、实地看房、代拟合同等房地产经纪服务的,应当与委托人签订书面的房地产经纪服务合同。这就是要以合同形式来相对固定房地产经纪机构与委托人之间的权利、义务关系,从而有效保障当事人的合法权益。因为合同对合同当事人具有法律约束。合同一旦生效,当事人必须依照约定履行自己的义务,不得擅自变更或者解除合同。合同当事人在履约过程中不承担义务或者违反约定的,必须承担继续履行、采取补救措施及赔偿损失等违约责任。

2. 维护和保证市场交易的安全与秩序

房地产经纪活动是房地产整体市场的重要组成部分,对房地产市场的交易活动有着重要的影响。房地产经纪活动是市场行为,房地产经纪人与委托人之间的劳务服务关系实质上也是一种市场交易关系。这种交易能否在合法、正常的状态下进行,有赖于市场交易活动的安全及秩序。房地产经纪服务合同是房地产经纪人与委托人共同遵守的行为规则。这些行为规则为合同当事人的交易活动确定了基本规范,促使合同当事人遵守规则。房地产经纪服务合同不仅有利于避免房地产经纪人与委托人相互损害对方当事人利益行为的发生,同时也有利于维护房地产商品市场交易的安全与秩序。

3. 将房地产经纪机构的服务"产品化"

房地产经纪机构可以根据委托人多样化的需求,有针对性地提供所需服务,并将服务内容体现在房地产经纪服务合同中。比如除提供房地产信息、实地看房、代拟合同等房地产经纪服务外,房地产经纪机构还可以提供代办贷款、代办房地产登记服务以及其他更为个性化的服务。房地产经纪机构设计丰富的服务项目,并制定相应的服务标准与收费标准,委托人可以根据自己的需求来选择,选择的服务项目最终都可以体现在房地产经纪服务合同的相关条款上(需要另外签订合同的除外),以便明确双方在这些服务项目上的权利、义务关系。可见,房地产经纪服务合同使房地产经纪机构提供的各项服务得以"显化"或"产品化",从而有利于提高房地产经纪机构的服务针对性。

三、房地产经纪合同的内容

1. 合同条款的种类

合同条款是合同条件的表现和固定化,是确定合同当事人权利和义务的根据。即从法律文书而言,合同的内容是指合同的各项条款。因此,合同条款应当明确、肯定、完整,而且条款之间不能相互矛盾。否则将影响合同成立、生效和履行,以及实现订立合同的目的,所以准确理解条款含义有重要作用。根据合同条款的地位和作用,合同条款主要有以下几种。

(1)格式条款和非格式条款。格式条款是指由一方为了反复使用而预先拟定的,在订立合同时不与对方协商的条款。非格式条款是指当事人在订立合同时可以与对方协商的条款。

（2）必备条款和非必备条款。必备条款又称主要条款，是指根据合同的性质和当事人的特别约定所必须具备的条款，缺少这些条款将影响合同的成立。非必备条款又称普通条款，是指合同的性质在合同中不是必须具备的条款，即使合同不具备这些条款也不应当影响合同的成立。

（3）有责条款和免责条款。有责条款是指当事人在合同中约定的当事人违反合同应承担的责任条款，即违约条款。免责条款指当事人在合同中约定的免除（排除）或限制其未来责任的条款。

（4）实体条款和程序条款。凡是规定当事人在合同中所享有的实体权利、义务内容的条款都是实体条款。如有关合同标的、数量、质量的规定等都是实体条款。而程序条款主要是指当事人在合同中规定的履行合同义务的程序及解决合同争议的条款。

（5）明示条款和默示条款。明示条款是指当事人以口头或文字的方式明确表示的条款，明示条款是合同存在的基础，没有明示条款就不存在合同。默示条款是指合同中没有规定，但根据法律规定、交易习惯、当事人的行为或合同的明示条款，合同理应存在的条款。

2. 房地产经纪合同的主要条款

房地产经纪合同的主要条款是具有共性的，条款一般包括：当事人的名称或者姓名和住所；标的，合同的客体；委托事项与服务标准；劳务报酬或酬金（明示合同）；合同的履行期限、地点和方式；违约责任；解决争议的方式。

四、房地产经纪合同的类型

1. 房地产经纪合同的分类

房地产经纪合同是房地产经纪人员从事房地产相关居间服务以及委托代理等相关事务而签订的合同。房地产经纪合同一般可分为以下几种。

（1）根据房地产经纪活动内容，房地产经纪合同分为房地产代理合同、房地产居间合同和房地产行纪合同。

（2）根据房地产交易形式，房地产经纪合同分为房地产买卖经纪合同、房地产租赁经纪合同、房地产抵押经纪合同。

（3）根据是否经过多次交易，房地产经纪合同分为一手房经纪合同与二手房经纪合同。

（4）根据委托人的不同，房地产经纪合同分为房地产买方经纪合同与房地产卖方经纪合同。

2. 房地产代理合同的分类

房地产代理合同指房地产经纪人员在委托人授权范围内，以委托人名义与第三者进行房地产交易，由委托人支付酬金的合同。

不同的房地产代理业务，对应不同的房地产代理合同。

按照代理主体对象的不同，房地产代理合同分为房地产买方代理合同与房地产卖方代理合同。

按照代理客体不同，房地产代理合同分为商品房代理合同、商铺代理合同、二手房代理合同等。

根据代理业务客体交易形式的不同,房地产代理合同分为销售代理合同、租赁代理合同、抵押代理合同、置换代理合同、房地产权属登记代理合同等。

五、房地产经纪合同的纠纷处理

1. 房地产经纪合同纠纷的类型

在房地产经纪服务过程中出现的许多新问题,虽然可以依照《中华人民共和国民法典》来处理,但由于房地产作为商品,存在一定特殊性,以及经纪服务的无形性,在《中华人民共和国民法典》中找不到确切的解决依据;经纪方诚信缺失,在购房者关注的小孩入学、户口迁移等问题上作虚假的、不切实际的口头承诺;另外,房地产经纪服务领域还存在不正当竞争、经纪人员职业资格制度落实不到位、行业监管不力等问题。委托人和房地产经纪人之间发生纠纷一般有以下情况。

(1)房地产经纪纠纷的主要类型。
1)房地产交易行为与房地产经纪行为混淆造成的合同纠纷。
2)居间行为与代理行为混淆造成的纠纷。
3)经纪合同的权利不等造成的纠纷。
4)经纪合同的主要条款欠缺造成的纠纷。
5)服务标准与收取佣金标准差异造成的纠纷。
6)缔约过失造成的纠纷。
7)经纪合同当事人的观念和法律意识不足造成的合同纠纷。
8)其他。

(2)由房地产经纪人的原因而造成的纠纷。
1)房地产经纪人隐瞒应该让业主知道的情况,也称为影响业主的知情权的,如房屋的使用状况、交易人情况、交易价格、交易的应付费用,交易合同和经纪合同的订立和履行等。
2)房地产经纪人接受委托时,明知已超越了自身的业务能力,但为了赚取佣金,抢先接受委托,因而迟迟无法完成对业主的承诺。
3)房地产经纪人在不告知的情况下随意增加委托业主的费用。
4)房地产经纪人不了解或者无视相关政策法规,贸然接受有争议的委托,造成当事人之间发生纠纷。

(3)由委托业主的原因而造成的纠纷。
1)委托业主无法明确自己的委托目的,或者随意改变自己的委托要求或中途悔约,使订立的合同无法履行。
2)委托业主不顾政策法规、在委托交易活动中串通或诱导房地产经纪人违反规定谋求交易成功。
3)委托业主通过房地产经纪人结识相对交易人后,直接与交易人私下约定交易,有意避开房地产经纪人并拒绝支付佣金。
4)委托业主与房地产经纪人对委托事项发生争议时,回避事实情况,否认自己的不当行为造成纠纷。

2. 房地产经纪合同纠纷的解决

房地产经纪合同纠纷是关于房地产经纪合同权利、义务的争执,主要是关于因房屋买卖

合同无效、不能履行等情况产生的纠纷、因意向金或定金的处理争议产生的纠纷、因中介服务费的支付和计算产生的纠纷等。近年来随着房地产商品的供给量大增,房地产的买卖纠纷也逐渐增多,其中很多是由于房地产经纪机构的不适广告、销售人员的乱许诺、销售程序混乱、违规销售、房地产产品质量低下造成的。因此,房地产经纪机构应导入依法中介、强化经纪理念和科学的操作机制,既能维护房地产经纪机构的信誉和房地产消费者的利益,也使得房地产市场能够健康的发展。

房地产交易纠纷属于民事纠纷,协调这类纠纷的方法主要有和解、调解、仲裁、诉讼等几种方式。

(1) 和解。和解是指在合同发生争议后,合同当事人在自愿互谅的基础上,依照法律、法规的规定和合同的约定,自行协商解决合同争议。

1) 合法原则。要求合同当事人在和解解决合同纠纷时,必须遵守国家法律、法规的要求,所达成的协议内容不得违反法律、法规的规定,也不得损害国家利益、社会公共利益和他人利益。这是和解解决合同纠纷的当事人应当遵守的首要原则。如果违背了合法原则,双方当事人即使达成了和解协议也是无效的。

2) 自愿原则。自愿原则是指合同当事人对于采取自行和解解决合同纠纷的方式,是自己选择或愿意接受的,并非受到对方当事人的强迫、威胁或其他的外界压力。同时,双方当事人协议的内容也必须是出于自愿的,决不允许任何一方给对方施加压力,以终止协议等手段相威胁,迫使对方达成只有对方尽义务,没有自己负责任的"霸王协议"。

3) 平等原则。表现为在合同发生争议时,双方当事人在自行和解解决合同争议过程中的法律地位是平等的,即平等的享有权利和平等的履行义务。

(2) 调解。调解是指在合同发生争议后,在第三人的参加与主持下,通过查明事实,分清是非,说服劝导,向争议的双方当事人提出解决方案,促使双方在互谅互让的基础上自愿达成协议从而解决争议的活动。调解的方式主要有行政调解、法院调解或仲裁调解、人民(民间)调解。

3) 仲裁。仲裁是当事人之间的争议由仲裁机构公正判决。房地产仲裁,要求房地产买卖双方在合同中必须有仲裁的意向,选定一个仲裁委员会,并指出具体仲裁范围,如关于房地产所有权、使用权、赠予、交换等具体事宜。仲裁一般"一裁定终局"。如果当事人不履行义务可要求法院强制执行。

4) 诉讼。诉讼通常是指国家司法机关在当事人及其诉讼参与人参加下,按照一定的方式和程序,解决具体争议的活动,房地产交易纠纷的诉讼是通过法院的审判活动,解决房地产交易纠纷的一种形式,属于民事诉讼,由民事法庭受理。诉讼程序包括起诉、审判、执行。

对已出现的房地产经纪纠纷,应及时协商或通过法律途径解决,房地产行政主管部门及其他相关部门还负有受理投诉、调节处理的职责。因此,房地产行政主管部门通常设置一些投诉通道,制定投诉受理程序,以便及时有效地引导当事人解决房地产经纪纠纷。

知识链接

婚姻家庭中房屋所有权的界定

夫妻房屋所有权的界定主要区分房屋是婚前所得,还是婚后所得;是夫妻共有财产,还是单独属于夫妻某一方的财产。实践中,一般看购房合同签订的时间是在婚前还是在婚后来界定婚前房产和婚后房产。生活中有几种特殊的情形特别需要注意:一是婚后由一方父母出资为子女购房的,产权登记在出资人子女名下的。视为对自己子女一方的赠予,即为夫妻一方的个人财产。若双方父母出资产权登记在一方子女名下,双方按各自父母的出资份额按份共有,有约定的从约定。二是夫妻一方婚前签订的房屋买卖合同,以个人财产支付首付并在银行贷款,婚后用夫妻共同财产还贷,房产登记在首付款支付方名下的,离婚时房产由双方协议处理;不能达成协议的,法院可判决房产归产权登记一方,未还的贷款为登记一方的个人债务。共同还贷及房产增值的部分,由产权登记一方对另一方进行补偿。房地产经纪专业人员了解现行法律法规的规定及房屋产权登记程序,可以帮助相关当事人及时维护自己在家庭财产中的合法权利,有效预防房屋产权纠纷。

婚姻家庭中房屋的登记

不动产登记机构办理房屋等不动产登记一般依当事人申请才能启动。共有房屋,应当由共有人共同申请登记。而现实生活中,夫妻购房通常以一方名义签订购房合同,并仅以一方名义申请登记,实际上共有的房屋产权就登记为一方所有,致使隐形共有现象普遍存在。

因潜在的共有人未进行房屋产权登记,不动产交易,可能产生纠纷。因此,如确属夫妻共有的房屋,应当依法共同申请房屋登记,在不动产登记簿记载为夫妻共有,不宜再按照以往实践中形成的固有认识来认定所谓的夫妻共有房屋。此外,《中华人民共和国民法典》规定了善意取得制度,例如:以丈夫一方名义登记的共有房屋被丈夫擅自出售给第三人,第三人并不知道该房屋实际的共有情况,而基于信赖登记簿记载事项购买了该房屋,支付了合理价款,并进行了登记,善意第三人取得该房屋产权。事后,妻子一方以对卖房一事并不知情也不同意为由,要求解除合同,并诉讼到法院。法院可能不会支持妻子一方的请求,而是最大限度地保护善意第三人的利益。

属于夫妻共有的房屋,如登记为一方所有的,可以依法通过登记增加另一方为共有人,使共有房屋的事实权利人与不动产登记簿记载的权利人一致,避免另一方擅自处分共有财产。从法律上来说,"加名"实质上是增加房屋的共有人。对于婚姻存续期间,实际为夫妻共有的房屋仅登记在一方名下的婚后财产,双方可持身份证、结婚证、房屋权属证书去不动产登记机构申请办理更正登记;若是夫妻一方在婚前购买的房产(婚前房产),并已办理房屋登记的,在婚姻存续期间,添加夫妻另一方为房屋共有人的,夫妻双方可持身份证、结婚证、婚姻状况证明、房屋权属证书向不动产登记机构申请转移登记。目前夫妻间转让房屋所有权的,免征契税。

在房地产经纪实践中,房地产经纪人员应当注意提醒购房者在签订购房合同时应慎重考虑房屋所有权的归属,共有房屋的当事人在申请房屋登记时,就应共有人一并登记。夫妻以外的其他人,如父母、子女、兄弟姐妹或其他亲友要增加为房屋的共有人,一般只能通过买卖或赠予的方式办理,这两种方式均须缴纳相关税收,当事人可持申请资料到不动产登记机构办理。

模块小结

要成为房地产经纪人员,必须取得房地产经纪的有关职业资格。在房地产经纪人员的执业过程中,还要清楚地知道其执业的基本要求和禁止行为。房地产经纪机构是开展房地产经纪业务的法律主体,也是房地产经纪业务运行的主要载体。本模块主要介绍了房地产经纪人的概念、职业资格制度等,以及房地产经纪机构的基本概述、房地产经纪合同的概念等。

思考与练习

一、填空题

1. ＿＿＿＿＿＿指受委托人(客户)的委托,为委托人提供信息,促使委托人与第三方就房地产的转让、房屋租赁、房地产抵押等交易活动成功,从中获取佣金作为服务报酬的中间人。

2. 房地产经纪人员职业资格包括＿＿＿＿＿＿和＿＿＿＿＿＿。

3. 按房地产的不同用途,房地产经纪人员可分为＿＿＿＿＿＿、＿＿＿＿＿＿、＿＿＿＿＿＿。

4. 按业务性质及获得报酬的方式划分,房地产经纪人员分为＿＿＿＿＿＿、＿＿＿＿＿＿。

5. 房地产经纪人执业资格注册的有效期为＿＿＿＿＿＿,自核准注册之日起计算。

6. 在注册有效期内,房地产经纪人变更执业机构或者执业机构名称等注册事项发生变更的,应当办理＿＿＿＿＿＿。

7. ＿＿＿＿＿＿是指符合执业条件,并依法设立,从事房地产经纪活动的具有法人资格的经济组织。

8. 设立房地产经纪机构,应当在领取营业执照之日起＿＿＿＿＿＿内,向所在地县级以上房地产管理局申请办理资质登记,领取资质证书后方可经营。

9. 根据房地产经纪机构是否通过店铺来承接和开展房地产经纪业务,可以将房地产经纪机构的经营模式分为＿＿＿＿＿＿和＿＿＿＿＿＿。

10. ＿＿＿＿＿＿是房地产经纪人员为委托人提供房地产交易等事项的劳务而与委托人约定订立的协议形式。

11. 按照代理主体对象的不同,房地产代理合同分为＿＿＿＿＿＿与＿＿＿＿＿＿。

二、选择题

1. 房地产经纪人的特点包括(　　)。
   A. 房地产经纪人的服务性　　　　B. 房地产经纪人的地域性
   C. 房地产经纪人的专业性　　　　D. 房地产经纪人的高收入性
   E. 房地产经纪人的相互影响性

2. 房地产经纪人员根据经纪活动的主要内容可以分为（　　）。
   A. 居间房地产经纪人　　　　　　　B. 代理房地产经纪人
   C. 行纪房地产经纪人　　　　　　　D. 一般房地产经纪人
   E. 专家房地产经纪人

3. 按组织形式划分，房地产经纪人员分为（　　）。
   A. 个人房地产经纪人　　　　　　　B. 法人房地产经纪人
   C. 合伙房地产经纪人　　　　　　　D. 住宅房地产经纪人
   E. 商业房地产经纪人

4. 房地产经纪人有下列（　　）之一的，由中国房地产估价师与房地产经纪人学会注销注册，收回或者公告收回房地产经纪人注册证书。
   A. 死亡或者被宣告失踪的，完全丧失民事行为能力的
   B. 在房地产经纪或者相关业务中犯有严重错误受行政处罚或者撤职以上行政处分的
   C. 以欺骗、贿赂等不正当手段取得房地产经纪人注册证书的
   D. 不在房地产经纪机构执业或者同时在两个或者两个以上房地产经纪机构执业的
   E. 严重违反房地产经纪职业道德的

5. 下列关于房地产经纪人权利表述中，属于房地产经纪人和房地产经纪人协理同时享有的权利的有（　　）。
   A. 依法发起并设立房地产经纪机构
   B. 处理纪律有关实务并获得合理的报酬
   C. 有权加入房地产经纪机构
   D. 充分保障委托人权益
   E. 经所在的经纪机构授权订立房地产经纪合同等重要文件

6. 房地产经纪人员职业道德的基本要求（　　）。
   A. 遵纪守法　　　　　　　　　　　B. 诚实信用
   C. 尽职守责　　　　　　　　　　　D. 规范服务
   E. 公平竞争，团结合作

7. 不同业务类型的房地产经纪机构分为（　　）。
   A. 实业型　　　　　　　　　　　　B. 顾问型
   C. 管理型　　　　　　　　　　　　D. 全面型
   E. 独资型

8. 房地产经纪人在房地产经纪活动中应遵循的原则有（　　）。
   A. 自愿原则　　　　　　　　　　　B. 平等原则
   C. 诚实信用原则　　　　　　　　　D. 利润最大化原则
   E. 协商原则

9. 房地产经纪企业在选择经营模式时，应考虑的主要因素有（　　）。
   A. 是否有店铺　　　　　　　　　　B. 企业规模
   C. 市场风险　　　　　　　　　　　D. 竞争者的实力
   E. 规模化经营的方式

三、简答题

1. 房地产经纪人的报考条件有哪些？房地产经纪人协理报考条件有哪些？
2. 房地产经纪人的权利和义务有哪些？
3. 房地产经纪人员职业技能的构成有哪些？
4. 房地产经纪机构的设立程序一般包括哪几个步骤？
5. 房地产经纪机构的组织系统形式有哪些？
6. 房地产经纪执业规范的作用有哪些？
7. 房地产经纪合同的作用有哪些？

模块三 房地产经纪业务

知识目标

1. 了解房地产居间的含义及特征；熟悉房地产居间的种类；掌握房地产居间业务合同。
2. 了解房地产代理的含义及特征；熟悉房地产代理的种类；掌握房地产代理业务的基本流程及代理合同。
3. 了解房地产行纪的含义及特征；熟悉房地产行纪人的权利和义务；掌握房地产行纪合同。
4. 了解房地产拍卖的概念及特征；熟悉房地产拍卖业务的主要来源；掌握房地产拍卖的程序及原则。
5. 了解房地产咨询的概念、特点；熟悉房地产咨询的主要类型；掌握房地产咨询的基本程序。

能力目标

1. 能够实地操作房地产居间、代理、行纪、拍卖、咨询服务业务。
2. 能够简单分析房地产居间、代理、行纪、拍卖、咨询服务业务中的纠纷问题。
3. 能够起草简单的房地产代理、行纪合同。

素养目标

1. 培养信息素养、与专业匹配的职业能力。
2. 培养学生尊法守法、诚信守约的职业道德。

模块三 房地产经纪业务

任务一 房地产居间业务

课堂思考

谈谈您知道的房地产居间业务有哪些?

一、房地产居间的含义及特点

(一)房地产居间的含义

房地产居间是指向委托人报告订立房地产交易合同的机会或者提供订立房地产交易活动的媒介服务,并收取委托人佣金的行为。如在房地产租赁交易中,经纪人向出租方、承租方提供信息,促成交易、收取佣金,就是典型的居间活动。

在房地产居间活动中,有三方参与人:一方当事人为委托人,即委托居间业务与居间人签订居间合同的当事人;另一方为居间人,即房地产经纪机构,报告订立房地产交易合同的机会或提供订立房地产交易合同的媒介人;第三方为相对人,即委托人的交易方,居间成功后与委托人签订转让、租赁或者其他合同的当事人。从中我们可以看出,居间活动成功共需签订两个合同:委托人与房地产经纪机构签订的居间合同,委托人支付居间人的佣金;委托人与相对人签订的转让、租赁等合同,双方根据合同承担各自的权利与义务。

(二)房地产居间活动的特点

1. 只能以自己的名义进行活动

房地产居间活动中经纪人只以自己的名义为委托人报告订约机会或为交易双方提供媒介服务,并不具体代表其中任何一方。因此,居间人没有代为订立合同的权利。如果房地产经纪人员代理委托人签订合同,这时房地产经纪人员的身份就不是居间人,而是代理人。代理人与相对人签订合同只能以被代理人的名义,而不能以代理人自己的名义。房地产经纪人员在居间活动中的法律地位与其在代理中的法律地位是不一样的。

2. 房地产居间活动业务内容广

房地产居间活动可以渗透到房地产经济活动的整个过程,从房地产项目的筹划开始就可以涉足,在融资筹资、地块选取、规划设计、施工、销售各个阶段,都可以发挥牵线搭桥的作用。房地产居间业务可以包括房屋买卖居间、房屋租赁居间、房屋置换居间、土地使用权转让居间。目前我国房地产经纪还局限于房地产流通领域,即房地产的买卖、租赁居间。

3. 介入房地产交易活动程度较浅

房地产居间人介入交易双方的交易活动较浅,只是向委托人报告成交机会或提议双方成交,起到穿针引线、牵线搭桥的作用,其服务内容较为简单,参与双方交易过程的时间也比较短。一旦委托事项完成,委托关系亦随之终止,不存在长期固定的合作关系。这要求居间活动尽力圆满完成委托业务中的工作事项。

4. 是一种有偿的商业服务行为

房地产居间提供的是一种有偿的商业服务,只要房地产经纪人员完成了约定的居间活动,促成交易双方成交,房地产经纪人员就有权收取佣金。由于房地产的价值大,因此房地产经纪人员的佣金收入较高。但由于居间活动主要是为委托方提供信息服务,居间人被委托人"甩掉"的风险比较大,易在时间、精力上遭受损失。

5. 房地产居间业务专业性强

房地产是一种特殊的商品,交易双方投入的资金比较大,当事人对这种不动产的交易行为都比较慎重。房地产居间活动要求房地产经纪人员具有丰富的房地产业务知识及有关法律和税务知识;熟悉当地社区环境、经济条件,把握市场行情;消息灵通,反应灵敏,判断力强;诚实可靠,信誉良好,坚守职业道德。

二、房地产居间业务的类型

房地产居间业务类型的划分大致有两种标准,一是委托内容,二是交易类型。

(一)按所委托内容划分

依据居间人所接受委托内容,可分为指示居间和媒介居间。

指示居间是指居间人仅为委托人报告订约机会的居间。所谓报告订约机会是指居间人接受一方委托人的委托,寻觅、搜索信息报告委托人,从而提供订立合同的机会。《德国民法典》《瑞士债务法》等称此类居间人为报告居间人或指示居间人。

媒介居间是指为促成委托人与第三人订立合同进行介绍或提供机会的居间。所谓提供订立合同的媒介服务是指介绍双方当事人订立合同,居间人不仅要向委托人报告订约机会,还要进一步周旋于委托人与第三人之间,努力促成其合同成立。

(二)按交易类型划分

目前,我国最常见的房地产居间业务是房地产租赁居间和房地产转让居间。

1. 房地产租赁居间业务

房地产租赁居间是指房地产经纪人员为使承租方和出租方达成租赁交易而向双方提供信息和机会的居间业务。房地产租赁主要包括新建商品房的期权预租、新建商品房现房出租、存量房屋的出租和转租。目前房地产租赁居间业务多是存量房屋出租居间。

2. 房地产转让居间业务

房地产转让居间是指房地产经纪人员为使转让方和受让方达成交易而向双方提供信息和机会的居间业务。转让包括买卖、赠予、交换、遗赠等,但房地产经纪人员从事的房地产转让居间业务主要是指房地产买卖居间。房地产买卖可分为新建商品房买卖和二手房买卖。目前,房地产买卖居间业务以二手房居间业务为主,主要包括房地产委托出售、房地产委托购买两种形式。

三、房地产居间业务合同

(一)房地产居间业务合同的含义和性质

1. 房地产居间业务合同的含义

居间合同是居间人向委托人报告订立合同的机会或者提供订立合同的媒介服务,委托人支付报酬的合同。

房地产居间业务合同是指房地产经纪人员接受委托,为委托方报告房地产成交机会或促进委托人与他方成交,委托方给付佣金的合同。

2. 房地产居间业务合同的性质

房地产居间业务合同是以促使交易双方订立合同、达成交易为目的的委托合同,具有诺成性、双务性、不要式性和有偿性等法律特征。

房地产经纪人员是中间人,既不能以一方的名义,也不能以自己的名义或为委托人的利益而充当与第三人订立合同的当事人。房地产经纪人员只能按照委托人的指示和要求从事居间活动。居间合同的委托人的给付义务具有不确定性,即房地产经纪人员只有促成委托人之间交易合同的成立,委托人才能履行支付报酬的义务。

(二)房地产居间业务合同的主要条款

(1)房地产居间业务合同应明确双方当事人的名称(姓名),法人单位应写明单位地址及法定代表人姓名,公民个人应写明其身份证号码。

(2)房地产居间业务合同要明确委托的居间事项。委托事项需具体约定所委托的是提供订约机会,还是媒介合同的成立,所约定的事项应明确、具体。

(3)房地产居间业务合同要明确居间业务的报酬以及报酬的计算方式、支付时间、支付方式。房地产居间业务合同是有偿合同,居间人的报酬是房地产居间业务合同的核心内容。居间人所获得的报酬习惯上称为佣金或居间费。

(4)违约责任。违约责任的形式有违约金、赔偿金。如有特殊要求,当事人可以约定保密条款等。

(5)争议解决的处理办法以及其他补充条款。

注:不同类型房地产居间业务合同范本可参见《房屋出售委托协议》《房屋出租委托协议》《房屋承购委托协议》《房屋承租委托协议》,可登录中国房地产估价师与房地产经纪人学会网站查询、下载。

(三)不同类型房地产居间业务合同的注意事项

1. 房地产租赁居间合同的注意事项

由于租赁交易双方权利、义务关系存续时间较长,相互之间会产生较为复杂的债权债务关系,因此在房屋租赁居间合同中应补充限制性条款,以便明确房地产经纪机构与委托人各自的权利、义务。

2. 房地产转让居间合同的注意事项

(1)要写明转让居间房地产的详细坐落情况,尤其应标明委托房地产的产权证号、其他权利情况。已设定抵押权,权属状况不明确,被法院查封、冻结等的房地产不得转让。

(2)在佣金标准、数额、收取方式、退赔等方面要有详细规定。对居间方未完成居间合同事项的,怎样退还佣金要有明确说明。

(3)明确三方违约责任的处理办法,以避免违约条款不完善而发生的纠纷。

模块三　房地产经纪业务

四、房地产居间业务佣金

房地产居间活动要付出劳动，佣金即为房地产经纪人员付出劳动的代价。提取佣金比率，合理的规则是：交易额越小，提取的比例越大；交易额越大，提取的比例也就越小。

关于房地产经纪人员佣金的取得，具体可分为三个方面：

（1）在多数情况下，是由卖主支付经纪人佣金。有时买主急于寻购某一地区特定的房屋，可以与房地产经纪人员订立由买主支付佣金的代理合同。这与市场行情密切相关。如果在房地产市场上，房地产商品供大于求，买主有充分的选择余地，处于有利地位，卖主却处于不利地位时，多半由卖主雇佣经纪人来推销房地产，房地产经纪人员的佣金也就由卖主支付。反之，房地产经纪人员佣金则由买主支付。

（2）房地产经纪人员的佣金多少取决于达成交易的资金数量大小，由委托人与房地产经纪人员双方商谈或根据国家和地方有关规定来决定。同时，佣金率还应同房地产经纪人员所提供的服务质量优劣相联系。

（3）支付佣金的时间和条件，由房地产经纪人员与委托人在签订经纪合同中予以规定。在多数情况下，委托人会坚持在商品成交后支付佣金，因此房地产经纪人员在许多未成交的交易中，尽管做了大量工作，但不能得到报酬。

任务二　房地产代理业务

课堂思考

房地产代理业务包括哪些呢？

一、房地产代理的含义及特征

1. 代理的含义

代理是代理人在代理权限内，以被代理人的名义独立地进行民事行为，所产生的法律后果直接归属于被代理人的制度。代理关系涉及三方当事人：被代理人、代理人、代理行为的相对人。

（1）被代理人是在设定、变更或者终止民事权利、义务关系时需要得到别人帮助的人。

（2）代理人是能够给予被代理人帮助，代替他实施意思表示或者受领意思表示的人。自然人和法人均可充当代理人，但法律有特别规定的商事代理，非经商业登记，不得从事该项代理。例如证券买卖代理，非有证券业务资格的商事特别法人，不得从事该业务。

2. 房地产代理的含义

房地产代理是房地产经纪业务的一种主要形式。房地产代理是指以委托人的名义，在授权范围内，为促成委托人与第三方进行房地产交易而提供服务，并收取委托人佣金的行为。

在房地产代理行为发生过程中，代理人只提供代理服务。在代理合同授权范围内，代理人不需要提供产品和资金，也不需要承担代理行为的法律后果，如果代理人越权或超范围代理而给第三方造成后果的，第三方只能向委托人提出赔偿，然后委托人再根据代理合同的赔偿条款向代理人索赔。

根据我国法律中的有关规定，房地产经纪人只能向房地产交易双方中的一方提供代理服务，即不能为双方代理，这与很多国家的规定是一致的。房地产代理是一种法律关系更简单明了的房地产经纪业务类型，因而在发达国家和地区成为最主要的房地产经纪业务类型。

3. 房地产代理的特征

（1）房地产代理人以委托人的名义进行代理行为。房地产代理人的任务就是利用自身能够提供代理服务的比较优势代替委托人并以委托人的名义进行房地产交易。委托人之所以在进行房地产交易过程中寻找代理人，是因为房地产行业内部分工越来越细，委托人在房地产开发等环节具有绝对优势，而代理人则在交易服务方面具有比较优势。所以，委托人要想通过房地产交易获得最佳收益就需聘请代理人。同时，由于房地产代理行为的第三方在进行交易过程中更多关心的是委托人及产品品牌，而不关心代理人品牌，所以在房地产代理过程中，代理人必须以委托人名义（品牌）进行交易活动，如果代理人以自己的名义进行交易，其行为只是自己的行为，而不是代理行为。

（2）房地产代理人具有独立行为的权利。房地产代理关系一经确定，在代理合同规定权限范围内，代理人只对委托人所设定的委托合同目标负责，为了实现合同目标，代理人有独立开展工作的权利，委托方只有配合的义务，而没有干涉的权利。

（3）房地产代理是以产品为中心的代理。一般商业代理的代理权划定多以区域结合产品为中心，而房地产代理权限的设定多以产品种类为中心，而与区域无关。

（4）房地产代理是有佣金标准的代理。房地产产品价格具有很强的刚性且代理金额巨大，所以，房地产代理多是按行业和市场标准事先规定产品代理价格和佣金标准。

（5）房地产代理的服务性质。房地产交易一般金额较大，而代理人资金承受能力相对较弱，所以房地产代理在实施代理行为过程中只提供服务，而不提供资金。

（6）房地产代理人的代理行为后果由委托人负责。房地产代理人是以委托人的名义从事代理行为的，代理行为的成果由委托人享用，代理后果也由委托人承担。

二、房地产代理的种类

1. 代理的种类

根据代理权产生原因的不同，代理可分为委托代理、法定代理和指定代理。

（1）委托代理。委托代理是指基于被代理人的委托授权而发生代理权的代理。委托代理是依据本人意思而产生代理权的代理，本人意思表示是发生委托代理的前提条件，因此又称为意定代理。

委托代理的授权可以用书面形式，也可以用口头形式。法律规定用书面形式的，必须用书面形式。委托代理的授权是一种单方法律行为，有被代理人的意思表示就可以发生效力。

授予代理权的行为是一种单方法律行为,这与代理的基础关系是有区别的。代理的基础关系是指被代理人向代理人授予代理权所依据的法律关系。

因为委托合同是产生委托代理授权的原因或基础,委托代理权就成为受托人处理委托事务的一种手段。委托合同的成立和生效,并不当然产生代理权,只有委托人作出委托授权的单方行为,代理权才发生。常见的代理基础关系有委托合同、劳动合同、合伙合同等。被代理人是基于这些合同关系才授予代理权的。

(2)法定代理。法定代理是指由法律规定而直接产生的代理。这种法律规定,即法定授权行为,是国家立法机关基于保护公民和维护交易秩序的特别需要,而作出的关于具有特定身份的民事主体有权代理他人为民事法律行为的规定。法定代理主要是为无行为能力人和限制行为能力人设定的。《中华人民共和国民法典》规定,无民事行为能力人、限制民事行为能力人的监护人是其法定代理人。

(3)指定代理。指定代理是指依据人民法院或者有关单位的指定行为而发生的代理,人民法院可以依法为那些因特殊原因不能亲自处理自己事务,又不能通过法定代理人或委托代理人处理其事务的公民指定代理人。如为失踪人指定财产代管人,为没有法定代理人或者其法定代理人互相推诿代理责任的无诉讼行为能力人指定诉讼代理人。在不能由法院指定代理人的情况下,应由依法对他的合法权益负有保护义务的单位为其指定代理人。

2. 房地产代理业务的分类

(1)按服务对象划分。根据服务对象的不同,房地产代理可分为卖方代理和买方代理。

1)房地产卖方代理。房地产卖方代理是指房地产经纪机构或房地产经纪人员受委托人委托,以委托人的名义出租、出售房地产的经纪行为。房地产卖方代理的委托人通常为房地产开发商、存量房的所有者或是出租房屋的业主。目前在我国房地产经纪业,卖方代理是最主要的代理业务。根据代理客体的不同,卖方代理又可分为商品房销售代理、房屋出租代理和二手房租售代理等类型。

2)房地产买方代理。房地产买方代理是指房地产经纪人员受委托人委托,以委托人名义承租、购买房地产的经纪行为。这种类型在房地产代理市场上比较少,多数是境外公司和个人在我国境内承租房屋的代理,近年来国内影响较大的"温州炒房团"的炒房现象,具有房地产买方代理的特点。

(2)按代理客体划分。根据代理客体不同,房地产代理可划分为商品房销售代理、房屋出租代理和二手房出售代理。

1)商品房销售代理。商品房销售代理是指房地产经纪机构或房地产经纪人员受房地产开发商的委托,按委托人的基本要求进行商品房销售并收取佣金的行为。房地产经纪机构或房地产经纪人员必须经房地产开发商委托,在委托范围内如价格浮动幅度、房屋交付使用日期等替开发商行使销售权。目前,商品房销售代理主要有独家代理、共同代理、参与代理3种形式。

2)房屋出租代理。房屋出租代理是指房地产经纪人员为房屋出租人代理出租房屋,促成出租者出租房屋成功而收取佣金的行为。房屋出租代理按房屋存在形式可分为现房出租代理、在建商品房预租代理、商品房先租后售代理等。

3）二手房出售代理。二手房出售代理是指房地产经纪人员受存量房屋所有权人委托，将其依法拥有的住房进行出售并收取佣金的行为。现实经纪活动中常称为二手房卖出代理。在存量房出售代理业务中，房屋置换的代理成为一种比较常见的房地产代理方式。

3.房地产滥用代理权的分类

滥用代理权是指代理人在行使代理权时，违背代理权的设定宗旨和行使代理权的基本准则，作出了有损被代理人利益的行为。由于滥用代理权的行为违背了诚实信用的原则，各国法律一般均予禁止。

（1）自己代理。自己代理是指代理人利用代理职权，以被代理人的名义与自己进行民事行为。除非被代理人在知晓真实情况后认为没有损害自己的合法权益，自己代理应是一种可撤销的民事法律行为。

（2）双方代理。同一代理人同时代理双方当事人进行同一民事行为。在双方代理的同一民事法律行为中，代理人既要为本人代理，又要为第三人代理，而代理人应当最大限度地维护委托人的利益，那么在双方代理中维护一方利益必然损害另一方的利益，因此应予以禁止。

（3）恶意通谋。代理人与第三人恶意串通，损害被代理人的利益的行为。

4.房地产代理业务的类型

由于房地产的价格及交易程序都比较复杂，而且房地产又具有不可移动的特点，因此，房地产交易中采用代理这种形式较为广泛。房地产经纪人员介入房地产交易的深度和广度是与商业社会的发展程度成正比的。

房地产代理业务有以下几种类型。

（1）总代理。总代理的形式是业主通常只与一个经纪人确定代理关系，但是，在这种代理形式下，业主仍然有权在合同期满之前，自己卖出该物业而不付佣金。

（2）一般代理。一般代理也叫开放性代理。这种代理形式业主可以同时雇佣多个房地产经纪人员，每个房地产经纪人员都有机会卖出该物业，并获得佣金，这种代理往往没有明确的雇佣期限，卖方有权随时终止他和房地产经纪人员的委托关系，由自己出售该物业而不付佣金。一般代理佣金只属于成功找到买主的房地产经纪人员，易造成新的房地产经纪人员取代原来的房地产经纪人员，造成市场秩序不稳定。

（3）独家代理。独家代理，这种代理形式规定只有合同确定的房地产经纪人员才有权出售该物业，其他任何人包括业主都不能超越该房地产经纪人员的权力。若该物业被其他人包括业主自己卖出，仍然只有独家代理人有权获得该佣金。也就是说，业主不能因为自己出售该物业而拒绝付佣金给独家代理人。这种代理表明业主对该房地产经纪人员充满信心，放手委托房地产经纪人员全权处理该物业的销售。房地产经纪人员则会尽最大努力，在尽可能短的时间内将该物业卖掉。

（4）信息联网委托代理。信息联网委托代理，就是组织愿意委托某房地产经纪人员销售的开发商组成商品房促销网，并与参与代理的房地产经纪人员进行联网，收益共享，通过网员单位与代理商的信息交流，加速促销渠道的流通。

（5）差额佣金代理。差额佣金代理允许房地产经纪人员获得的佣金为该房产的实际卖价与业主期望的卖价之间的差额。与其他代理形式所不同的是，几乎所有的佣金都是按房产的实际卖价的某个百分比来提取的。这种代理形式应用得并不广泛，因为业主感到不公平，认为房地产经纪人员可能会将该房产压到最低价而获取暴利。这种代理形式在委托合同签订时不能确定佣金的数量,成交后,业主都往往觉得他们收到的太少,而房地产经纪人员的佣金太多。

(6)选择性代理。选择性代理给了房地产经纪人员自己买入该物业或让顾客买入该物业的选择。这种代理形式比较适合于具有投资性质的买主,对买主来说,这种投资形式风险较小,买主在一定时间内就能转手出让得到回报或得到稳定的租金收入。房地产经纪人员可以自己先从业主手中将该物业买入,过一段时间再转卖给别的买主;也可以先由房地产经纪人员让买主把该物业买下来,并向其保证,过一段时间再帮他转卖给别人或保证出租给别人。

(7)风险包销代理。风险包销代理是保证在一定的时间内,销售一定的数量。如果在规定的时间内销售不到规定的数量或有剩余,则风险包销就转化为购买。这种代理形式只规定在一定时间内包销的数量而不包底价。由于这种代理形式风险大,因此,佣金提取的比例也大些。

三、房地产代理业务的基本流程

1.房地产代理业务开拓

目前,房地产业发展迅速,房地产市场逐步完善,房地产经纪行业也取得了较快的发展,房地产代理业务的类型和范围得到了拓展。业务量和客户量是房地产经纪机构生存、发展的关键,也是房地产代理业务开展的前提。

房地产代理业务开拓的关键是争取客户。要想赢得客户,最重要的是要切实为客户提供高质量的代理服务,合理收取佣金,认真履行合同,促成代理成功,以诚信获得顾客信任。从长远来看,房地产经纪机构必须重视自身的品牌战略,以良好的企业品牌来吸引和稳定客户群,这是业务开拓的根本途径。

房地产经纪机构在房地产代理业务开拓过程中需收集大量的信息资料,并对信息进行加工处理,找出有价值的信息,进行整理归档。对信息资料中潜在客户的需求作出合理的分析,制定相应的解决方案,为获取客户奠定基础。

知识链接

影响代理项目的决定因素

影响代理项目的决定因素有:

(1)加强机构自身建设,形成规范有效的工作流程,组建优秀的代理团队,培养优秀的代理人才;

(2)尽力做好每一项代理业务,树立标志性项目的示范作用,建立项目品牌;

(3)加强本机构及优秀项目的对外宣传,经常参加本区域内的学术研讨活动,利用各种活动树立本机构人员及机构形象;

(4)开展各种公关联谊活动;

(5)充分利用网络,可以自建网站或杂志,建立有效的信息传递平台;

(6)发挥机构特长,经常性地为开发企业做一些力所能及的免费服务。

2. 房地产代理业务洽谈

首先，充分了解客户意图与要求，向客户询问拟代理项目的相关情况，索要相关资料。同时要衡量自身接受委托、完成任务的能力。

其次，要查清委托人是否对委托事务具备相应的权利，要查验委托人的有关证件，如个人身份证、公司营业执照等，并查清委托房地产的产权证、工程规划许可证、施工许可证、预售许可证等相关资料。此外，要了解委托人的主体资格、生产经营状况及信誉。

再次，要向客户告知房地产经纪机构的名称、资格、代理业务优势以及按房地产经纪执业规范必须告知的其他事项。

最后，就经纪方式、佣金标准、服务标准以及拟采用的代理合同文本内容等关键事项与客户进行协商，达成委托意向。

3. 房地产查验

（1）环境状况。环境状况包括标的房地产相邻的物业类型、周边的交通、绿地、生活设施、自然景观、污染情况等。

（2）委托房地产的物质状况。委托房地产的物质状况包括所处地块的具体位置和形状、朝向、房屋建筑的结构、设备、装修情况、房屋建筑的成新等。

（3）委托房地产的权属情况。

1）权属的类别与范围。在房地产代理业务中，一般被代理的房地产都是所有权，在存量房出售代理业务中，一定要搞清楚标的房地产是所有权房还是使用权房。如果是所有权房，要注意如果房地产权属归两人或两人以上所有，该房地产即为共有房地产。对共有房地产的转让和交易，须得到其他共有人的书面同意。

2）房地产他项权设定情况。即是否设定抵押权、租赁权？如果有，权利人是谁？期限如何确定？诸如此类的情况，对标的房地产的交易难易、价格、手续均会产生重大影响，必须事先搞清楚。

4. 现场看房

在客户已有明确的购房意向后，就可以带客户到现场看房。看房时，代理人可以要求客户在售楼现场进行看房登记。然后，由代理人带客户进入现场看房。客户自己也可以直接去现场看房，客户也应在售楼现场登记并支付一定的看房费或钥匙押金。进行看房登记，代理人一方面可以统计客户对各类房屋的需求情况，另一方面也可以让业主了解物业的销售情况，为以后支付佣金提供依据。

5. 签订房地产代理合同

为保护自身权益，避免纠纷发生，房地产经纪机构在接受客户委托，正式受理委托业务后，应与客户签订书面的房地产代理合同。房地产代理合同中应注明委托代理项目和内容、委托代理条件和服务标准、委托时间、服务佣金及支付方式等。签订的代理合同应交至当地房地产登记机关进行合同备案登记。

6. 收取佣金

房地产经纪机构或房地产经纪人员在完成代理业务后，应及时与委托人或交易双方进行佣金结算，佣金金额和结算方式应按房地产代理合同的约定来确定。

7. 售后服务

售后服务是房地产经纪机构提高服务，积攒老客户的重要环节。售后服务主要包括延伸服务、改进服务及跟踪服务。

四、房地产代理合同

房地产代理合同指房地产经纪人员在委托人授权范围内,以委托人名义与第三者进行房地产交易,由委托人支付酬金的合同。

1. 房地产代理合同的分类

不同的房地产代理业务,对应不同的房地产代理合同。

按照代理主体对象的不同,房地产代理合同分为房地产买方代理合同与房地产卖方代理合同。

按照代理客体不同,房地产代理合同分为商品房代理合同、商铺代理合同、二手房代理合同等。

根据代理业务客体交易形式的不同,房地产代理合同分为代理合同、租赁代理合同、抵押代理合同、置换代理合同、房地产权属登记代理合同等形式。

2. 房地产代理合同的特征

(1)房地产代理合同的订立以委托人和房地产经纪人员之间的相互信任为前提。委托人之所以选定房地产经纪机构为其处理房地产买卖、租赁等事务,相信房地产经纪人员能以处理好委托的事宜为基本出发点。而房地产机构之所以接受委托,也是出于愿意为委托人服务,有能够完成受托事务的自信,这也是基于对委托人的了解和信任。

(2)房地产代理合同是以房地产经纪人员为委托人办理委托事务为目的的合同。房地产代理合同的目的是处理委托人的事务,是一种典型的提供服务的合同,合同订立后,房地产经纪人员在委托的权限内所施的行为,等同于委托人自己的行为,房地产经纪人员办理房地产代理业务的费用由委托人承担。

(3)房地产代理合同是诺成合同、有偿合同及不要式合同。房地产代理合同的当事人双方意思表示一致时,合同即告成立,无须以当事人的履行行为作为合同成立的条件。因此,房地产代理合同为诺成合同而非实践合同。房地产代理合同需要房地产经纪人员完成代理任务,委托人按照委托代理合同约定,给付佣金,因此是有偿合同而不是无偿合同。房地产代理合同原则上是不要式合同,在实践中,房地产经纪人员也往往和代理人口头议定委托事宜,但为避免以后的合同纠纷,一般房地产代理合同都要签订书面协议。

3. 房地产代理合同的主要条款

由于房地产代理合同所涉及内容较为复杂,个案差异较大,房地产代理合同的内容根据当事人不同需要由当事人具体约定,尽管在内容上有所变化,但一般包括如下主要条款。

(1)当事人名称和住所。当事人是合同的主体,没有主体,合同就不成立。主体不明确,其权利、义务关系就无法明确。房地产权利人的主体与委托房地产经纪人员提供劳务服务的经纪合同的主体是有一定区别的。房地产权利人可以是有民事行为能力的成年人,也可以是无民事行为能力的未成年人和成年人。当然,无民事行为能力的房地产权利人应经其法定监护人或法定代理人代理才能与房地产经纪机构签订房地产代理合同。因此,订立房地产代理合同时,应当明确主体关系,使合同履行具备法律效力。明确双方单位名称、责任人名称、自然状况及身份证明。

(2)服务事项与服务标准。这一条款是表明房地产经纪人员的服务能力和服务质量的条款,也是体现房地产经纪人员能否促使合同得以履行的主要条款。服务的事项和标准应当明确,不明确是难以保证合同得到正常履行的,这是必须明示的条款。由于劳务活动的不确定性,该条款在合同的履行过程经常会受到委托人的争议,或在进行中协商、补充,使房地产代理合同的内容得到调整。

(3) 代理房地产标的物的基本状况。合同的标的是合同法律关系的客体。没有标的,合同的权利、义务就失去目的,当事人之间就无法建立合同关系。合同的条款中应当清楚、明确标明合同的客体。在房地产代理合同中对标的(即房地产)的描述应当清楚、明了,并明示主客体关系(即当事人与标的的关系)的各项内容。

(4) 劳动报酬或酬金。酬金是完成服务的价款,也是提供劳务服务的代价。房地产代理合同是有偿合同,酬金及酬金的标准是房地产代理合同的主要条款,也属于房地产代理合同的明示条款。

(5) 合同的履行期限、地点和方式。履行期限直接关系到合同义务完成的时间,同时也是确定违约与否的因素之一。一般当事人应当在房地产代理合同中予以约定,履行的地点和履行的方式也应当在房地产代理合同中予以明确。

(6) 违约责任。违约责任是当事人违反合同约定时应承担的法律责任。违约责任条款有利于督促当事人履行合同义务,保护守约方的利益。房地产代理合同条款中应当明确违约责任。房地产代理合同中没有约定违约责任的,并不意味违约方不承担违约责任。违约方未依法被免除责任的,守约方仍然可以依法追究其违约责任。

(7) 解决争议的方式。争议的解决方式是当事人解决合同纠纷的手段和途径。当事人应当在房地产代理合同中明确选择解决房地产代理合同争议或纠纷的具体途径,如通过仲裁或诉讼。当事人没有作明确的选择,则应通过诉讼解决房地产代理合同纠纷。

(8) 其他补充条款。当事人认为还应该特别约定的除上述条款以外的条款。

知识链接

销售代理合同的注意事项

房地产销售代理是房地产经纪机构一项主营代理业务。签订销售代理合同应注意以下几点。

1. 商品房销售代理合同的注意事项

(1) 关于售房宣传广告的约定。开发商选择商品房代销的,那么商品房的广告宣传是由房地产经纪机构负责的,但如果房地产经纪机构在对外广告宣传中,弄虚作假,买受人因相信虚假广告内容而签订合同从而引起索赔纠纷,开发商作为被代理人也是应承担责任的。所以,于售房宣传广告方案的最终确定权应在合同中明确约定归属于开发商,而且对于开发商确认的方式及代理商违约发布广告应承担的责任等内容也应具体、明确地体现在合同当中。

(2) 代理方式的选择。房地产销售代理方式按委托人对代理人授权的大小,可分为一般代理、独家代理和包销。在签订销售代理合同时,不同的代理方式,双方承担的风险责任也不同,这需要在拟订合同的时候,根据实际项目情况、商谈结果,将选定的代理方式以书面的形式表述清楚。

(3) 奖惩条款的设定。为了有力地促进销售代理工作,房地产代理合同中应设有奖励条款,即如果房地产经纪机构提前售完所代销的物业,应该给予一定的奖励。如根据提前的时间,设立不同的奖励标准。同时应在房地产代理合同中增加惩罚条款,如果房地产经纪机构没有售完约定的物业,开发商有权按比例减少房地产经纪机构的佣金。

(4)代理的期限及代销的任务。房地产经纪机构的代理不可能是无期限地售完为止,因此,开发商与房地产经纪机构签订的销售代理合同的主要条款之一便是确定销售时间,同时,还要在合同中明确具体时间内的销售数额是多少,即明确具体的代销任务,销售任务可以以平方米计算,也可以以套或幢计算,不管采用哪种计量方式,都要明确规定在某一具体的时间售出具体数额的房产。

2.二手房代理合同的注意事项

(1)二手房买方代理合同。在二手房产买方代理业务中,房地产经纪人员应为委托人买到最低价格的房地产,或者是在预定的价格下,买到最好的房地产。然而由于对房地产质量、功能方面的评判标准不可能完全统一,因此,在二手房买方代理合同中,如果能约定房地产经纪人员应提供的备选房源数量,则可相应减少经纪纠纷。此外,在二手房买方代理业务中,由于客户有特定的要求,佣金的标准不能等同于一般二手房卖方代理合同标准,可在合同中应特别约定。

(2)二手房卖方代理合同。在二手房卖方代理业务中,房地产经纪人员的基本义务是实现标的物业的最高出售价格。但是由于价格越高,出售的难度也越大,因此在二手房卖方代理合同中,对出售价格的底线以及委托代理期限进行约定是较为明智的做法。

(3)明确房屋的权属。在二手房代理活动中,最重要的问题就是明确房屋的权属,未办理产权或产权不明确的房屋都会引起纠纷,因此在代理合同签订前,一定要明确房屋的权属,避免发生不必要的纠纷。

为规范二手房代理行为,一些城市的政府还专门制定了房地产代理合同的示范文本,房地产经纪机构和委托人可以参考。

经纪故事

2008年8月的全国楼市低迷,市场观望气氛异常浓厚。然后金九银十时期,杭州销售代理业却恍若进入了春天,如花般粲然绽放。

据分析,这一轮销售代理热,首先源于一批外来品牌开发商的进驻。自2004年开始,以中海、华润新鸿基、复地、嘉里、凯德、万科、保利、金地、上海世茂、北京金隅、南京朗诗等为代表的一批外来品牌开发商,开始全面进入杭州市场。它们给杭州楼市带来了许多新的操作理念和开发模式,而销售交给专业的公司来代理,便是其中的新理念之一。

虽然这些外来品牌开发商都是采用销售代理的模式,但方式却各有不同。比如万科邀请易居中国、同策、新联康等专业公司来做代理,嘉里和复地携手上海策源,华润新鸿基联合戴德梁行,保利、天鸿等外来品牌开发商,也实行由营销公司代理销售的模式。还有些开发商完全采用本地的营销代理公司,如汉嘉地产顾问机构、杭州双赢营销机构等。

据了解,外地项目的销售代理佣金,基本为1.5%～3%,而杭州因为房价相对较高,代理佣金基本为1%左右。据了解,佣金水平跟物业类型也不无关系,比如擅长卖住宅的公司比较多,住宅领域的拼杀就会比较激烈,佣金水平也会相对较低,而商铺、写字楼等的佣金就相对高一些。公司的销售队伍,有些是开发商和代理公司的销售队伍并存,开发商和代理公司在每个节点上联合进行策略制定,代理公司主要负责具体执行,而决策权基本上掌握在开发商手里。

任务三 房地产行纪业务

课堂思考

您知道房地产行纪业务与其他业务的区别吗?

一、房地产行纪的含义

房地产行纪是指房地产经纪人员受委托人的委托,以自己的名义代他人购房、从事房地产流通活动,与第三者进行交易,并取得报酬的法律行为。房地产行纪须签订行纪合同,其中房地产经纪机构以自己名义为他方办理房地产业务者,为房地产行纪人;由房地产行纪人为之办理房地产业务,并支付报酬者,为委托人。

目前,房地产经纪机构进行的活动还是以房屋销售代理、房屋居间服务为主,专门的房地产行纪还没有完全在我国形成,但也有了类似房地产行纪活动的出现。如房地产经纪机构收购开发商的空置商品房,在未将产权过户到自己名下的情况下,以自己的名义向市场销售。

二、房地产行纪的特征

1. 房地产行纪活动的主体限定性

在我国,房地产行纪合同的委托人可以是公民,也可以是法人,没有过多的限制。但房地产行纪人只能是经批准经营房地产行纪业务的法人或公民,未经法定手续批准或核准经营房地产行纪业务的法人和公民不能成为房地产行纪活动的行纪人,即房地产行纪人的主体资格受到限制。

2. 房地产行纪标的特性

房地产行纪活动是由房地产行纪人为房地产委托人提供服务的过程,这种服务不是一般的劳务,而是须与第三人发生法律行为。该法律行为的实施才是房地产委托人与行纪人订立房地产经纪合同的目的所在,该法律行为就是房地产行纪合同的标的。

3. 房地产行纪人为委托人的利益办理房地产服务

房地产行纪合同虽与第三人直接发生法律关系,但因该关系所产生的权利、义务最终应归于委托人承受,因此,房地产行纪人与第三人发生法律行为时,应充分考虑到委托人的利益,并将其结果归属于委托人。房地产行纪人为委托人所购买房屋、出售房屋或委托人交给房地产行纪人的房价款或房地产经纪人出卖所得房价,虽在房地产经纪人的支配之下,但其所有权归委托人。这些财产和权利若非房地产行纪人原因而发生毁损、灭失,该风险也由房

模块三　房地产经纪业务

地产委托人承担。

4. 房地产行纪人以自己的名义为委托人办理业务

房地产行纪人在办理行纪业务时,不是以委托人的名义办理委托事务,而须以自己的名义来为委托人办理房产买卖以及其他委托交易活动。房地产行纪人在与第三人实施法律行为时,房地产行纪人自己即为权利、义务主体,享有和承担相应的法律责任。第三人也无须知道房地产委托人是何人,即使房地产委托人有误解、被欺诈、被胁迫等事由,也不能够成为其行为可以撤销或者无效的原因。这一特征是房地产行纪与房地产居间、代理的明显区别。

5. 房地产行纪为有偿服务

房地产行纪人负有为他方办理房屋买卖或其他交易的义务,而委托人应向房地产行纪人的活动支付一定手续费及其他必要的费用。这也体现了房地产经纪的特征。

三、房地产行纪人的权利和义务

房地产行纪人,是指从事房地产行纪活动的经纪人员。

1. 房地产行纪人的权利

(1)房地产行纪人有权依据有关法律规定或者约定,要求得到报酬和手续费等。

(2)房地产行纪人实施行纪行为时,以自己的名义而非以委托人名义介入买卖活动,这被称为房地产行纪人的介入权。

(3)当委托人无故拒绝受领房地产行纪人依其指示所购房屋并拒付报酬、费用时,经过催告后,房地产行纪人有权将房屋留置。

2. 房地产行纪的义务

(1)遵从委托人指示的义务。

(2)房地产行纪人占有委托物的,应当妥善保管委托房产的义务。

(3)及时报告的义务。法律规定的有效期限是不管每月天数的不同的。权利人在设定合同的期限时应该考虑到每月天数不同,有28、29、30、31天的情况。有效期包括休息日。但是当到期日是休息日时,就会涉及推迟至工作日的情况。

知识链接

房地产行纪与其他业务的区别

1. 房地产行纪与房地产信托的区别

房地产信托实质上是一种管理财产的法律关系,在此项关系中,一人拥有房屋财产所有权,同时负有为另一方利益使用该房屋财产的义务,该房屋财产称为信托财产。成立房地产信托有房屋财产授予人(信托人)、受托人和信托受益人三方主体。

房地产行纪关系与房地产信托关系的区别如下。

(1)房地产行纪关系属于合同关系,房地产信托关系属于房屋财产管理关系,类似于用益物权管理。

(2)房地产行纪合同只有房地产委托人、房地产行纪人双方,而房地产信托有房地产信托人、受托人和信托受益人三方当事人。

(3)房地产行纪不以房屋财产交付为成立要件,而其委托人的房屋财产所得利益归委托人享有,而房地产信托以房屋财产交付给受托人为成立要件,且取得房屋财产所生利益的是受益人,而非房屋财产授予人。

2.房地产行纪与房地产代理的区别

房地产行纪与房地产代理都是发生于三方当事人之间的关系,并且都是为他人活动,这是两者相似的地方。不同之处,房地产代理行为在交易时,房地产经纪人员以被代理人名义与第三方交易,交易活动中的法律责任、经济风险由委托人承担;而房地产行纪行为,交易时房地产经纪人员以自己的名义与第三方交易,交易活动中的法律责任、经济风险由房地产行纪人自己承担,委托人并无直接权利义务关系。

3.房地产行纪与房地产居间的区别

房地产居间中,房地产经纪机构不直接进行交易,所以基本上不承担交易行为的经济风险。而在房地产行纪活动中,房地产经纪机构为交易的一方,参与房地产交易较深,这其中潜在的巨大经济风险完全由房地产经纪机构承担。房地产行纪合同与居间合同的区别如下:

(1)"介入"不同。房地产行纪人在一定条件下有介入权,房地产居间人在特定情形下承担介入义务。房地产行纪人接受委托时,除委托人有反对的意思表示外,房地产行纪人享有自己作为出卖人或买受人的权利。在房地产居间活动中,如果委托人一方或双方指定房地产居间人不得将其姓名、商号、名称告知对方,房地产居间人根据诚实信用原则有保密义务,由此房地产居间人产生为委托人隐名的义务,这种居间称为隐名居间。只有在保护隐名委托人利益的前提下才有房地产居间人的介入义务,而不存在房地产居间人基于特定情形主张介入的权利。

(2)合同的标的不同。房地产行纪合同中房地产行纪人为委托人提供的服务不是一般的劳务,而是房地产行纪人与第三人发生法律关系,为一定的法律行为,该法律行为的实施是委托人与房地产行纪人订立行纪合同的目的所在,故行纪合同的标的是房地产行纪人为委托人进行一定的法律行为。房地产居间合同的标的是房地产居间人为委托人进行一定的事实行为,房地产居间人为委托人提供特定的劳务即报告订约机会或提供订立合同的媒介服务,房地产居间人所办理的事务本身并不具有法律意义,而行纪合同中房地产行纪人受托的事务是法律行为,这正是行纪合同与居间合同本质上的区别。

(3)取得报酬的时间不同。房地产行纪合同中,房地产行纪人与第三人订立了合同,该合同得到了履行,房地产行纪人将第三人履行的标的房地产移交给委托人,房地产行纪人有权要求委托人依合同约定或交易习惯给付报酬,即房地产行纪人取得报酬的时间是房地产行纪人与第三人的合同得到履行且履行的标的物交付给委托人时。房地产居间合同中,房地产居间人履行了居间义务,报告居间的情况下房地产居间人有权向委托人主张报酬,媒介居间的情况下房地产居间人的报酬应由订立合同的双方当事人负担,房地产居间人取得报酬的时间是房地产居间人促成委托人与第三人订立合同时,并不要求合同得到了履行。

(4)必要费用的负担不同。房地产行纪人处理委托事务支出的费用由房地产行纪人负担。与此相反,房地产居间人未促成合同成立的,不得请求支付报酬,但可以要求委托人支付从事居间活动支出的必要费用。

(5)与第三人的关系不同。房地产行纪人与第三人的合同关系相对于行纪合同本身来说是外部法律关系,房地产行纪人与第三人的合同关系只能发生在房地产行纪人和第三人之间,尽管房地产行纪人与第三人之间的法律关系所产生的权利义务最终归属于委托人,房地产行纪人与第三人订立合同也应充分考虑委托人的利益,但是委托人对房地产行纪人和第三人之间的合同无权干涉,房地产行纪人对合同直接享有权利和承担义务。房地产居间合同中,房地产居间人并不参与委托人与第三人的合同关系,其在交易中仅是一个中介人,既不为交易的当事人一方或其代理人,也不直接参与交易双方的谈判,在决定交易双方的权利义务内容上并不体现房地产居间人的意见,合同的权利、义务在委托人与第三人之间设定、产生,房地产居间人没有将处理事务的后果移交给委托人和向委托人汇报所为行为的始末经过的义务。但是房地产居间人违反该义务,故意提供虚假情况,致使委托人利益受到损害的应承担损害赔偿责任。

四、房地产行纪合同

房地产行纪合同是房地产行纪人受委托人的委托,根据委托人的要求,以自己的名义为委托人从事房地产买卖等交易活动,并收取酬金的协议。

1. 房地产行纪合同中当事人之间的关系

(1)房地产行纪人与第三人的关系。房地产行纪人与第三人进行房地产交易时,以自己的名义实施,因此第三人通常不知委托人是谁。房地产行纪人和相对人是房地产交易的双方当事人,房地产行纪人对该交易直接享有权利、义务。第三人不履行义务致使委托人受到损害的,房地产行纪人应当承担损害赔偿责任。房地产行纪人可以有权对该第三人提出损害赔偿权,但房地产行纪人与委托人另有约定的除外。

(2)房地产委托人与第三人的关系。房地产委托人与第三人不发生任何直接关系,从而当行纪人没有将基于房地产交易行为所产生的权利转交给委托人时,委托人不得对第三人主张权利。

(3)房地产行纪人与委托人的关系。房地产行纪人所办理的业务,是委托人所委托处理的事务,它与委托人的关系是委托关系,适用委托合同或委托法律关系的规定。房地产委托人对于房地产行纪人并未授予代理权,因房地产行纪所实施的买卖及其他交易,只是以自己的名义所为,对于委托人不能直接发生效力。等到房地产交易事务处理完毕后,房地产行纪人才将房地产买卖办理的结果转移给委托人。另外,房地产行纪人卖出或者买入房地产商品,除委托人有相反的意思表示外,房地产行纪人自己可以作为买受人或者出卖人。

2. 房地产行纪合同的特征

(1)房地产行纪人受托出售或者购入的房地产归委托人所有。无论是委托人交给房地产行纪人的出售房地产,或者是房地产行纪人为委托人购入的房地产,其所有权均归属于委托人,风险责任也由委托人承担。

(2)房地产行纪人以自己的名义为委托人处理委托事务。房地产行纪人在与第三人进行的房地产交易行为中,是直接以自己的名义进行的,并不需要说明自己是受人之托,第三人也无须知道委托人是谁、信用如何。房地产行纪人处理委托事务所产生的法律后果均由其自己

承担,并不对委托人产权法律效力。这一特征是其与代理的区别,代理人与第三人所为的民事法律行为是以被代理人的名义进行的,其直接后果亦归被代理人承担。

(3)房地产行纪合同主体的限定性。在我国,房地产行纪合同的委托人可以是自然人,也可以是法人或其他组织,并无太多限制。但房地产行纪人只能是经批准经营行纪业务的法人或其他组织,未经法定手续批准或核准经营房地产行纪业务的法人和其他组织不得经营房地产行纪业务,不能成为房地产行纪合同的房地产行纪人,这表明房地产行纪人的主体资格要受到限制。

(4)房地产行纪合同为诺成合同、有偿合同、双务合同。房地产行纪合同自当事人达成协议时成立,房地产行纪人为委托人处理事务均收取报酬,委托人和房地产行纪人在合同中均负有义务,故行纪合同为诺成合同、有偿合同、双务合同。

3. 房地产行纪合同的内容

(1)房地产委托人的主要义务。

1)支付报酬的义务。房地产委托人最基本的义务就是支付报酬。报酬数额,一般由房地产行纪合同事先约定。房地产行纪人完成或者部分完成委托房地产交易时,委托人应当向其支付相应的报酬。

2)支付费用的义务。房地产行纪费用一般由房地产行纪人负担。但如约定由房地产委托人承担的,委托人应按约定支付费用。

(2)房地产行经纪人的主要义务。

1)办理房地产行纪业务的义务。房地产行纪人在办理房地产行纪业务时,应选择对房地产委托人最有利的条件,并应亲自办理,尽房地产行纪人应尽的义务。

2)报告义务。房地产行纪人应定期或在特殊情况下,及时报告委托人销售数量、销售进度、销售难点、销售价格变化等义务。

3)转移房地产受益的义务。房地产行纪人应将行纪业务取得的收益及时转交给委托人。

4)保管义务。受委托的房地产行纪人应当妥善保管寄售或购进的房地产,以免房地产损坏、灭失。只有不可归责于房地产行纪人的事由发生,房地产行纪人才能免责。

5)遵从委托人指示的义务。房地产经纪人低于委托人指定的价格卖出或高于委托人指定的价格买入的,应当经委托人同意。未经委托人同意,房地产行纪人补偿其差额的,该房地产买卖对委托人发生效力。房地产行纪人高于委托人指定的房地产价格卖出或低于委托人指定的房地产价格买入的,可以按照约定增加报酬。没有约定或约定不明确的,当事人可事后协商。房地产委托人对房地产价格有特别指示的,房地产行纪人不得违背该指示卖出或者买入。

任务四　房地产拍卖业务

课堂思考

您在生活中了解过房地产拍卖业务吗?

一、拍卖概述

1. 拍卖的概念

拍卖是指以公开竞价的形式,将特定的物品或者财产权利转让给最高应价者的买卖方式。拍卖的一个最基本原则就是"价高者得",买受人要以最高应价购得标的物。拍卖必须符合三个条件:一是有两个以上的买主,二是要有竞争,三是价高者得。

2. 拍卖的特征

(1)三方当事人。普通交易中当事人只有卖方和买方两方,而拍卖须有委托人、拍卖人和竞买人,三方缺一不可,并且拍卖只有一个卖主而拥有许多可能的买主,买主必须有两个以上,以便形成竞争。

(2)拍卖是一个公开竞争的过程。凡拍卖都是不同的买主在公开场合针对同一拍卖物品竞相出价争购,而倘若所有买主对任何拍卖物品均无意思表示,没有任何竞争行为发生,拍卖就将失去其意义。

(3)竞买人身份公开。拍卖方式交易中,竞买人必须向拍卖人公开其真实身份,参与竞买前必须出示身份证明及办理竞买手续。

3. 拍卖的分类

拍卖有很多种分类方式,其中按照拍卖报价方式的不同可以分为增价拍卖和减价拍卖两种。

(1)增价拍卖。它是一种价格上行的报价方式,即竞价由低至高,依次递增,直到以最高价格成交为止。增价拍卖根据竞买人报价方式不同,又可分为无声拍卖和有声拍卖。

(2)减价拍卖。它是一种价格下行的拍卖方式,即拍卖品的报价由高至低,依次递减,直到有人应价,即告成交。

4. 拍卖的程序

拍卖的程序主要分为委托、公告与展示、拍卖的操作、拍卖的佣金、价款结算和拍卖物交付等过程。

(1)拍卖的委托阶段。拍卖的委托也就是拍卖的提起,在这一阶段,拍卖人必须了解拍卖标的物的性质,初步了解拍卖标的物的权属情况并进行初步评估,对拍卖标的物进行看样鉴定,经与委托人协商后签订《委托拍卖协议书》。

(2)拍卖的公告与展示阶段。拍卖的公告与展示是一种法定行为,是举行拍卖会之前的一个重要环节,也是拍卖人进行招商、寻找竞买人的重要途径之一。此过程包括:拍卖的公告发布,对拍卖标的物的宣传,对竞买人的联络与咨询,以及拍卖标的物的展示。

(3)拍卖的操作过程。潜在的竞买人经过咨询和看样过程后,为明确表示其参加竞买的意愿,就必须进行竞买登记,从而成为真正意义上的竞买人。经交付保证金和领取竞价号牌后,依照公告规定的时间和地点参与竞价,当拍卖师落槌表示成交后,在诸多竞买人中就会产生出买受人。竞买人一旦成为买受人,就应与拍卖人签署《拍卖成交确认书》。

(4)拍卖的佣金。佣金结算与标的物的交割是拍卖的后期工作。拍卖的佣金结算包括：买受人的结算，除买受人外其他竞买人的结算，拍卖标的物的保管交付，委托人的结算，拍卖人的核算以及拍卖的总结和资料的管理归档。

(5)价款结算。拍卖人收到买受人的价款后，就应及时与委托人进行结算，将扣除委托手续费后的价款移交给委托人。对于有些标的物，拍卖人还应该要求委托人提供相关文件手续等，以利于买受人办理权属变更。

(6)拍卖物的交付。买受人在拍卖人规定的时间内支付全部货款和拍卖手续费后，拍卖人才可将拍卖标的物交给买受人，同时拍卖人应提供票据给买受人。

5. 拍卖的规则

(1)价高者得规则。指拍卖标的物应卖给出价最高的竞买人的成交规则。价高者得规则是为买方的竞争而设定的，须在拍卖现场通过比较得出，比较的基础是买方的报价。买方只有在竞争中报价取胜，才能得到拍卖的标的，它体现了拍卖的竞争性。

(2)瑕疵请求权规则。指竞买人在参与竞买前或参与竞买时，有权知道他应该知道的拍品的缺陷，如果该缺陷因他人的过错被隐蔽了，他成为实际买受人时就可以为自己所受到的欺骗和损失主张权利。瑕疵请求权是针对拍卖人和委托人的，除他们有正当理由对抗瑕疵请求权外，必须按谁知晓，谁负责承担责任，而且拍卖人有先行负责的义务。

(3)保留价规则。保留价指拍卖人可以据以确认拍卖成交的最低价格。在有保留价的拍卖中，委托人和拍卖人须事先商定保留价，保留价以具体的价格表示。保留价一经确定，不得随意改变。保留价规则保证拍卖标的物有保留价的，竞买人的最高应价未达到保留价时，该应价不发生效力，拍卖师应当停止拍卖。

(4)禁止参与竞买规则。此规则包含两方面含义，一是禁止拍卖人参与竞买，另一方面禁止委托人参与竞买。

二、房地产拍卖的概念与特征

1. 房地产拍卖的概念

房地产拍卖指通过公开竞价的方式将房地产标的物卖给最高出价者的交易行为。房地产拍卖也要遵循"价高者得"的基本原则，买受人以最高价购得拍卖的房地产标的物。

2. 房地产拍卖的特征

(1)房地产拍卖实行"价高者得"的原则。房地产买卖、租赁等交易行为是在交易双方之间寻求一个双方都满意、可以接受的价格，这个价格不一定是交易行为发生的最高价格。但房地产拍卖的价格是特定场合下发生交易的一个最高价格，这个价格是众多买受人竞拍产生的最高价格。

(2)房地产拍卖法律性、政策性强。同其他房地产经纪活动相比，房地产拍卖的专业性强，涉及拍卖和房地产两方面的内容，特别需要法律、法规的规范，政策性很强。国家实行拍卖师资格考核制度，从事房地产拍卖的拍卖人必须取得拍卖师资格证书方可从事拍卖行业。房地产经纪人员从事房地产拍卖时，必须对房地产拍卖的前期工作认真调查，根据国家的法律、法规和规章,尤其是拍卖方面的法律、法规,理顺各方面关系,使得房地产拍卖顺利进行。

(3)房地产拍卖数量多、价值高。由于房地产的位置固定、价值大,在经济活动中能够经常被用作抵押或债务偿还物品,因此,在各种拍卖活动中,房地产拍卖在金额和数量上都占有较大的份额。

(4)房地产拍卖的过程烦琐、后续工作多。与其他交易行为相比,房地产拍卖过程烦琐、复杂,所要花费的时间往往较长。这是因为房地产拍卖的前期准备、拍卖过程、后续工作涉及诸多部门,又受房地产和拍卖相关的众多法律、法规的制约。拍卖师必须理清这些烦琐复杂的关系,做许多细致周到的工作。

三、房地产拍卖业务的主要来源

房地产拍卖委托人的身份是多层面的,根据委托方的属性,主要有以下几方面。

1. 法院委托拍卖的查封抵债房地产

这类房地产是申请执行人因债务纠纷向法院提起诉讼,要求依法追讨被欠债务。法院依法做出判决,将与被执行人有权属关系的房地产委托拍卖抵债。目前,房地产拍卖以此种方式居多。

2. 政府部门委托拍卖的房地产

土地管理部门需要对国有土地使用权进行拍卖时,可委托拍卖人进行土地一级市场的出让拍卖。税务、公安、检察院、工商、海关等具有执法职能的政府机构,在其业务管辖范围内,对一些抵税房地产、抵债房地产可以委托拍卖行依法进行拍卖处置。

3. 债权人委托拍卖的抵押房地产

当债务到期,房地产抵押人没有能力偿还债务时,抵押权人有权将抵押房地产折价或拍卖处理,优先获得债权。选择拍卖方式,可以尽快收回抵押权人的债权。

4. 自然人委托拍卖其拥有的合法房地产

目前,我国房屋自有化率已经达到87%以上,因此房屋的所有权人可以充分享有物权,根据自己的意愿开展相关经济活动,根据需要委托拍卖行拍卖自己的房屋。

5. 公司或其他组织委托拍卖其所拥有的合法房地产

有些公司或其他组织由于经营活动,需要进行企业兼并、分立、债务清偿、破产清算等经济活动,需要委托拍卖行拍卖其名下的厂房、写字楼等物业。

四、房地产拍卖的程序

1. 接受拍卖委托

在这一阶段,委托人将有意要拍卖的房地产明确委托给拍卖行,双方签订委托拍卖协议,对委托拍卖达成基本意向。委托人在委托时一般要向拍卖行提供房地产权证、身份证等相关证明文件。

2. 拍卖房地产标的调查与确认

拍卖行对委托人提供的房地产产权证明、有关文件、证明材料等进一步核实,必要时到相关政府部门调查取证及现场勘查。

主要核实以下内容。

(1)拍卖标的物与所提供的房地产权利证明是否一致;产权档案所标明产权人与产权证上产权人以及卖房人是否一致。

(2)产权来源是否清楚。

(3)房地产面积是否与房地产测绘部门出具的勘测报告一致。

(4)产权证中"他项权利"是否存在抵押权登记或租赁权登记等事项,查看房屋中是否有记录,查看抵押协议、抵押期限、他项权利注销情况是否与产权证一致。

(5)是否被司法机关和行政机关依法裁定,决定查封或以其他形式限制房地产权利的文件。

(6)是否有他人声明对该房地产享有权利的文件。

(7)是否有房地产权证丢失记录;现持产权证是原证还是新证;是否有登报声明。

(8)是否有关于产权纠纷的记录,处理情况如何。

(9)是否在拆迁范围,是否在被冻结和禁止买卖的范围内。

(10)土地来源和变更情况。

3. 接受委托、签订委托拍卖合同书

经调查确认后,拍卖行认为符合拍卖委托条件的,与委托人签订委托拍卖合同。委托拍卖必须符合《中华人民共和国拍卖法》的要求。委托拍卖合同中要对拟拍卖房地产的情况、拍卖费用、拍卖方式和期限、违约责任等加以明确。

4. 房地产估价及拍卖保留价确定

拍卖行对房地产市场进行调查和分析,必要时请专业的房地产估价人员对拍卖房地产进行价格评估,与委托方共同商谈,最后确定拍卖保留价和起拍价。

5. 发布拍卖公告,组织接待竞买人

拍卖行一般要在拍卖日前半个月至一个月前登报或通过电视媒体以公告形式发布拍卖房地产的信息,拍卖行要对公告的内容真实性负责。同时,组织接待竞买人,向竞买人提供资料,审查竞买人资格,收取保证金,完成竞买人登记。

6. 现场拍卖

若竞买的最高价超过底价,由拍卖师击槌成交,应价最高者即为买受人;拍卖行宣布全部价款后,办理产权过户手续,取得房地产权证。拍卖过程最终结束。

7. 产权过户

现场竞买成功后,买受人应立即支付成交价一定比例的款项作为定金,并在拍卖行协助下与委托人签订拍卖房地产转让合同书。买受人在支付全部价款后,凭转让合同书和相关证明文件到房地产登记机关办理产权过户手续,取得房地产权证,拍卖过程最终结束。

模块三　房地产经纪业务

经纪故事

2014年1月14日,绵阳市某商贸有限公司(以下简称商贸公司)与绵阳市一家建设有限公司(以下简称建设公司)签订了《建设工程施工协议》,约定建设公司承建商贸公司开发的项目,并交纳履约保证金300万元。协议签订后,建设公司按照约定向商贸公司交纳了履约保证金300万元。

2014年8月18日,项目建设工程正式开工,2016年11月22日该项目进行了预验收。商贸公司将该项目中的部分商品进行了预售,并于2016年12月底将所售房屋交付买受人使用。2017年6月,建设公司起诉至法院,要求商贸公司退还还没有归还的保证金150万元,并支付拖欠的工程款2 000余万元。经高新区人民法院审理并对事实清楚的部分先行判决,确定商贸公司应返还建设公司履约保证金150万元。判决生效后,被执行人商贸公司未主动履行义务,建设公司遂向法院申请强制执行。

案件执行中,高新区法院依法向商贸公司送达了相关法律文书。不过,通过随后的调查核实以及网络执行查控系统和实地调查,发现被执行人商贸公司银行存款余额仅几百元;也未查到其名下有车辆、股票、金融理财产品、收益类保险等财产信息。另一方面,通过调查房管、住建部门信息,发现被执行人名下的房产仅有房屋预售许可证号,尚未办理房屋初始登记,且开发商已经预售了大部分的房屋。为此,法院依法查封了被执行人名下的12套房屋。

房屋是查封了,但执行法官发现,整栋房屋的专项维修基金等费用尚未缴纳,如果立即启动对已查封房屋的司法拍卖程序,之后房屋产权过户登记将难以顺利进行。

考虑到既要保护申请执行人的合法权益,又要保障民营企业正常发展,同时兼顾其他购房业主因产权过户能否顺利办理而产生的信访维权问题,法院组织申请执行人与被执行人达成执行和解协议,采取"放水养鱼"的方式,双方均同意暂不拍卖已查封的房屋,约定由双方共同寻找购房买主,与买主签订购房合同后,要求买主将购房款或首付款转账至一个固定银行账户,同时按揭贷款的银行也将按揭尾款发放至该银行账户内,法院会预先冻结此账户,钱一旦到账,法院就将款项扣划至法院执行案款专户内,并发放给申请执行人。

同时,为保障被执行人的正常经营和发展,对被执行人的其他银行账户解除冻结。通过这种方式,商贸公司顺利卖出3套房屋,并将保证金150万元及迟延履行期间的资金利息全部支付给建设公司。

本案的顺利执结,充分体现了人民法院将切实保护民营企业健康发展的要求落实到具体案件中,在涉民营企业执行案件中既要加大执行力度,同时审慎采取执行措施,保障民营企业合法权益,维护了当地经济稳定发展,将购房业主群体可能因为不能顺利办理房屋产权登记而发生的信访事件消除在萌芽状态。

五、房地产拍卖的原则

在房地产拍卖活动中,应该遵守以下原则。

1. 价高者得原则

拍卖这种交易方式,竞争非常激烈,而竞争激烈的主要因素就是价格。这是拍卖与其他房地产经纪活动的主要区别。房地产拍卖的主要目的是通过拍卖最大限度地实现该房地产的价值。

2. 公开、公平、公正原则

拍卖必须遵循严格的程序和规则。这些程序中包括拍卖公告和对拍卖房地产的价格评估以及规定严格的叫价、举牌规则等,这样做都是为了保证交易的公开性和程序的公正性。为了切实保证拍卖活动的公平合理,《中华人民共和国拍卖法》规定拍卖人有权要求委托人说明拍卖物的来源和瑕疵,拍卖人也有义务向竞买人说明拍卖物的瑕疵。这一规定正是诚实守信原则的具体要求。为保证拍卖活动的公正性,法律还规定了拍卖操作中的回避制度,如规定拍卖人及其工作人员不得以竞买人的身份参与自己组织的拍卖活动,并不得委托他人代为竞买。拍卖人也不得在自己组织的拍卖活动中拍卖自己的物品或者财产权利。

3. 合法原则

房地产拍卖的合法原则体现在两个方面:一是拍卖程序合法;二是被拍卖的房地产合法。拍卖程序合法要求拍卖人在拍卖房地产时,应严格按照法律规定的程序办理拍卖委托手续,进行拍卖公告,并按照事先宣布的拍卖规则进行拍卖。要保证拍卖物合法要求拍卖人在接受拍卖委托时,应当要求委托人提供身份证明和该拍卖房地产的产权证明。如果是强制拍卖,应提交法院裁定或判决或有其他国家机关的行政裁定或决定。

知识链接

房地产拍卖时应注意的问题

房地产拍卖有其特殊性。拍卖前和拍卖后要牵涉诸多部门、单位,以及有关政策性的各种法规、法令等许多具体问题。因此,必须严谨、细致地核实或协助核实委托人提供的房地产所有权的有关证件资料。

在房地产拍卖时,应该确认以下信息。

(1)拍卖标的物是否重复查封。如果存在重复查封,各法院必须协调一致才可执行。通常对于抵押权人起诉和非抵押权人因为其他经济纠纷涉及的起诉的案子,以抵押为主;对于皆非抵押权人起诉的案子,按时间先后,谁先起诉,谁先受偿。

(2)拍卖标的物发生用途转换的房地产。如产权证为工业用途,按照实际商业用途拍卖时,为了保证拍卖成交后进行产权变更过户,补办规定的用途转换手续,必须进一步收集原始产权证办理过程的必要文件,如房屋平面图、地籍图、规划设计批文、建筑竣工图、上级主管部门批文等。

(3) 人民法院查封被执行人欠债的房地产，但被执行人拒不拿出其证件，故意表明已丢失。这时拍卖行必须对产权证来源做进一步取证，若可拍卖，在拍卖时除要向竞买人说明清楚外，在售后服务时，也应与买受人尽快办好产权过户手续。

(4) 共有人的房地产拍卖标的物，必须有共有人的书面同意、转让意见。同时，共有人享有优先购买权。

(5) 产权人为国有单位时，房地产拍卖需要取得上级部门的书面许可意见。

(6) 拍卖公告前签订租赁合同并到房产部门进行了登记，则应该将租赁行为告知买受人，将拍卖行为告知承租人。承租人享有优先购买权。

(7) 房屋的附属设施需要一并拍卖的，应在公告中说明并可一起拍卖；房屋分解的公共部分、公用设备同时转让的，其分摊办法按照国家和当地政府的有关规定办理。

(8) 按照房屋建筑设计为成套的房屋，一般不得分割拍卖。

(9) 拍卖标的的证件是否齐全。只有房屋所有权证但缺少土地使用权证应先确定向土地管理部门缴纳一定比例的土地出让金由谁承担，再补办土地使用权证后，才能办理房屋产权过户手续。类似情况在拍卖会前应详细向竞买人说清楚，并在有关拍卖资料上注明，以免口说无凭，造成拍卖失误。

(10) 拍卖资料的文字和数字要恰当和准确。如房屋结构，是砖混结构就不能想当然写成框架结构。所印制的资料上的面积数量应与产权证相符，避免出现同一标的物不同面积而产生的异议。

(11) 房屋已拍卖，买受人交款要房而被执行人占着不搬迁的，作为拍卖行无能为力，有时法院一时也难以处理。因此，只有尽量要求委托人把被执行人的有关人员迁出该房屋，才可进行拍卖，以免售后产生不必要的麻烦。

任务五　房地产咨询服务业务

课堂思考

您知道房地产咨询业务包括哪些吗？怎么收费呢？

一、房地产咨询的概念

房地产咨询是在房地产开发及流通过程中，为客户提供信息、建议、策划、可行性研究等各种智能服务的活动。房地产咨询可以为房地产投资者提供包括法律咨询、政策咨询、决策咨询、工程咨询、造价咨询、经营管理咨询在内的各种咨询服务，也可为房地产市场交易行为中的客户提供信息咨询、技术咨询、价格咨询等服务。

模块三 房地产经纪业务

二、房地产咨询的特点

1. 内容和对象的广泛性

房地产咨询的内容包括房地产经营开发的一切环节与事务,如房地产投资、房地产综合开发、房地产价格评估、房地产政策法规、房地产科技、房地产经营管理技术、房地产金融、房地产纠纷仲裁等。而咨询服务的对象包括单位、企业、个人、行业内或行业外、国内或国外的客户,只要涉及房地产方面的,一概为其服务。

2. 科学性

房地产经纪人员协助开发企业进行产品定位、价格定位、形象定位等活动,都是为开发企业做好项目、收回投资、获得应有利润的服务。面对激烈的房地产竞争市场,消费者越来越理智,开发环境越来越复杂,风险日渐增加,只有用科学的思想、理论、方法和手段才能更好地实现开发的预定目标。

3. 服务性

房地产咨询具有服务性,是从它的业务性质方面定性的。房地产咨询是以房地产开发的过程为线索,房地产经纪公司主要帮助开发企业进行地块研究、市场研究、项目可行性研究、前期策划、施工阶段的监督、销售出租阶段的价格策划、促销策划等。房地产经纪机构既不直接进行设计,也不直接进行施工;既不向建设单位承包造价,也不参与开发商的利益分成。在开发过程中,房地产经纪人员只是利用自己的知识、技能和经验、信息为开发单位提供管理服务。

4. 形式的多样性

房地产咨询的形式多种多样,房地产经纪公司可根据客户的具体要求采取合适的形式。现代咨询的服务方式基本可分为以下 3 类。

(1)直答式服务方式。客户提出需要咨询的问题,由房地产经纪机构的专业咨询专家(或专业人员)给予口头或书面的直接答复,这也是房地产咨询机构中最常见的一种咨询服务方式。这类客户提出的咨询问题一般都比较简单,涉及客户想要了解的房源信息、房价、购房手续、按揭过程等,往往是房地产交易过程中的一些具体问题,这些都是房地产经纪人员所擅长的知识和经验。

(2)项目式服务方式。房地产经纪机构咨询服务方式目前以项目服务方式为主。项目服务方式有两种情况,一种是由客户提出项目咨询要求,由房地产经纪公司根据客户要求,进行调查、研究、论证。在房地产经纪活动中,就客户提出的具体项目要求,由房地产经纪机构提出咨询意见,这类服务的运用较为普遍。另一种是由房地产经纪机构向客户提供咨询服务项目,由客户自行选择,这类方式突出了咨询机构的主动性,咨询人员为客户设计咨询项目,并承担咨询。这种咨询方主动为客户提供咨询项目的形式,将越来越被客户所接受。

(3)网络式服务方式。房地产经纪机构建立局部的或区域的信息和咨询服务网络向客户提供各类咨询服务,同时对于每个房地产经纪人也可以足不出户,坐在计算机前就能查询存储与网络中的房地产交易、租赁、置换、抵押等信息。另外,房地产经纪公司还可将自身的咨询网与同行联机检索,遇到某些自身解决不了的问题时,可以方便地通过网络向其他咨询机构求援。

三、房地产咨询业务的主要类型

1. 房地产投资咨询业务

房地产投资咨询业务是诸如接受当事人委托进行房地产市场的调查研究、消费研究与分析、地块价值分析、投资价值分析、房地产开发项目可行性研究、房地产开发项目策划及房地产市场营销策划等。这类服务对从业人员的素质有较高的要求,是高水平的咨询服务。

房地产投资已成为广大投资者为使资产快速增值、获取高额利润的重要投资方式。但是由于房地产商品的特殊性,房地产投资具有投资成本高、风险大、回收期长、所需专业知识广的一些特点,使得不少非专业的投资者尤其是个人投资者不敢介入到房地产投资中。而房地产经纪人员由于具有丰富的房地产专业知识和市场经验,熟悉房地产投资方方面面的环节,可以为投资者提供可行性的投资建议和方案。房地产投资咨询也就应运而生。

房地产投资是指人们在房地产开发投资活动中,为实现某种预定的开发、经营目标而预先垫付的资金。从房地产投资形式来说,分为直接投资和间接投资两种。直接投资又分为房地产开发投资和房地产置业投资。

(1)房地产间接投资咨询。房地产间接投资指不直接进行房地产开发投资或置业投资,而是将资金投入与房地产相关的证券市场的行为,房地产间接投资者不直接参考房地产的投资管理工作,如购买房地产开发企业的债券、股票,购买房地产投资信托基金、房地产抵押贷款证券等。

(2)房地产置业投资咨询。房地产置业投资的对象可以是开发商新建成的物业,也可以是房地产市场上的二手房。置业投资的目的:一是满足自身生活居住或生产经营的需要;二是作为投资将购入的物业出租给最终的使用者,获取较为稳定的经常性收入。在房地产投资者不愿意继续持有该项置业投资时,可以将其转售给另外的置业投资者,并获取转售收益。

在置业投资过程中,如果投资人不是专业的房地产经纪人员,很难把握准确的市场脉搏,找到理想的置业对象,因此,有必要咨询房地产经纪人员。对于这种房地产投资,房地产经纪人员要善于把握住宅市场供需的脉搏,抓住有利时机入市和出手,在满足投资者出租获利需求的基本前提下实现房产未来的增值。要想做到这一点,房地产经纪人员不但需要具有房地产市场分析、预测与判断的能力,还要具有丰富的市场经验。

(3)房地产开发投资。房地产开发投资指投资者从购买土地使用权开始,通过在土地上的进一步投资活动,即经过规划设计和施工建设等过程,建成可以满足人们某种入住需要的房屋及附属构筑物,即房地产产品,然后将其推向市场进行销售,将商品房转让给新的投资者或者使用者,并通过这个转让过程收回投资,实现开发商获取投资收益的目标。

根据房地产投资的过程,房地产经纪机构可介入房地产投资的各个阶段,在投资初期,房地产经纪人员可根据投资目的,了解分析购买地块的情况,预测所要获得地块的发展前景和预期利润,对项目自有资金、贷款限额、利率水平、偿还期限、偿还方式、是否抵押与担保提供咨询,对开发产品、规划、景观等内容进行咨询;在经营阶段,可进行预售开盘安排咨询、房地产营销咨询、商场公建出租计划咨询等业务;在开发阶段,可进行周边环境、城市规划影响、拆迁产权、费用咨询等业务。对于这种投资,房地产经纪人员关键是要把握市场的变化,熟练掌握房地产投资分析的方法和技巧,并运用于实践中,才能为房地产投资者提供科学、可行的投资方案。

2. 房地产信息咨询业务

房地产信息咨询业务即以各种方式为有需要的人士提供房地产市场信息,是房地产咨询业务中最为广泛和普及的一种。

房地产信息咨询业务是房地产经纪机构开展咨询业务的基础性工作,也是开展其他咨询性服务的出发点。房地产经纪机构通过自身房地产信息的收集、选择、鉴别、加工来为房地产相关部门提供房地产市场信息产品。

房地产经纪公司接到房地产信息咨询委托业务,委托方可能要求房地产经纪机构对某一专题进行调查,得出初步的分析结论,已印证委托方内部的一些看法,也可能是委托方在发展过程中,逐步发现自身的一些战略问题无法从企业内部得到准确答案,需要依靠外部的力量来进行判断、推动。不同的咨询目标会有不同的方案策略,房地产经纪机构可根据委托人的要求,开展相应的信息咨询服务。

3. 房地产法律咨询业务

房地产经纪机构可展开的房地产法律咨询服务包括有关房地产交易的法律知识咨询、合同咨询等法律咨询活动,帮助委托人进行房地产合同的签订、解决相关法律问题、提供解决房地产纠纷处理的法律依据,化解可能因法庭判决所带来的风险,为委托人的正当利益提供法律依据等。

根据房地产经纪所促成的房地产交易的不同方式,房地产经纪机构所开展的房地产法律咨询服务可分为房地产买卖法律咨询、房地产租赁法律咨询、房地产抵押法律咨询等。按照经纪机构所提供经纪服务的不同分类,房地产经纪机构可开展的房地产法律咨询服务可分为土地交易法律咨询、商品房交易法律咨询和存量房地产法律咨询。

房地产法律咨询服务的方式主要有个案解答、商业文书审查、房地产全程法律服务3种。个案解答,指专门就一个具体的法律问题由房地产经纪人员做出一对一的个性化解答,阐述所涉及的法律的理解和适用,提出解决问题的建议。商业文书审查是针对客户的房地产买卖合同等房地产商业文书,根据客户的要求进行审查,并提出对客户有力的建议和意见,指出对其不理解的条款约定等。房地产全程法律服务是根据房地产经纪服务内容,解答房地产法律及政策,做好交易过程的法律指导,并提供交易完成后的法律服务。

4. 房地产价格咨询业务

房地产交易中最敏感、最关键的因素就是价格。由于房地产价格的影响因素和价格形成、运动机制具有不同于一般作为完全劳动产品的商品的特性,投资者、购房者往往难以把握房地产市场价格,尤其是市场价格的变动趋势。而房地产经纪人员凭借其在房地产价格评估方面的专业知识以及丰富的市场经验就可为购房者和投资者提供标的房地产的客观市场价格,这就是房地产价格咨询。

在房地产交易过程中,当事人为了保证自己的报价具有科学性,或在交易谈判中更有把握,非常需要具有房地产专业知识和经验的人为其评估标的物业的客观市场价值。由于成本等因素,这一市场价值并不一定必须由房地产估价师来提供。依赖于经验以及所掌握的房地产专业知识,房地产经纪人员常常可以提供较为准确的房地产价格,供交易双方参考。这亦是房地产经纪人员取得客户信任的一条重要途径。

5. 房地产融资咨询业务

房地产融资是房地产投资者为确保投资项目的顺利或置业回报而进行的融通资金的活动。房地产融资咨询就是房地产经纪机构帮助房地产开发商或房地产置业者提供资金运作的建议,充分发挥房地产的财产功能,为房地产投资或置业融通资金,以达到提高投资效益的目的。

房地产开发项目投资大、周期长,从房地产投资的管理来看,不论是开发投资还是置业投资,投资者很少完全以自有资金投入。房地产开发商都愿意"用银行的钱为自己赚钱",房地产业与金融业息息相关。在房地产开发过程中,总是存在资金投入的集中性和来源的分散性、资金投入量大和每笔收入来源小、投资回收周期长和再生产过程连续性的矛盾,因此,为解决这些矛盾,可以借助房地产经纪机构进行房地产融资咨询。

房地产开发融资的特点,是融资过程中存储、信贷关系,都是围绕房地产项目展开的。通过房地产融资,投资者通常可将固着在土地上的资产变成可流动的资金,使其进入社会生产流通领域,达到扩充社会资金来源、缓解企业和个人资金压力的目的。

对于任何一个房地产投资者,要想在竞争激烈的房地产市场中获得成功,除取决于其技术能力、管理经验以及他在以往的房地产投资中赢得的信誉外,还取决于其筹集资金的能力和使用资金的本能。对房地产开发投资者而言,即使开发商已经获取了开发建设用地的土地使用权,如果该开发商缺乏筹集资金的实际能力,不能把建设资金安排妥当,也可能会因为流动资金拮据、周转困难,最终导致项目失败。对于置业投资者来说,如果找不到金融机构提供长期抵押贷款,投资者的投资能力就会受到极大的制约。房地产经纪机构进行房地产融资咨询,就是根据房地产经纪人的融资经验、金融机构的良好关系、熟练的融通技巧,最大限度地降低房地产投资者的风险,协助其实现高额的利润。

房地产经纪机构协助房地产投资者融资主要有以下渠道。

(1)银行贷款融资。银行的房地产类贷款已成为房地产企业投资资金的主要来源。银行通过开办多种房地产贷款,为房地产开发企业、经营及买卖住房等经济活动提供融资服务。因此,房地产经纪机构通常知晓房地产贷款的种类、贷款融资的条件、贷款方式及政策,以便帮助房地产开发企业申请贷款、签订贷款合同、拟定还款建议等。

(2)承包商垫资融资。在建筑市场竞争积累的情况下,许多有一定经济实力的承包商,有可能愿意带资承包建设项目,以争取到建设项目,特别是开发项目有可靠收入保证的情况下。房地产经纪机构可提供开发商信誉、施工经验、财务状况、资格审查等咨询活动。

(3)社会集资。房地产经纪机构提供发行房地产开发公司股票、债券等建议。

(4)股本金。股本金是房地产投资者对其所投资项目投入的资本金,通常为房地产企业的自有资金。

(5)合作开发。开发商如确实筹款困难,则选择一家或数家有经济实力的投资者合作开发,可以有效地分散和转移资金压力。目前,国内许多房地产开发项目都采用了合作开发的模式,即由房地产开发专营权但资金短缺的开发商和拥有资金实力但没有专营权的企业相互合作,优势互补,房地产经纪机构可以为双方牵线搭桥,提供融资服务。

(6)预售或预租。房地产经纪公司制定合理的预售方案,如预热策略、预售许可证的办理、内部认购活动、开盘计划、预售价格及优惠等咨询服务。

四、房地产咨询的基本程序

1. 初步接洽,明确咨询方向、咨询问题

这是房地产经纪机构和客户的初次接触。客户在试探房地产经纪公司的信誉、人员素质、受理能力、市场的判断能力等。而房地产经纪机构也通过多次接触,逐步了解客户存在的问题、重点解决的问题,同时房地产经纪公司做一些间接调查,了解客户的基本情况,估计项目的风险、客户的诚意等。初步接洽后,无论客户是否有合作意向,房地产经纪机构都要给客户以正式答复。有合作意向时,要向客户提出合作初步方案,供客户参考。当客户提出咨询愿望时,应当与客户就房地产咨询的内容、期限、要求、费用预算等问题,达成原则性的协议。

2. 组成个案小组

根据咨询问题的难易、项目的特点,房地产经纪机构委派咨询小组负责人、专家、组员,合理分工、协作,做好咨询服务的组织保证。

3. 进行调查研究

每一项咨询项目,都要进行深入的调查研究。房地产经纪机构可以采用问卷调查、典型调查、实地勘察、询问和走访、电话调查、剪报、网络搜寻等多种手段,广泛收集第一手资料。有了大量的资料,才有对信息进行处理和分析的可能。

4. 综合分析、撰写阶段性咨询报告,提供阶段性成果

在对调研房地产信息进行加工处理后,可以协同多位专家做好综合分析,对于较大型项目,时间较长,房地产机构可提供阶段性咨询报告,当项目全部完成时,再写出综合分析报告和适当的建议。

5. 提出建议、协助实施

协助客户实施决策方案,既是咨询服务的合理延伸,又是咨询工作的重要内容。房地产经纪人员对方案的实施要点、实施各环节之间的衔接等都有深入的了解,经客户审定后,协助客户实施,最终达到拟订的效果。

6. 存档

当咨询工作完成后,应做好项目的总结,实事求是地评价方案,总结工作的得失与经验教训。并做好对客户的后期建议工作,如巩固和发展实施方案的建议,以及方案实施后遇到新问题的解决办法等。

模块小结

随着房地产市场的日益成熟,房地产经纪行业也得到了迅速发展,房地产经纪的其他

业务类型也不断涌现。本模块对当前出现的一些新型房地产经纪业务如房地产居间业务、房地产代理业务、房地产行纪业务、房地产拍卖业务、房地产咨询服务业务进行了相应的介绍。

思考与练习

一、填空题

1. 代理是代理人在_____内,以_____的名义独立地进行民事行为,所产生的法律后果直接归属于被代理人的制度。

2. 代理关系涉及三方当事人:_____、_____、_____。

3. 根据服务对象的不同,房地产代理可分为_____和_____。

4. _____是指代理人在行使代理权时,违背代理权的设定宗旨和行使代理权的基本准则,作出了有损被代理人利益的行为。

5. _____是指以公开竞价的形式,将特定的物品或者财产权利转让给最高应价者的买卖方式。

6. 拍卖有很多种分类方式,其中按照拍卖报价方式的不同可以分为_____和_____两种。

7. _____是在房地产开发及流通过程中,为客户提供信息、建议、策划、可行性研究等各种智能服务的活动。

二、选择题

1. 下列关于房地产代理合同主要条款内容的表述中,正确的有( )。
   A. 房地产代理服务事项是代理合同的明示条款
   B. 无民事行为能力的房地产权利人经其法定监护人或法定代理人代理才能与房地产经纪机构签订房地产代理合同
   C. 当事人需要在合同中明确合同的履行地点和履行方式
   D. 酬金的标准是合同的主要条款,但不是合同的明示条款
   E. 合同中没有约定违约责任的,违约方可以不承担违约责任

2. 房地产代理的特征有( )。
   A. 房地产代理人以委托人的名义进行代理行为
   B. 房地产代理人具有独立行为的权利
   C. 房地产代理是以产品为中心的代理
   D. 房地产代理是有佣金标准的代理
   E. 房地产代理人的代理行为后果由委托人负责

3. 根据代理权产生原因的不同,代理可分为( )。
   A. 委托代理   B. 法定代理
   C. 指定代理   D. 卖方代理
   E. 买方代理

4.房地产代理按代理客体不同,划分为( )。

   A.商品房销售代理   B.房屋出租代理

   C.二手房出售代理   D.卖方代理

   E.买方代理

5.房地产拍卖的特征包括( )。

   A.房地产拍卖实行"价高者得"的原则   B.房地产拍卖法律性、政策性强

   C.房地产拍卖数量多、价值高   D.房地产拍卖的过程烦琐、后续工作多

   E.保留价规则

6.房地产咨询的主要类型有( )。

   A.房地产开发咨询   B.房地产信息咨询

   C.房地产法律咨询   D.房地产价格咨询

   E.房地产融资咨询

三、简答题

1.什么是房地产代理?

2.房地产代理业务有哪几种类型?

3.简述房地产代理业务的基本流程。

4.房地产行纪与房地产居间、代理的本质区别表现在哪两方面?

5.房地产行纪人的权利和义务有哪些?

6.拍卖的程序主要分为哪些?

7.简述房地产咨询的基本程序。

模块四 房地产交易相关知识

知识目标

1. 熟悉房地产买卖应缴税费;掌握房地产买卖的流程及合同。
2. 掌握房地产租赁的流程及合同。
3. 熟悉房地产抵押代理;掌握房地产抵押的流程及合同。

能力目标

1. 能够实地操作房地产买卖、租赁、抵押业务,并签署相应的合同。
2. 能够依据现行房地产税费政策,提供有关房地产交易活动的税费咨询。

素养目标

1. 培养信息素养、与专业匹配的职业能力。
2. 培养学生尊法守法、诚信守约的职业道德。

任务一 房地产买卖的流程与合同

课堂思考

您或家人有房地产买卖的经历吗?

房地产买卖是房地产转让最基本的形式。目前房地产买卖主要有商品房预售、商品房销售、二手房买卖、商品房预售合同转让等类型。

模块四 房地产交易相关知识

一、房地产买卖的流程

1. 商品房预售流程

商品房预售是指房地产开发企业将正在建设中的房屋预先出售给承购人,由承购人预付定金或房价款的行为。商品房预售具有较大的风险性和投机性,涉及广大购房者的切身利益,因此《中华人民共和国城市房地产管理法》规定,商品房预售实行预售许可制度,即房地产开发企业进行商品房预售,应向房地产管理部门申请预售许可,取得《商品房预售许可证》,未取得《商品房预售许可证》的,不得进行商品房预售。

商品房预售的一般流程为:

第一步,预购人通过中介,媒体等渠道寻找中意楼盘;

第二步,预购人查询该楼盘的基本情况;

第三步,预购人签订认购书,支付购房定金;

第四步,预购人与开发商签订商品房预售合同;

第五步,办理预售合同文本登记备案,现为网签备案;

第六步,商品房竣工后,开发商办理初始登记,交付房屋;

第七步,与开发商签订房屋交接书;

第八步,办理交易过户、登记领取房产证书手续。

案例分析

思考:认购书有法律效用吗?

【基本案情】本人在三河认购了一套3居室住房,由于时间仓促,开发商在开盘时仅给5分钟选择时间,且由于其私下已经内部销售了相当一部分房源,致使我的选择余地骤减,仓促选购了1套房子后,对其房屋布局非常不满意,且其出示的户型图纸关键数据如:居室及客厅尺寸甚至阳台尺寸均未标注,我想退掉该住房,但由于其认购书中已注明毁约不退定金,所以希望律师帮我判定可否退房。谢谢!

【案情分析】一般来说要注意下面3点:

(1)确认开发商已经拿到预售许可证。预售合同有示范文本,但预订书条款则比较简单,有些开发商可能会在预订书中并不写明预售许可证等资质情况,从而规避有关法律规定。对此,购房者不可忽视,因为没有取得预售许可证的房屋认购书是不受法律保护的。

(2)认购书基本条款要约定详细。尽管法律没有明确规定认购书中必须写明哪些条款,但从法律原则上讲,既然是对买卖双方均有约束力的法律文书,因此双方达成一致的基本内容,尤其是房屋位置、面积、单价、总价等必须约定明确,否则通过签订认购书确定买卖意向的目的就很难实现。

(3)条款内容的约定要合法有效。尽管认购书的条款比较简单,但其中涉及的法律问题并不简单,这也是为何房屋预订纠纷比较多的原因。因此,购房者和开发商在认购书中约定的条款要合法有效,如定金或订金的处理、违约金的具体数额等,这些约定如违反有关法规的强制性规定或范围,则都是无效的。

思考:没有预售证的房子能销售吗?

【基本案情】万某与某房地产开发公司签订了预售商品房协议书,协议书约定,某房地产公司将其正在开发的某小区住宅楼一商品房出售给万某,总房价为30万元,付款方式为分期付款。某房地产公司保证房屋于2014年6月竣工,且在2015年5月前办妥房产证。合同签订后,万某按约交付了全部房款。2014年6月份,该栋房屋竣工后,万某搬入居住。当万某多次催促某房地产公司办房产证时,某房地产公司以种种理由推脱。万某后经查询得知,该房地产公司隐瞒了其未办理商品房预售许可证的事实而预售商品房,以致现在因欠缺相关材料而根本不能办理房产证。万某遂向法院起诉,要求确认与某房地产公司签订的商品房买卖合同无效,并判决该房地产公司返还万某所交购房款30万元并赔偿相关经济损失。后据法院查明:到原告万某起诉时,被告某房地产公司仍然没有取得商品房预售许可证。

【案情分析】原告万某与房产开发公司签订的商品房买卖合同无效。因为《城市商品房预售管理办法》和《城市房地产开发经营管理条例》相关条文规定:出卖人订立商品房买卖合同时,故意隐瞒没有取得商品房预售许可证明的事实或者提供虚假商品房预售许可证明,导致合同无效或者被撤销、解除的,买受人可以请求返还已付购房款及利息、赔偿损失,并可以请求出卖人承担不超过已付购房款一倍的赔偿责任。

本案中被告房产开发公司故意隐瞒没有取得商品房预售许可证明的事实,且在起诉前,仍然没有取得商品房预售许可证。故万某可以依法要求房产开发公司返还已付购房款及利息并要求赔偿损失。

2. 商品房销售基本流程

这里所说的商品房销售也称为商品房现售(现房),是指房地产开发商将其依法开发并已建成的商品房通过买卖转移给他人的行为。

商品房销售的一般流程:

第一步,购房人通过中介、媒体等渠道寻找中意楼盘;

第二步,购房人查询该楼盘的基本情况;

第三步,购房人与商品房开发商订立商品房买卖合同;

第四步,交易过户登记。

3. 二手房买卖基本流程

二手房买卖是指房屋产权人将其依法拥有产权的房屋(但不包括通过商品房开发而取得产权的房屋)通过买卖转让给他人的行为。

二手房买卖的一般流程:

第一步:购房人或卖房人通过中介、媒体等渠道寻找交易对象;

第二步:交易双方签订房屋买卖合同;

第三步:交易过户登记。

4. 已购公房上市交易基本流程

公房,即公有住房,是指由政府和国有企业、事业单位投资兴建、销售的住宅。公房出售后,产权即归私人所有,即成为所谓"房改房"。公房的大量存在是由于我国长期以来实行住房福利化的结果。

已购公房上市交易基本流程:

第一步,卖方先取得所购公房上市交易的资格;
第二步,买卖双方达成交易协议,签订买卖合同;
第三步,买房办理房屋所有权证。

知识链接

思考:已购公房可以上市交易吗?

房改房和商品房是不同的,现在市场上出现的房改房一共有两种,一种是部分产权房,而另一种就是完全产权房。存在这两种不同的房改房的原因,主要是由于在购买房屋的时候的购房政策,以及在职工参加购买房改房的时候,有市场价购房、标准价购房、成本价购房 3 种选择。

这 3 种房改房房屋所出示的手续都是有区别的,在选择购房之前一定要先调查清楚,当年按市场价购房的房屋,这种房屋的产权是归个人所有,而且可以随时上市交易。而按照成本价购买的房屋,产权归个人,但一般要在 5 年后才能进入市场交易,而且在交易前要交纳土地出让金。按标准价购房的,这就是部分产权房,职工只拥有部分产权,具体按照当年标准价占成本价的比重来确定。

所以并不是所有的房改房都是可以上市交易的,比如保密单位、军队以及教育部直属高校的房改房,目前还不可以随便出售。很多公房在房改时,原单位都保留了优先回购权,根据国家规定,原产权单位是否保留或放弃部分产权的书面意见,将是您能否购买房改房的重要因素之一,因此消费者要确认原单位是否允许转卖房屋。

5. 已购经济适用房上市交易基本流程

(1)经济适用房住房上市交易的条件。

条件一:购买经济适用住房满 5 年。

条件二:按照届时同地段普通商品住房与经济适用住房差价的一定比例向政府交纳土地收益,或者按照政府所定标准向政府交纳土地收益,然后取得完全产权。

(2)经济适用住房上市交易的基本程序。

第一步,卖方先取得所购经济适用住房上市交易的资格。

注意事项:

房屋所有权人须持房屋所有权证、身份证或其他有效身份证明等资料,到房屋所在地的房地产管理机构申领《已购公有住房和经济适用住房上市出售申请表》和《已购公有住房和经济适用住房上市出售征询意见表》。

房屋所有权人按照规定标准向政府交纳土地收益。

房地产管理机构根据审查并做出批准或不予批准的书面决定。

第二步,买卖双方达成交易协议,签订买卖合同。

第三步,买方办理房屋所有权证。

案例分析

思考:经济适用房可以出售吗?

模块四 房地产交易相关知识

【基本案情】据《法制晚报》报道：李某与刘某是表姐弟关系，刘某为北京人，李某的户籍不在北京市。2001年刘某申请到经济适用住房指标。随后他与表姐李某达成口头协议，他将该指标转给李某，待5年后双方办理过户手续。

2001年7月刘某与开发商签订了房屋买卖合同，购买了昌平的一处经济适用住房，并在银行办理了房屋贷款。李某支付了首付款，并于当年11月入住此房，李某一直负责偿还贷款及支付相关物业费用、供暖费用等。谁知5年过后刘某反悔了，他于2006年9月向银行支付了剩余贷款后，将抵押在银行的房屋产权证取回，并在2007年将李某诉至法院，要求确认争议经济适用房所有权人为他本人。李某则提出反诉，要求刘某将争议经济适用房过户给她。

一审法院认为，双方口头约定在房屋购买5年后办理过户手续，现条件已具备，双方应按约定履行义务。该法院驳回刘某的诉讼请求，确认刘某将争议经济适用房过户给李某。刘某不服，提出上诉。

一中院经二审审理，依法撤销一审法院的判决，确认刘某为争议经济适用房的所有权人。

【案情分析】本案中，双方就经济适用房达成的协议，违背国家强行性规定。

经济适用住房要解决的是特殊人群住房问题，符合条件的特殊对象才能享受。对经济适用房的购买资格，我国各地各部门均有许多相关规定。本案中，李某不符合购买经济适用住房的条件。故刘某和李某二人签订的房屋转让协议是以合法形式掩盖非法目的，双方协议违反了相关法律的强制性规定，在客观上损害了其他符合购房条件人的购买权和社会公共利益，属于无效的民事法律行为。无效的民事法律行为从开始即对双方不产生法律约束力。并且，对李某不符合购买经济适用住房的条件这一事实，表姐弟两人都是明知的，所以他们在签合同时主观上具有恶意，两人的约定无效。

二、房屋买卖应缴税费

税费是国家为了行使其职能，保证国家机构的正常运转，通过法律规定的标准，强制地、无偿地取得财政收入的一种形式。房地产经纪服务中，在代办房地产交易、房地产咨询等各种业务活动中，必然会涉及有关房地产税费的咨询、测算、纳税的等工作。房屋买卖涉及的税费项目包括契税、印花税、增值税、城市维修建设税、教育费附加、个人所得税、土地增值税、权证费、产权登记费、交易手续费。

知识链接

房地产税收

房地产税收是我国税收体制的重要组成部分，随着我国房地产行业的快速发展，房地产税收已成为地方财政收入的重要来源之一。房地产税收有效地促进房地产行业持续、健康的发展，在完善税制、发挥税收经济杠杆作用、保护和合理使用土地资源等方面起到了积极作用。同时，房地产税收对房地产市场也起到了显著的宏观调控作用，并已成为当前政府对房地产市场的常用调控手段。

房地产税收是指以房地产或与房地产相关的经济行为作为征收对象的税收总称，其贯穿于房地产开发、经营、销售及消费的全过程。

房地产税收和收费、纳税人与负税人

125

房地产收费

房地产收费是房地产经纪活动中必须涉及的内容,它与房地产税收有根本性的差别。税收与收费最明显、最直接的区别在于:税收属于国民收入的再分配,是国家依法取得的收入,既不需要返还给纳税人,也不需要对纳税人直接付出任何代价,具有无偿性;收费则属于价格范畴,是劳务或特定服务的受益者所付出的一种代价,具有明显的有偿性。

现行《中华人民共和国价格法》把国家机关各部门的各种收费划分为国家行政机关收费、中介服务收费、公益性服务价格、公用事业价格和其他经营性收费5种类型。与房地产经纪活动直接相关的主要是国家行政机关收费和中介服务收费。

纳税人和负税人的区别与联系

纳税人是纳税义务人的简称,是税法规定的直接负有纳税义务的单位和个人,法律术语称为课税主体。负税人是指税款的实际承担者或负担税款的经济主体,而纳税人只是负担税款的法律主体。

(1)纳税人是指的直接负有纳税义务的单位和个人,而负税人是最终的单位和个人。

(2)纳税人不一定是税款的实际承担者,即纳税人不一定就是负税人。当纳税人所缴的税款是由自己负担时,纳税人与负税人是一致的。当纳税人通过一定的途径将税款转嫁给他人负担时,纳税人就不是负税人。

(一)契税

契税是指土地使用权和房屋所有权发生变更时,就当事人所定契约按转移价格的一定比例向新业主(产权承受人)所征收的一次性税收。它是对房地产产权变动征收的一种专门税种,属于财产税类。

契税在土地使用权和房屋所有权发生转移时,由承受人缴纳。在我国房地产权利发生转移的方式有如下几种:

(1)土地使用权出让;

(2)土地使用权转让(包括出售、赠予、交换);

(3)房屋买卖;

(4)房屋赠予;

(5)房屋交换。

对于《中华人民共和国民法典》规定的法定继承人,包括配偶、子女、父母、兄弟姐妹、祖父母、外祖父母,继承土地、房屋权属,不征收契税。此外,房地产权利以下列方式转移的,视同土地使用权转让、房屋买卖或者房屋赠予,征收契税:

(1)以房地产作价投资入股的。

(2)以房地产抵债的。

(3)以获奖方式承受房地产的。

(4)以预购方式或者预付集资建房款方式承受房地产的。

1. 契税的纳税人

契税的纳税人是房地产权利转移的承受人,包括土地使用权出让、转让的受让人;房屋的购买人、受赠人;以交换的形式转移土地使用权或房屋所有权,交换价格不相等的,多交付货币、实物、无形资产或者其他经济利益的一方为纳税人;以划拨方式取得土地使用权的,经批准转让房地产时应由房地产转让者补缴契税,其计税依据为补缴的土地使用权出让金或者土地收益。

2. 契税的计税依据

契税的计税依据是由房地产权属转移的方式决定的,分为以下几种。

(1)房地产成交价格:土地使用权出让价格、土地使用权转让价格和房屋的买卖价格。

(2)核定价:以土地使用权赠予、房屋赠予的方式转移房地产权利的。

(3)房地产交换的价差:当双方当事人以土地使用权交换、房屋交换的形式转移房地产权利时,以房屋、土地使用权交换价格的差额为计税依据。

3. 契税的税率

我国的契税实行比例税率,现为1‰～5‰,具体税率由地方规定。

相应地,契税应纳税额＝计税依据×税率

(二)土地增值税

土地增值税是对有偿转让国有土地使用权及地上建筑物和其他附着物的单位和个人征收的一种税。

随着我国土地使用制度改革的不断深入和房地产业的迅速发展,土地使用权市场成为房地产市场的重要组成部分,土地使用权进入市场后,土地使用权的转让、出租、抵押活动日益增多,由此产生了土地收益的合理分配问题。为规范土地、房地产市场交易秩序,合理调节土地增值收益,维护国家权益,促进土地的合理利用。

1. 土地增值税的征税范围

土地增值税的征税范围包括国有土地使用权、地上的建筑物及其附着物。转让房地产是指以出售或者其他方式有偿转让国有土地使用权、地上建筑物和其他附着物产权的行为。不包括以继承、赠予方式无偿转让房地产的行为。

2. 土地增值税的纳税人

转让国有土地使用权、地上的建筑物及其附着物(以下简称转让房地产)并取得收入的单位和个人,为土地增值税的纳税义务人(简称纳税人)。

各类企业单位、事业单位、国家机关、社会团体和其他组织,以及个体经营者、外商投资企业、外国企业及外国驻华机构以及外国公民、华侨、港澳同胞等均在土地增值税的纳税义务人范围之内。

3. 土地增值税的计税依据

土地增值税按照纳税人转让房地产所取得的增值额作为计税依据。

(1)纳税人转让房地产所取得的收入减除规定扣除项目金额后的余额,为增值额。扣除项目有:

1)取得土地使用权所支付的金额。取得土地使用权所支付的金额,是指纳税人为取得土地使用权所支付的地价款和按国家统一规定缴纳的有关费用。

2)开发土地的成本、费用。开发土地和新建房及配套设施(以下简称房地产开发)的成本,是指纳税人房地产开发项目实际发生的成本(以下简称房地产开发成本),包括土地征用及拆迁补偿费、前期工程费、建筑安装工程费、基础设施费、公共配套设施费、开发间接费用。

开发土地和新建房及配套设施的费用(以下简称房地产开发费用),是指与房地产开发项目有关的销售费用、管理费用、财务费用。

3)新建房及配套设施的成本、费用,或者旧房及建筑物的评估价格。旧房及建筑物的评估价格,是指在转让已使用的房屋及建筑物时,由政府批准设立的房地产评估机构评定的重置成本价乘以成新度折扣率后的价格。评估价格须经当地税务机关确认。

4)与转让房地产有关的税金。与转让房地产有关的税金,是指在转让房地产时缴纳的增值税、城市维护建设税、印花税,因转让房地产交纳的教育费附加,也可视同税金予以扣除。

5)财政部规定的其他扣除项目。

(2)纳税人有下列情形之一的,按照房地产评估价格计算土地增值税的征收数额:

1)隐瞒、虚报房地产成交价格的。

2)提供扣除项目金额不实的。

3)转让房地产的成交价格低于房地产评估价格,又无正当理由的。

4. 土地增值税的税率及计算

土地增值税实行四级超额累进税率。所谓超额累进税率,是指纳税人的计税收入,按级距分段计税,超过前一级收入数的部分,按该级适用税率分别计税,最后对各段税额进行累加。这种税率对所得多的多征税,所得少的少征税,无所得的不征税,体现了合理负税的原则。能促进房地产经营活动健康发展,同时抑制了通过房地产转让中可能出现的暴利。税率具体规定为:

增值额未超过扣除项目金额 50% 的部分,税率为 30%。

增值额超过扣除项目金额 50%、未超过扣除项目金额 100% 的部分,税率为 40%。

增值额超过扣除项目金额 100%、未超过扣除项目金额 200% 的部分,税率为 50%。

增值额超过扣除项目金额 200% 的部分,税率为 60%。

每级增值额未超过扣除项目金额的比例均包括本比例数。

为简化土地增值税税额计算,可按增值额乘以适用的税率减去扣除项目金额乘以速算扣除系数的方法来计算,具体公式如下:

(1)增值额未超过扣除项目金额 50%

$$土地增值税税额 = 增值额 \times 30\%$$

(2)增值额超过扣除项目金额 50%,未超过 100%

$$土地增值税税额 = 增值额 \times 40\% - 扣除项目金额 \times 5\%$$

(3)增值额超过扣除项目金额 100%,未超过 200%

$$土地增值税税额 = 增值额 \times 50\% - 扣除项目金额 \times 15\%$$

(4)增值额超过扣除项目金额 200%

$$土地增值税税额 = 增值额 \times 60\% - 扣除项目金额 \times 35\%$$

公式中的 5%、15%、35% 为速算扣除系数。

5. 纳税方式

土地增值税的纳税人应在转让房地产合同签订后的 7 日内,到房地产所在地主管税务机关办理纳税申报,并向税务机关提交房屋及建筑物产权、土地使用权证书,土地转让、房产买卖合同,房地产评估报告及其他与转让房地产有关的资料。纳税人因经常发生房地产转让而难以在每次转让后申报的,经税务机关审核同意后,可以定期进行纳税申报,具体期限由税务机关根据情况确定。纳税人应按照税务机关核定的税额及规定的期限缴纳土地增值税。

对于在建工程转让时土地增值税的纳税方式，土地增值税条例规定，纳税人在项目全部竣工结算前转让房地产取得的收入，由于涉及成本确定或其他原因，而无法据以计算土地增值税的，可以预征土地增值税，待该项目全部竣工、办理结算后再进行清算，多退少补。具体办法由各省、自治区、直辖市地方税务局根据当地情况制定。

6. 土地增值税的减免

为了保证税收政策的连续性，支持某些微利项目的开发，鼓励普通标准住宅的建造，改善居民住房状况，国家对以下行为减免征土地增值税：

(1) 纳税人建造普通标准住宅出售，增值额未超过扣除项目金额 20% 的；普通标准住宅，是指按所在地一般民用住宅标准建造的居住用住宅。高级公寓、别墅、度假村等不属于普通标准住宅。普通标准住宅与其他住宅的具体划分界限由各省、自治区、直辖市人民政府规定。

(2) 因国家建设需要依法征用、收回的房地产。国家建设需要依法征用、收回的房地产，是指因城市实施规划、国家建设的需要而被政府批准征用的房产或收回的土地使用权。

(3) 个人因工作调动或改善居住条件而转让原自用住房，经向税务机关申报核准，凡居住满 5 年或 5 年以上的，免予征收土地增值税；居住满 3 年未满 5 年的，减半征收土地增值税。居住未满 3 年的，按规定计征土地增值税。

(4) 房产所有人、土地使用权所有人将房屋产权、土地使用权赠予直系亲属或承担直接赡养义务人的，不征收土地增值税。房产所有人、土地使用权所有人通过中国境内非营利的社会团体及国家机关将房屋产权、土地使用权赠予教育、民政和其他社会福利、公益事业的，不征收土地增值税。

知识链接

2008 年 10 月 22 日，财政部、国家税务总局下发的《关于调整房地产交易环节税收政策的通知》(财税〔2008〕137 号)规定，自 2008 年 11 月 1 日起，对个人销售住房暂免征收土地增值税。但 2016 年营改增，则要根据实际商品房情况征收。

(三) 城市维护建设税

1. 城市维护建设税的税种介绍

城市维护建设税是对从事工商经营，缴纳增值税、消费税的单位和个人征收的一种税。城市维护建设税，属于特定项目的税。具有两个显著特点：

(1) 具有附加税性质。它以纳税人实际缴纳的增值税和消费税的税额为计税依据，附加于"增值税和消费税"税额，本身并没有特定的、独立的征税对象。

(2) 具有特定目的。城建税税款专门用于城市的公用事业和公共设施的维护建设。

2. 城市维护建设税的纳税人

凡缴纳消费税、增值税的单位和个人，都是城市维护建设税的纳税义务人。

3. 城市维护建设税的征收范围

城市维护建设税的征收范围包括城市、县城、建制镇、工矿区。根据行政区划作为划分标准。

4. 城市维护建设税的税率

纳税人所在地在市区的,税率为7%;

纳税人所在地在县城、镇的,税率为5%;

纳税人所在地不在市区、县城或镇的,税率为1%。

5. 城市维护建设税的计税依据

城市维护建设税,以纳税人实际缴纳的消费税、增值税的税额为计税依据,分别与消费税、增值税同时缴纳。

6. 城市维护建设税应纳税额的计算公式

城市维护建设税应纳税额＝实际缴纳的增值税、消费税税额×适用税率

(四)教育费附加

1. 教育费附加的税种介绍

教育费附加是为发展教育事业而征收的一种专项资金。教育费附加由税务机关负责征收,其收入纳入财政预算管理,作为教育专项资金,由教育行政部门统筹安排,用于改善中小学教学设施和办学条件。

2. 教育费附加的纳税人

缴纳增值税、消费税的单位和个人(缴纳农村教育事业费附加的单位除外)。不包括外商投资企业、外国企业和外国人。

3. 教育费附加的计征依据和附加率

教育费附加以纳税人缴纳的增值税、消费税税额为计征依据,附加率为3%,与消费税、增值税同时缴纳。

4. 教育费附加应纳税额的计算公式

教育费附加应纳税额＝实际缴纳的增值税、消费税税额×附加率

(五)印花税

印花税是对经济活动中签立的各种合同、产权转移书据、营业账簿、权利许可证照等应税凭证文件为对象所课征的税。它是一种兼有行为性质的凭证税,印花税具有征收范围广泛、税收负担轻及纳税人自行完成纳税义务等特点。

1. 印花税的一般规定

(1)印花税的纳税人:中华人民共和国境内书立、领受印花税暂行条例所列举凭证的单位和个人,都是印花税的纳税义务人。具体有:①立合同人;②立账簿人;③立据人;④领受人。

(2)印花税的征税对象:现行印花税只对印花税条例列举的凭证征税,具体有五类:经济合同,产权转移书据,营业账簿,权利、许可证照和经财政部确定征税的其他凭证。

(3)印花税的计税依据:印花税根据不同征税项目,分别实行从价计征和从量计征两种征收方式。

1)从价计税情况下计税依据的确定。①各类经济合同,以合同上记载的金额、收入或费用为计税依据;②产权转移书据以书据中所载的金额为计税依据;③记载资金的营业账簿,以实收资本和资本公积两项合计的金额为计税依据。

2)从量计税情况下计税依据的确定。实行从量计税的其他营业账簿和权利、许可证照,以计税数量为计税依据。

(4)印花税的税率:现行印花税采用比例税率和定额税率两种税率。

比例税率有五档,即千分之一、千分之四、万分之五、万分之三和万分之零点五。适用定额税率的是权利许可证照和营业账簿税目中的其他账簿,单位税额均为每件五元。

(5)印花税应纳税额的计算。

按比例税率计算应纳税额的方法:印花税应纳税额=计税金额×适用税率

按定额税率计算应纳税额的方法:印花税应纳税额=凭证数量×单位税额

(6)纳税环节和纳税地点:印花税的纳税环节应当在书立或领受时贴花。印花税一般实行就地纳税。

(7)印花税的缴纳方法:印花税实行由纳税人根据规定自行计算应纳税额,购买并一次贴足印花税票(以下简称贴花)的缴纳办法。为简化贴花手续,应纳税额较大或者贴花次数频繁的,纳税人可向税务机关提出申请,采取以缴款书代替贴花或者按期汇总缴纳的办法。

2. 房地产经济活动中有关印花税的缴纳

(1)房地产经济活动中印花税征税范围及纳税人。

房地产经济活动中印花税的课税对象是房地产交易中的各种凭证。应纳印花税的凭证在《中华人民共和国印花税暂行条例》中列举了13类。房屋因买卖、继承、赠予、交换、分割等发生产权转移时所书立的产权转移书据便是其中之一。印花税由应纳税凭证的书立人或领受人缴纳,具体地说,产权转移书据由立据人缴纳,如果立据人未缴或少缴印花税的,书据的持有人应负责补缴。

(2)税率和计税方法。房屋产权转移书据,印花税按所载金额万分之五贴花。其应纳税额的计算公式为:应纳税额=计税金额×适用税率。

(3)减税、免税规定。房屋所有人将财产赠给政府、社会福利单位、学校所书立的书据,免纳印花税。印花税的税收优惠对房地产管理部门与个人订立的租房合同,凡用于生活居住的,暂免贴印花。

2008年10月22日,财政部、国家税务总局下发的《关于调整房地产交易环节税收政策的通知》(财税〔2008〕137号)规定,自2008年11月1日起,对个人销售住房暂免征收印花税。

(4)纳税地点、期限和缴纳方法。印花税在应纳税凭证书立领受时缴纳,合同在签订时缴纳,产权转移书据在立据时缴纳。印花税采取由纳税人自行缴纳完税的方式。整个缴纳完税的程序是:在凭证书立或领受的同时,由纳税人根据凭证上所载的计税金额自行计算应纳税额,购买相当金额的印花税票,粘贴在凭证的适当位置,然后自行注销。

(六)个人所得税

房产个税是指房产交易过程中由税务机关征收的个人所得税。一般存在于存量房交易过程中由卖方个人缴纳的利得税,新房卖方是开发商,不存在销售环节的个人所得税。

个人所得税的两种征收方式:

(1)据实征收。

个人所得税应纳税额=(转让住房取得的收入−房屋原值−转让住房过程中缴纳的税金−合理费用)×20%

(2)核定征收。

个人所得税应纳税额＝住房转让收入×适用税率(1％～3％)

对个人转让自用5年以上,并且是家庭唯一生活用房取得的所得,免征个人所得税。对房屋转让所得征收个人所得税时,以实际成交价格为转让收入。

(七)交易手续费

房地产交易手续费是指由政府依法设立的,由房地产主管部门设立的房地产交易机构为房屋权利人办理交易过户等手续所收取的费用。

居住房屋手续费:按居住房屋建筑面积收取,每宗交易手续费最高不得超过2万元。其中新建居住房屋买卖2元/m²,由转让方承担;存量居住房屋买卖4元/m²,交易双方各承担50％。居住房屋交换4元/m²,由支付差价方按差额面积缴纳。居住房屋抵债4元/m²,交易双方各承担50％。

非居住房屋交易手续费:按非居住房屋建筑面积收取,每宗交易手续费不得超过2万元。其中,新建非居住房屋买卖9元/m²,由转让方承担;存量非居住房屋买卖18元/m²,交易双方各承担50％。非居住房屋交换18元/m²,由支付差价方按差额面积缴纳。非居住房屋抵债18元/m²,交易双方各承担50％。

(八)房屋所有权登记费

房屋所有权登记费是指县级以上地方人民政府行使房产行政管理职能的部门依法对房屋所有权进行登记,并核发房屋所有权证书时,向房屋所有权人收取的登记费,属于行政性收费。房屋所有权登记包括所有权初始登记、变更登记、转移登记、注销登记等内容。

《国家发展改革委、财政部关于不动产登记收费标准等有关问题的通知》(发改价格规〔2016〕2559号)规定:

(1)住宅类不动产登记收费标准。规划用途为住宅的房屋(以下简称住宅)及其建设用地使用权申请办理下列不动产登记事项,收费标准为每件80元。

1)房地产开发企业等法人、其他组织、自然人合法建设的住宅,申请办理房屋所有权及其建设用地使用权首次登记;

2)居民等自然人、法人、其他组织购买住宅,以及互换、赠予、继承、受遗赠等情形,住宅所有权及其建设用地使用权发生转移,申请办理不动产转移登记;

3)住宅及其建设用地用途、面积、权利期限、来源等状况发生变化,以及共有性质发生变更等,申请办理不动产变更登记;

4)当事人以住宅及其建设用地设定抵押,办理抵押权登记(包括抵押权首次登记、变更登记、转移登记);

5)当事人按照约定在住宅及其建设用地上设定地役权,申请办理地役权登记(包括地役权首次登记、变更登记、转移登记)。

廉租住房、公共租赁住房、经济适用住房和棚户区改造安置住房所有权及其建设用地使用权办理不动产登记,登记收费标准为零。

(2)非住宅类不动产登记收费标准。办理下列非住宅类不动产权利的首次登记、转移登记、变更登记,收取不动产登记费,收费标准为每件550元。

1）住宅以外的房屋等建筑物、构筑物所有权及其建设用地使用权或者海域使用权；
2）无建筑物、构筑物的建设用地使用权；
3）森林、林木所有权及其占用林地的承包经营权或者使用权；
4）耕地、草地、水域、滩涂等土地承包经营权；
5）地役权；
6）抵押权。

按照《中华人民共和国民法典》规定，不动产登记费按件收取，不得按照不动产面积、体积或者价款的比例收取。按照房屋登记收费的标准，房屋登记收费标准为80元；非住房房屋登记收费标准为每件550元。房屋登记一套为一件；非住房登记的房屋权利人按照规定申请并完成一次登记的为一件。房屋登记收费标准中包含一本房屋权属证书费，但每增加一本加收证书工本费10元。

三、商品房买卖合同

房地产商品与其他商品不同，房地产作为不动产在买卖房地产时必须签订合同。房屋买卖合同是规范房屋买卖行为的重要环节。

（一）商品房买卖合同的法律特征

(1) 标的物在法律上呈现出复杂的形态。交易的房屋既可能是已建好的房屋，也可能是尚未竣工的房屋，而且包括建筑物和小区的公用设施、设备的所有权或使用权。

(2) 标的物所有权的转移以登记为成立条件。《中华人民共和国民法典》第209条规定："不动产物权的设立、变更、转让和消灭，经依法登记，发生效力；未经登记，不发生效力，但法律另有规定的除外。"

(3) 监管较为严格。由于土地房屋类不动产价值巨大，对国计民生影响很大，国家对房地产行政监管相对较为严格。如国家实行登记制度、推行合同示范文本、实行限购政策等。

（二）房屋买卖合同的特点

(1) 房屋买卖合同标志着房屋所有权与土地使用权的转移。房屋买卖双方必须签订房屋买卖合同，这是与其他商品不同的。房地产买卖一经成立或完成，买卖双方就可以到房地产管理部门办理过户手续，买方交付购房款，领取房屋所有权证书，就可以行使对房屋占有、使用、收益、处分的权利。也就是说，房地产买卖合同一旦签订，就标志着房屋的所有权和土地的使用权发生转移。

(2) 房地产买卖合同必须以书面的形式签订，并经房地产管理部门签证，才能具有法律效力。

(3) 房地产买卖合同是买卖双方的有偿合同。双方当事人在地位上是平等的，既有一定的权利，也要承担一定的义务；双方的合法权益受到国家的法律保护。

（三）房地产买卖合同示范文本

住房和城乡建设部、原国家工商行政管理总局2014年联合发布了新版《商品房买卖合同示范文本》。新修订的合同示范文本分为预售合同和现售合同两个文本，即《商品房买卖合同

（预售）示范文本》(GF—2014—0171)和《商品房买卖合同(现售)示范文本》(GF—2014—0172)。

1.《商品房买卖合同(预售)示范文本》

预售合同共24页,内容包括：

说明

专业术语解释

第一章　合同当事人

第二章　商品房基本状况

第三章　商品房价款

第四章　商品房交付条件与交付手续

第五章　面积差异处理方式

第六章　规划设计变更

第七章　商品房质量及保修责任

第八章　合同备案与房屋登记

第九章　前期物业管理

第十章　其他事项

2.《商品房买卖合同(现售)示范文本》

现售合同共22页,内容包括：

说明

专业术语解释

第一章　合同当事人

第二章　商品房基本状况

第三章　商品房价款

第四章　商品房交付条件与交付手续

第五章　商品房质量及保修责任

第六章　房屋登记

第七章　物业管理

第八章　其他事项

案例分析

思考：在房屋买卖过程中,应如何约定买卖双方相关费用的支付问题？

【基本案情】2018年10月,张女士找某房地产经纪公司,委托其居间出售位于某小区的一套住房。随后,房地产经纪公司找到了有意向购买肖女士住房的王先生。

2018年11月10日,房地产经纪公司与王先生签订了《房屋买卖及居间合同》,双方在合同中约定房屋转让价格为1 620 000元,税费由王先生承担,张女士未缴纳的维修基金和居间服务费均由王先生承担。

之后,房地产经纪公司又与张女士签订了另外一份《房屋买卖及居间合同》,其内容和前一份《房屋买卖及居间合同》一致，只是另外补充了张女士实收价款1 500 000元，需另外支付房地产经纪公司12 000元相关税费的约定。

随后张女士缴纳了12 000元的款项，房地产经纪公司出具了"服务费"的收据。王先生也缴纳了3 000多元的佣金和近8 000元的相关税费，在张女士缴纳了2 400元的维修基金后，不知情的王先生也向房产经纪公司支付了2 400元的维修基金。

事后，张女士和王先生认为房地产公司中间吃差价，认为中介构成欺诈，将其告上法庭要求返还相关费用。

房地产公司称本来合同约定由王先生支付转让房屋的相关税费的，但与王先生签订合同时王先生提出房价已经较贵，再加上相关税费承受不起。后来张女士也怕王先生反悔，房产出售不了，才愿意承担相关税费。至于王先生缴纳的2 400元的房屋维修基金，他们已经通知过王先生前来退费，但王先生一直未来办理退费手续。

庭审过程中，张女士和王先生都提出了两份合同中虽然都有三人签名，但合同签订时并不是三方都在场，而是他们分别与房地产经纪公司签订之后，房地产经纪公司转给另外一方互签的。双方都提出了合同当中对方的签名系房地产经纪公司假冒签署的意见。

【案情分析】法院审理认为，张女士交付了12 000元的税费给房地产经纪公司，但该税费按照合同的约定已经由王先生承担，房地产经纪公司应当予以返还。张女士在王先生缴纳房屋维修基金之前就已缴纳相应部分，房地产公司收取王先生2 400元的房屋维修基金没有依据，应予返还。

任务二　房地产租赁的流程与合同

课堂思考

您或家人有租赁房屋的经历吗？有哪些流程呢？

一、房地产租赁的流程

房屋租赁实际上是房屋流通的一种特殊形式，它是通过房屋出租逐步实现房屋价值，从而使出租人得到收益回报的一种房地产交易形式。房屋租赁和房地产买卖是房地产交易行为中最常见的两种形式。房屋租赁主要有房屋出租和房屋转租两种方式。

1. 房屋出租的流程

这里所说的房屋出租是一般意义上的房屋租赁，是指房屋所有权人作为出租人将其房屋出租给承租人使用，由承租人向出租人支付租金的行为。这是房屋租赁最常见的一种形式。房屋出租的一般流程如下：

第一步：出租方或承租方通过中介等渠道寻找合适的承租人或出租房源；

第二步：签订房屋租赁合同；

第三步：将房屋租赁书面合同、出租房屋所有权证书、当事人的合法身份证件、市县人民

政府规定的其他文件等材料到租赁房屋所在地的房地产登记机关申请办理房屋租赁合同登记备案;

第四步:缴纳相关税费。

2. 房屋转租基本流程

房屋转租是指房屋承租人在租赁期间将承租的房屋部分或全部再出租的行为。《商品房屋租赁管理办法》规定:"承租人转租房屋的,应当经出租人书面同意。"《中华人民共和国民法典》第717条规定:"承租人经出租人同意将租赁物转租给第三人,转租期限超过承租人剩余租赁期限,超过部分的约定对出租人不具有法律约束力,但是出租人与承租人另有约定的除外。"

房屋转租的一般流程:

第一步:原承租人取得原出租人的书面同意,将其原出租的房屋部分或全部再出租;

第二步:原承租人与承租人签订房屋转租合同;

第三步:将转租合同到房地产登记机关办理房屋转租合同登记备案;

第四步:缴纳有关税费。

3. 房地产租赁代理业务的程序

(1)接受委托。房地产租赁代理的委托人可能是出租方,也可能是承租方。

1)出租方委托:首先要进行房源登记,同时要求对方出具必要证明,检验拟代理项目是否符合出租条件,其次现场勘验房屋,洽谈出租条件、价格,连同勘验结果登记备案,然后签订房屋租赁代理合同。

2)承租方委托:首先对客户身份进行登记,其次了解客户拟租房屋目标并登记备案。

(2)寻找房源。按照客户的需求,在已有的信息库内寻找合适的匹配对象,如没有,则要重新寻找房源或承租方。

(3)物业查验。房地产经纪人员无论是接受出租人的委托还是承租人的委托,应做到对房源的基本情况有所了解,并进行物业查验,其物业查验的主要内容如下。

1)物业的物质状况:包括物业所处地块的具体位置和形状、朝向,房屋建筑的结构、设备、装修情况、房屋建筑的成新。

2)物业的环境状况:包括物业所处的地段、商业、交通及其他生活服务设施的配置情况;所在地域的地域性质、景观、绿化和环境污染状况等。

3)物业权属情况。

①物业权属的类别,即是所有权房还是使用权房。如果是所有权房,要注意如果房屋权属归两人或两人以上所有,该房地产为共有房地产。对共有房地产的出租,须得到其他共有人的书面同意。

②房地产权属是否清晰。权属有争议的、未取得房地产权证的,以及房屋被司法或行政部门依法限制和查封的、依法收回房地产权证等的产权房都不得转让、不得出租,不得抵押。

(4)签订合同。当租赁双方就租赁具体事宜达成一致,同意交易时,双方即可签订房屋租赁合同。房屋租赁合同一般由出租方和承租方签订,也可以由出租方、承租方及代理人三方共同签订,如果采取的是全权代理的方式,则可由代理人直接与承租方签订房屋租赁合同。

(5)办理登记。为了使双方的权益得到法律的保护,应协助双方办理登记手续,我国对房屋租赁实行两项登记备案制度,即到房屋行政主管部门登记备案和公安部门登记备案。

(6)收取佣金。关于房屋租赁代理的佣金标准国家有最高标准的规定,房屋租赁代理收费,无论成交的租赁期限长短,均按半月至一月成交租金额标准。

二、房屋租赁合同

房屋租赁合同是出租人与承租人签订的在一定期限以内把房屋交给承租人使用,承租人向出租人交付一定租金的协议。租赁合同的内容一般包括租赁物的名称、数量、用途、租赁期限、租金及其支付期限和方式、租赁物维修等条款。

1. 房屋租赁双方当事人的情况

当事人是指房屋租赁的出租人和承租人。房屋租赁合同中要写明当事人的姓名或者名称、相应的身份证号、联系电话、当事人的住所等。

2. 租金支付

《中华人民共和国民法典》第721条规定:"承租人应当按照约定的期限支付租金。对支付租金的期限没有约定或者约定不明确,依据本法第五百一十条的规定仍不能确定,租赁期限不满一年的,应当在租赁期限届满时支付;租赁期限一年以上的,应当在每届满一年时支付,剩余期限不满一年的,应当在租赁期限届满时支付。"

第722条规定:"承租人无正当理由未支付或者迟延支付租金的,出租人可以请求承租人在合理期限内支付;承租人逾期不支付的,出租人可以解除合同。"

第723条规定:"因第三人主张权利,致使承租人不能对租赁物使用、收益的,承租人可以请求减少租金或者不支付租金。"

第719条规定:"承租人拖欠租金的,次承租人可以代承租人支付其欠付的租金和违约金,但是转租合同对出租人不具有法律约束力的除外。次承租人代为支付的租金和违约金,可以充抵次承租人应当向承租人支付的租金;超出其应付的租金数额的,可以向承租人追偿。"

房屋租金及支付方式由出租人和承租人协商确定,在租赁期限内,出租人不得擅自提高房租。租金的付款方式大致有按年付、按半年付、按季付。如果一次付清较长期限的房租,租金会有一定优惠。但从承租人的经济承受能力角度考虑,按月或按季付款造成的经济负担相对较小。

支付租金,作为承租人主要的义务,在合同中必须明确约定清楚每期租金的支付时间、方式以及逾期未支付的违约责任。押金在法律上称为"租赁保证金",主要用于抵冲承租人应当承担但未缴付的费用。押金应支付多少,应当按照租期长短、装修程度、家具家电数量和价值等因素来确定。对于出租人而言,押金数额越高,保障性能越强。

3. 租赁期限

房屋租赁期限,是指承租人使用出租人房屋的期限。

租赁期限6个月以上的,应当采用书面形式。当事人未采用书面形式,无法确定租赁期限的,视为不定期租赁。

出租人有权在签订租赁合同时明确租赁期限,并在租赁期满后,收回房屋。承租人有义务在房屋租赁期满后返还所承租的房屋。

租赁期限最长不能超过20年。房屋租赁期限是指承租人使用出租房屋的期限。《中华人民共和国民法典》第705条规定:"租赁期限不得超过二十年。超过二十年的,超过部分无效。租赁期限届满,当事人可以续订租赁合同;但是,约定的租赁期限自续订之日起不得超过二十年。"

4. 房屋具体情况和具体位置

租赁合同应写明房屋的确切位置;房屋面积;房屋装修情况,简要说明房屋的墙壁、门窗、地板、天花板、厨房和卫生间的装修情况;配备设施和设备,附属设施有电、网络、安防设备、照明设备、消防设备、监控设备等;简要列举房屋内出租人为承租人准备的家具、家用电器、厨房设备和卫生间设备等;房屋的产权及产权人,写明这套房屋为何种产权,产权人是谁,出租人与产权人的关系及是否得到产权人的委托出租房屋。

5. 租赁用途和房屋使用要求

承租人应当按照约定的方法使用租赁物。对租赁物的使用方法没有约定或者约定不明确,可以协议补充,不能达成补充协议的,按照合同相关条款或者交易习惯确定,仍不能确定的,应当根据租赁物的性质使用。

房屋用途主要说明以下两点:房屋是用于承租人自住、承租人一家居住,还是允许承租人或其家庭与其他人合住;房屋是仅能用于居住,还是同时可以有其他用途,如办公等。

承租人按照约定的方法或者根据租赁物的性质使用租赁物,致使租赁物受到损耗的,不承担赔偿责任。

承租人未按照约定的方法或者未根据租赁物的性质使用租赁物,致使租赁物受到损失的,出租人可以解除合同并请求赔偿损失。

6. 房屋和室内设施的安全性能

房屋和室内设施,承租人在租赁前应对房屋及其内部设施进行认真检查,保证自己今后能够正常使用。

承租人应当按照合同约定的租赁用途和使用要求合理使用房屋,不得擅自改动房屋承重结构和拆改室内设施,不得损害其他业主和使用人的合法权益。承租人因使用不当等原因造成承租房屋和设施损坏的,承租人应当负责修复或者承担赔偿责任。

承租人经出租人同意,可以对租赁物进行改善或者增设他物。承租人未经出租人同意,对租赁物进行改善或者增设他物的,出租人可以要求承租人恢复原状或者赔偿损失。

7. 房屋维修责任

根据《中华人民共和国民法典》第712条规定:"出租人应当履行租赁物的维修义务,但是当事人另有约定的除外。"

第713条规定:"承租人在租赁物需要维修时可以请求出租人在合理期限内维修。出租人未履行维修义务的,承租人可以自行维修,维修费用由出租人负担。因维修租赁物影响承租人使用的,应当相应减少租金或者延长租期。因承租人的过错致使租赁物需要维修的,出租人不承担前款规定的维修义务。"

第714条规定:"承租人应当妥善保管租赁物,因保管不善造成租赁物毁损、灭失的,应当承担赔偿责任。"

第715条规定:"承租人经出租人同意,可以对租赁物进行改善或者增设他物。承租人未经出租人同意,对租赁物进行改善或者增设他物的,出租人可以请求承租人恢复原状或者赔偿损失。"

在租赁合同中,租赁双方应约定维修责任,并规定越详细越好。

8. 物业服务,水、电、燃气等相关费用的交纳

物业服务,水、电、燃气等相关费用交纳人,在物业服务企业等相关单位登记的是房屋所有权人。但是在租赁期限内,享受物业服务,所消耗的水、电、燃气等的数量,又是承租人决定的。因此,在租赁合同中应当明确规定这些费用是由谁来承担。

9. 房屋状况变更

承租人应该爱护房屋和各种设施,不能擅自拆、改、扩建或增加。在确实需要对房屋进行变动时,要征得出租人的同意,并签订书面协议。

10. 租赁合同的变更和终止

如果在租赁过程中出租人和承租人认为有必要改变合同的上述各项条款,双方可以通过协商对合同进行变更。

知识链接

合同的相对性会受到一定的法律限制。

(1)"买卖不破租赁"原则对房屋受让人的限制。为保护承租人的利益,法律确立了"买卖不破租赁"原则。根据该原则,在租赁期限内,租赁房屋的所有权发生变动的,原租赁合同对承租人和房屋受让人继续有效。我国《中华人民共和国民法典》第725条规定:"租赁物在租赁合同占有期限内发生所有权变动的,不影响租赁合同的效力。"

(2)承租人的优先购买权。《商品房屋租赁管理办法》第13条规定:"房屋租赁期间出租人出售租赁房屋的,应当在出售前合理期限内通知承租人,承租人在同等条件下有优先购买权。"

11. 合同争议解决办法

合同争议又称合同纠纷,是指合同当事人之间对合同订立、履行等相关内容及对此产生的法律后果所产生的各种纠纷。凡是合同双方当事人对合同是否成立、合同成立的时间、合同内容的解释、合同的效力、合同的履行、违约责任,以及合同的变更、中止、转让、解除、终止等发生的争议,均应包括在合同争议之内。

争议解决方式一般分为4类:一是争议发生后当事人双方自行协商解决。二是调解。当事人选择通过调解解决争议时,由第三人或者机构进行调解。三是提交仲裁机构仲裁。需要注意的是,提交仲裁机构仲裁的前提是房屋租赁双方当事人必须达成仲裁协议。房屋租赁双方当事人可以在房屋租赁合同中将选择仲裁作为合同的条款之一。如果房屋租赁双方当事人没有达成仲裁协议,在房屋租赁合同中也没有约定产生纠纷可以选择仲裁方式解决,一方当事人申请仲裁的,仲裁委员会不予受理。四是向人民法院提起诉讼。

上述4种方式是《中华人民共和国民法典》规定的解决合同争议的方式,至于当事人选择什么方式来解决其合同争议,取决于当事人自己的意愿,其他任何单位和个人都不得强迫当事人采用哪种解决方式。

对于解决的方式,当事人双方可以在签订合同时就选择,并把选择出的方法以合同条款形式写人合同,也可以在发生争议后就解决办法达成协议。

模块四 房地产交易相关知识

知识链接

1. 出租人是不是房屋的产权人

承租人需要注意签约合同人是不是房屋的产权人,如果不是,则可能存在着代理关系或者转租关系。若存在代理关系的,需要有产权人委托签约人的授权委托书原件;若存在转租关系的,则需要产权人同意转租的书面证明文件原件,并在合同中约定如产权人同意转租的书面证明文件不真实时,转租人应承担何种责任。

2. 租金和押金的支付

在如何支付租金和押金的问题上,具体几个月支付一期租金由各人自身状况决定,在合同中必须约定清楚每期租金的支付时间和方式,以及逾期未支付的违约责任。需要提醒的是,无论是支付租金还是押金,如果通过银行划账方式支付,最好直接划入产权人名下的账户,并留好相关划款凭证,以此进一步控制资金风险。

3. 违约责任的约定

合同应当根据不同的违约情形,约定不同的违约责任。如果出租人逾期交付房屋,或者租期结束承租人逾期退租的,可约定每日按高于租金标准收取违约金;如果出租人擅自收回房屋,或者承租人擅自退租的,可约定一次性承担较高的违约金,也可以约定支付未使用租期的租金作为违约金。

案例分析

思考:关于租赁房屋的期限问题,法律是如何规定的?

【基本案情】 刘某在北京路租了一个商铺,当时与业主约定租赁期为2017年4月至2018年4月。合同期满后,刘某未与业主重新签订租赁合同,又继续使用该商铺近4个月,并交了租金。现在刘某决定不再租此商铺了,但业主却要求刘某找人转租,否则不退回5万元押金。请问:法律是否有自动续约的规定?如果刘某找不到人租这个店铺,业主是否有权扣留刘某的押金?

【案情分析】 按照《中华人民共和国民法典》,当事人对租赁期限没有约定或者约定不明确,视为不定期租赁。当事人可以随时解除合同,但是应当在合理期限之前通知对方。

可以看出,刘某与业主的租赁合同期满之后,又继续交租并使用该商铺的,该租赁合同已自动转为不定期合同,依法律规定,业主有权随时终止租赁合同,要求刘某搬出该铺,但要给刘某必要的准备时间;刘某也有权随时终止租赁合同,但要及时通知业主。终止租赁合同后,刘某没有义务为业主再找新的承租人。至于业主扣刘某押金,是既没有合同依据,又没有法律支持的,业主应全额退还押金给刘某,否则刘某有权向法院起诉要求取回押金。

模块四 房地产交易相关知识

任务三 房地产抵押的流程与合同

课堂思考

您知道什么类型的房地产可以抵押吗?

一、房地产抵押的流程

房地产抵押是以房地产作为清偿债务的担保财产而形成的权利,是随房地产抵押的形成而发生的。在房地产抵押期间,房地产的占有、使用、收益、处分均属于产权所有人,债权人只能按期收取借款的本金和利息,而无使用和管理房地产的权利。当债务还清,抵押人收回房地产相关权证,抵押关系结束。如债务到期抵押权人未能清偿债务,抵押权人可以向法院申请拍卖抵押物,以偿还其债务。

房地产抵押按房地产的现状主要可分为土地使用权抵押、建设工程抵押、预购商品房期权抵押、现房抵押。

1. 土地使用权抵押流程

土地使用权抵押指以政府有偿出让方式取得的土地,且土地上尚未建造房屋的土地使用权设定抵押。在我国,土地所有权不能抵押,以行政划拨方式取得的土地使用权不能单独抵押。土地使用权抵押的一般流程为:

(1)债务合同(主合同)依法成立,为履行债务合同,抵押人提供其依法拥有的土地使用权做担保。房地产经纪人员在从事土地使用权抵押经纪活动中要注意区分土地使用权取得的方式,以出让或转让方式取得的土地使用权设定抵押,应符合以下条件:

1)该土地使用权的出让金必须全部付清,并经登记取得土地使用权证;

2)该土地使用权所担保的主债权限于开发建设该出让或转让地块的贷款;

3)所担保的债权不得超出国有土地使用权出让金的款额;

4)土地使用权设定抵押不得违反国家关于土地使用权出让、转让的规定和出让合同的约定。

(2)抵押人与抵押权人签订土地使用权抵押合同(从合同),将依法取得的土地使用权设定抵押。当抵押人不能履行到期债务时,抵押权人有权依法处分抵押物。

(3)抵押双方持抵押合同、债务合同及房地产权属证书等有关资料到房地产登记机关办理抵押登记。

(4)领取房地产其他权利证明及经注记的房地产权属证书。按国家有关规定,房地产其他权利证明交抵押权人保管,而房地产权利证书经注记后应归还产权人,抵押权人不能擅自扣押房地产权利证书。

(5)债务履行完毕,抵押双方向房地产登记机关申请办理抵押注销手续。

出让土地使用权抵押登记要查验的资料:当事人身份证明、《土地出让合同》《房地产抵押合同》《贷款合同》《土地使用权证》或《房地产权证》。

2.建设工程抵押

建设工程抵押,指房屋建设工程权利人在房屋建设期间将在建的房屋及土地使用权全部或部分设定抵押。建设工程抵押,其一般流程为:

(1)债务合同成立,抵押人提供其合法拥有的在建房屋及土地使用权作担保。

这一行为应符合以下条件:

1)抵押人必须取得了土地使用权证,并应有建设用地规划许可证、建设工程规划许可证和施工证;

2)投入开发建设的资金达到工程建设总投资的25%以上;

3)建设工程抵押所担保的债权不得超出该建设工程总承包合同或者建设工程总承包合同约定的建设工程造价;

4)该建设工程承包合同是能形成独立使用功能的房屋的;

5)该建设工程范围内的商品房尚未预售;

6)已签有资金监管协议;

7)符合国家关于建设工程承发包管理的规定;

8)已确定施工进度和竣工交付日期。

房地产经纪人员在从事建设工程抵押经纪活动中应特别把握以下几点:

1)建设工程所担保的主债权仅限于建造该建设工程的贷款;

2)建设工程抵押必须服从专门机构的监督;

3)不得设定最高额抵押。

(2)抵押人与抵押权人签订抵押合同,将在建房屋及相应的土地使用权抵押,当债务不能履行时,抵押权人有权依法处分抵押物。在签订抵押合同时,应着重查验抵押房地产的合法有效证件,并到房地产登记机构查阅抵押物是否已预售、转让,或已设定抵押,或被司法机关查封,等等;同时由于建设工程抵押实质是一种期权抵押,明确抵押物的部分、面积及规划用途就显得十分重要。当债务人不能及时清偿债务时,可以及时处分抵押物以清偿贷款。

(3)抵押双方持债务合同(主合同),抵押合同及房地产权利证书,建设工程规划许可证等有关资料到房地产登记机关办理抵押登记。

(4)抵押权人保管房地产其他权利证明,房地产权利人领取经注记的房地产权利证明和建设工程规划许可证。

(5)债务履行完毕,抵押双方持注销抵押申请书,经注记的土地使用权证,建设工程规划许可证到房地产登记机构办理注销抵押手续。

3.预购商品房期权抵押

(1)预购商品房期权抵押。预购商品房期权抵押是指商品房预购人将已经付清房款或部分付清房款的预购商品房期权设定抵押。未付清房款的预购房设定抵押应符合以下条件:

1)抵押所担保的主债权仅限于购买该商品房的贷款;

2)不得设定最高额抵押;

3)符合国家关于商品房预售管理的规定。

(2)预购商品房抵押的基本流程:

1)商品房预购人与商品房开发经营企业签订商品房预购合同,全部付清或部分付清房价款。

2)持商品房预售合同到房地产登记机关登记备案。

3)将预购商品房设定抵押。一般有两种情况:一是预购人已全部付清房价款,同时预购人作为抵押人与抵押权人订立了抵押合同;二是预购人部分付清房价款,其余房价款向银行申请贷款,并以该预购的商品房设定抵押,作为偿还贷款的担保,预购人在一定期限内定时向银行偿还贷款,直到贷款清偿完毕。

4)抵押权人与抵押人签订抵押合同。签订抵押合同时,应查验抵押人所提供的商品房预售合同是否经房地产登记机关登记备案,该预购商品房是否已转让、已设定抵押或已被司法机关查封等。

5)抵押双方持抵押合同及经房地产登记机构登记备案的商品房预售合同到房地产登记机关办理抵押登记。

6)抵押权人保管其他权利证明,房地产权利人领取已经注记的商品房预售合同。

7)债务履行完毕或贷款已经清偿,抵押双方持注销抵押申请书,其他权利证明及已经注记的商品房预售合同到房地产登记机关办理注销抵押登记手续。

8)债务履行期间或贷款清偿期间,该预购商品房已经初始登记,买受人持商品房出售合同、房屋交接书和其他权利证明等材料到房地产登记机关办理交易过户登记。

9)抵押权人保管房地产其他权利证明,抵押人领取经注记的房地产权证及缴纳有关税费,并继续履行债务和清偿贷款。

4. 现房抵押

现房抵押是指以获得所有权的房屋及其占用范围内的土地使用权设定抵押。现房抵押的一般流程为:

(1)债务合同成立。债务人或者第三人将自己依法拥有的房地产做担保。

(2)抵押双方签订抵押合同。这时,抵押权人必定是债权人,而抵押人是债务人或第三人。债务不能履行时,抵押权人有权依法处分债务人或第三人拥有的抵押物。用抵押贷款购买商品房的,购买人先与商品房开发经营单位签订商品房出售合同,然后再与银行签订贷款合同及抵押合同。

(3)抵押双方持抵押合同,房地产权利证书到房地产登记机构办理抵押登记手续。抵押贷款购买商品房的,可以在申请办理交易登记的同时申请办理抵押登记手续。

(4)抵押权人保管房地产其他权利证明,抵押人保管已经注记的房地产权利证书。

(5)债务履行完毕,抵押双方持注销抵押申请书、房地产其他权利证明及已经注记的房地产权利证书到房地产登记机关办理注销抵押手续。

二、房地产抵押合同

房地产抵押合同是抵押人与抵押权人为了保证债权债务的履行,明确双方权利与义务的协议,是债权债务合同的从合同。房地产抵押是一种标的物价值很大的担保行为,法律规定房地产抵押人与抵押权人必须签订书面抵押合同。

房地产抵押合同一般应具备以下内容:

(1)抵押人、抵押权人的名称或者个人姓名、住所;

(2)被担保债权种类、数额;

(3)抵押房地产的处所、名称、状况、建筑面积、用地面积以及所有权归属或者使用权归属等;

(4)抵押房地产的价值;

(5)抵押房地产的占用管理人、占用管理方式、占用管理责任以及意外损毁、灭失的责任;

(6)债务人履行债务的期限;

(7)担保的范围;

(8)违约责任;

(9)争议解决的方式;

(10)抵押合同订立的时间与地点;

(11)双方约定的其他事项。

抵押物须保险的,当事人应在合同中约定,并在保险合同中将抵押权人作为保险赔偿金的优先受偿人。抵押权人在债务履行期届满前,不得与抵押人约定债务人不履行到期债务时抵押房地产归债权人所有。抵押权人需在房地产抵押后限制抵押人出租、出借或者改变抵押物用途的,应在合同中约定。

建设工期期权设定抵押的,还应增加:①《建设工程规划许可证》编号;②国有土地使用权出让金的款额;③总承包合同或者施工总承包合同约定的建设工程造价;④已投入工程的款额,但不包括获得土地使用权的费用;⑤建设工程竣工日期。设定最高限额抵押的,应增加:①连续发生债权期间;②最高债权限额。

抵押合同的订立应着重把握抵押物的部位、面积等,抵押物的价值及担保债务的数额,以及抵押权人有权处分抵押物的前提条件和处分方式等。如以已出租的房地产设定抵押的,应将已出租情况明示抵押权人。原租赁合同继续有效,如果有营业期限的,企业以其所有的房地产设定抵押,其抵押期限不得超过企业的营业期限,而抵押房地产有土地使用年限的,抵押期限不得超过土地使用年限。

三、房地产抵押代理

房地产经纪机构一般不单独开展房地产抵押代理业务,该业务一般是作为房地产销售代理业务的一部分。

1. 房地产抵押代理的适用情况

（1）委托人交付首付款后，剩余购房款办理贷款，将所购商品房抵押给贷款银行作为偿还贷款担保的。

（2）委托人采用按揭方式购买二手房，其所购房屋作为偿还贷款银行贷款担保的。

（3）委托人需贷款购买代理人所代理的房地产，以其他担保物作为偿还贷款银行贷款担保的。

2. 房地产作为抵押物的条件

房地产抵押的抵押物随土地使用权的取得方式不同，对抵押物要求也不同。依法取得的房屋所有权连同该房屋占用范围内的土地使用权同时设定抵押权。对于这类抵押，无论土地使用权来源于出让还是划拨，只要房地产权属合法，即可将房地产作为统一的抵押物同时设定抵押权。以单纯的土地使用权抵押的，也就是在地面上尚未建成建筑物或其他地上定着物时，以取得的土地使用权设定抵押权。对于这类抵押，设定抵押的前提条件是，土地必须是以出让方式取得的。

房地产不得设定抵押权的种类有：

（1）权属有争议的房地产；

（2）用于教育、医疗、市政等公共福利事业的房地产；

（3）列入文物保护的建筑物和有重要纪念意义的其他建筑物；

（4）已依法公告列入拆迁范围的房地产；

（5）被依法查封、扣押、监管或者以其他形式限制的房地产；

（6）依法不得抵押的其他房地产。

3. 房地产抵押代理的登记程序

（1）抵押当事人签订书面抵押合同或贷款银行出具按揭公证书。

（2）收集抵押当事人的身份证明或法人资格证明、抵押登记申请书、国有土地使用证、房屋所有权证或房地产权证、抵押人有权设定抵押权的证明资料等。

（3）到房地产所在地的房地产管理部门办理房地产抵押登记，登记后，房地产抵押合同生效。

（4）抵押权人获得《房屋他项权证》。

模块小结

房地产经纪活动的最终目的是要促成房地产交易。房地产交易是一种专业性很强的行为，具有特定的法律意义。本模块主要介绍了房地产买卖、房地产租赁、房地产抵押的流程与合同。

思考与练习

一、填空题

1. _____是指房地产开发企业将正在建设中的房屋预先出售给承购人,由承购人预付定金或房价款的行为。

2. _____是在土地使用权或房屋所有权发生转移时,由承受人缴纳的一种税。契税实行比例税率,契税税率范围为_____。

3. _____是对有偿转让国有土地使用权及地上建筑物和其他附着物的单位和个人征收的一种税。

4. _____是对从事工商经营,缴纳增值税、消费税、营业税的单位和个人征收的一种税。

5. _____是对经济活动中签立的各种合同、产权转移书据、营业账簿、权利许可证照等应税凭证文件为对象所课征的税。

6. 房屋租赁主要有_____和_____两种方式。

7. 合法租赁合同的终止一般有两种情况:一是合同的_____,二是_____。

二、选择题

1. 中华人民共和国境内转移土地、房屋权属,应当依照规定缴纳契税。转移土地、房屋权属包括下列(   )行为。

    A. 土地使用权出让   B. 土地使用权转让,包括出售、赠予互换

    C. 房屋买卖   D. 房屋赠予

    E. 房屋互换

2. 商品房销售代理的方式有(   )。

    A. 独家代理   B. 共同代理

    C. 参与代理   D. 二手代理

    E. 商业代理

3. 房地产抵押按房地产的现状主要可分为(   )。

    A. 土地使用权抵押   B. 建设工程抵押

    C. 预购商品房期权抵押   D. 现房抵押

    E. 物品抵押

4. 赵某承租了汪某的一处住房,在租赁期间,赵某私自改变了房屋墙体结构的行为属于( )。

    A. 违约行为   B. 侵权行为

    C. 免责行为   D. 过失行为

    E. 禁止行为

5. 房地产不得设定抵押权的种类有( )。

    A. 有限期内的土地

    B. 用于教育、医疗、市政等公共福利事业的房地产

    C. 列入文物保护的建筑物和有重要纪念意义的其他建筑物

    D. 被依法查封、扣押、监管或者以其他形式限制的房地产

    E. 已依法公告列入拆迁范围的房地产。

三、简答题

1. 简述商品房预售的一般流程。

2. 为了保证税收政策的连续性,支持某些微利项目的开发,鼓励普通标准住宅的建造,改善居民住房状况,国家对哪些行为减免征土地增值税?

3. 简述房屋出租的一般流程。

4. 房屋租赁合同的主要条款包括哪些方面?

5. 简述房地产抵押代理的登记程序。

实操篇

模块五 房地产居间业务能力训练

知识目标

1. 了解房地产居间的含义、特点；熟悉房地产居间活动的类型及原则。
2. 掌握房地产居间业务的基本流程及居间业务操作中的基本要求。
3. 了解房源的含义、特征及属性；熟悉房源管理的内容，房源的开拓、核实及管理。
4. 了解房地产居间业务客源的含义及特征；熟悉房源管理的内容，房源的开拓、登记、核实、管理及利用。
5. 熟悉房地产居间业务接待技巧，成交的影响因素及保护自我利益的技巧。

能力目标

1. 能够实地操作房地产居间业务。
2. 能够简单分析房地产居间业务纠纷问题。

素养目标

1. 培养较强的实战职业能力。
2. 培养爱岗敬业、诚信专业的工作态度。

模块五 房地产居间业务能力训练

任务一 房地产居间业务概述

课堂思考

开展房地产居间业务应先准备什么呢？

一、房地产居间的含义

居间是指当事人双方约定一方接受他方的委托，并按照他方的指示要求，为他方报告订立合同的机会或者为订约提供媒介服务，委托人给付报酬的合同。在居间活动中，接受委托报告订立合同机会或者提供交易媒介的一方为居间人，给付报酬的一方为委托人。

二、房地产居间活动的特点

1. 房地产居间人必"一手托两家"

房地产代理是房地产经纪机构接受委托人委托，以委托人名义完成委托人交代的事项，可以是房屋买卖代理也可是房地产广告代理、登记代理等。房地产经纪人员只要接受委托方委托，并完成委托事项，就可以拿到佣金。而房地产居间却不同，房地产经纪人员必须为委托人找到交易或其他活动的对象，报告订立房地产交易合同的机会或促成双方订立房地产交易合同，如房地产买卖居间，房地产经纪人员既要找到卖家，有房源，又要找到买家，有客源，并且要做好居间搭配，进行公关协调，达到双方同意，签订交易合同，才能获得房地产居间的成功，有机会拿到佣金。

2. 介入房地产交易程度较浅

房地产居间介入交易双方的交易活动程度较浅，只是向委托人报告成交机会或撮合双方成交，起到穿针引线、牵线搭桥的作用，其服务内容较为简单，参与双方交易过程的时间也比较短。

3. 房地产居间业务专业性强

房地产居间活动要求房地产经纪人员具有一定的房地产专业知识。房地产是一种特殊商品，交易双方投入的资金比较大，当事人对这种不动产的交易行为都比较慎重。房地产居间活动要求房地产经纪人员具有丰富的房地产业务知识及有关法律和合同、税费、抵押贷款等相关知识；对当地社区环境、经济条件熟悉，能掌握市场行情；消息灵通，反应灵敏，判断力强，信誉良好，诚实可靠，按职业道德准则办事。

4. 只以自己的名义进行活动

房地产居间人只以自己的名义为委托人报告订约机会或替交易双方撮合交易，并不具体代表其中任何一方，因此，房地产居间人没有代为订立合同的权利。如果房地产经纪人员代理委托人签订合同，这时房地产经纪人员的身份就不是居间人，而是代理人的身份了。代理人与相对人签订合同只能以被代理人的名义，而不能以代理人自己的名义签订。房地产经纪人员在居间活动中的法律地位与在代理中的法律地位是不一样的，居间人只以自己的名义进行活动。

5. 房地产居间活动范围广

房地产居间活动可以渗透到房地产经纪活动的整个过程,从房地产项目的筹划开始就可以涉足,在融资筹资、地块选取、规划设计、施工、销售各个阶段,都可以发挥牵线搭桥的作用。但目前,我国房地产经纪还仅局限于房地产的流通领域,即房地产的买卖、租赁居间。

6. 服务的有偿性

房地产居间是一种有偿的商业服务。任何一种居间行为都是有偿的,只要房地产经纪人员完成了约定的居间活动,促成交易双方成交,房地产经纪人员才有权收取佣金。由于房地产的价值大,因此,房地产经纪人员的居间佣金较高。

知识链接

房地产居间活动与其他活动的区别

1. 房地产居间与行纪的区别

居间与行纪活动的相同之处是在行纪活动中,受托人也是以自己的名义为委托人从事商业活动。行纪与居间所不同的是行纪活动中,受托人只能以自己的名义进行活动,而且受托人要与相对第三人发生业务关系,其产生的后果由受托人自己承担(这也是行纪与代理的主要区别)。而房地产居间人只与委托人确立合同关系,与相对第三人有业务上的接洽,但不一定产生法律关系。当然,有时房地产经纪人员也可能同时接受相对人的委托,确立合同关系,即成为交易双方的委托人。这样,在一宗居间业务中就存在两个居间合同。但是,居间合同的标的与行纪活动中受托人与第三方业务合同,如拍卖合同等是不同的。

2. 房地产经纪人员与居间人、代理人、行纪人的区别

房地产经纪人员是从事房地产中介服务行业的一种中介从业人员。目前,房地产中介行业基本上分为房地产咨询、房地产估价和房地产经纪三大类。根据房地产经纪人员具体从事的经纪活动以及其在经纪活动中所处的法律地位,房地产经纪人员的身份分别为居间人、代理人和行纪人。也就是说,房地产经纪人员在居间活动中是居间人的身份,在代理业务中是委托人的代理人,在行纪关系中是从事行纪业务的执业人员(如拍卖师等)。

3. 房地产居间与代理的区别

中介活动作为一种商业行为与通常的交易行为的最主要的区别是中介人并不占有交易对象。中介人从事的是一种商业服务行为,他以获取佣金为目的。从广义上说,代理也是一种中介服务活动,但房地产经纪人员作为代理人时其所处的地位已不再是中立的了,他必须是以被代理人的名义而且是在被代理人授权范围内从事活动,代理活动所产生的法律后果也由被代理人承担。而居间活动中,居间人(中介人)是以自己的名义从事活动,而且房地产经纪人员是根据自己所掌握的信息、资料等独立地做出意思表示。居间人对自己所从事的活动承担法律后果,若委托人与相对人交易成功则提取佣金,交易不成则徒劳无益。因此,居间是最典型的一种中介活动。

三、房地产居间活动的类型

在房地产流通领域活动过程中,更多渗透着房地产居间活动。为了适应房地产居间业务广泛性、大量性这种市场的需求,不同内容的房地产居间活动也逐步发展成为专业化操作的、相对独立的工作领域。

1. 按所委托内容分类

根据房地产居间人所接受委托内容的不同,可分为指示居间和媒介居间。

指示居间是指居间人仅为委托人报告订约机会的居间;媒介居间是指居间人仅为委托人订约撮合、媒介的居间。无论何种房地产居间,房地产居间人都只是在房地产交易双方当事人之间起介绍、协助作用的中间人。

2. 按交易类型分类

房地产居间业务的范围相当广泛,几乎可以涉及房地产交易的各种类型,如房地产买卖居间、房地产租赁居间、房地产抵押居间、房地产投资居间、房屋置换居间、土地使用权转让居间等。但最主要的房地产居间业务是房地产转让居间和房地产租赁居间。

(1) 房地产转让居间业务。房地产转让居间是指房地产经纪人员为使房屋或拥有土地使用权的转让方和受让方达成交易而向双方提供信息和机会的居间业务。房地产转让包括的内容丰富,如买卖、赠予、交换、继承、以房地产合资入股、以房地产抵债等多种形式,其中房地产经纪人员报告、促成任何一项交易,都可称为房地产转让居间。但房地产经纪人员从事的房地产转让居间业务主要是指房地产买卖居间。主要包括以下两种。

1) 房地产委托购买。委托人将自己的购房意向告知房地产经纪人员,经登记后,房地产经纪人员为委托人寻找房源,在达成购买意向后签订房屋买卖合同;办理交易过户及按揭贷款手续;办理房屋交接并收取佣金。

2) 房地产委托出售。委托人将自己的房地产权利交给房地产经纪人员进行出售,包括房地产所有权、使用权以及土地使用权的出售。此时房地产经纪人员应先审查房地产权利人的身份证明、法人证明、委托标的物的权属证明等;然后发布信息,为委托人寻找买家;达成意向后签订房屋买卖合同;办理交易过户登记;办理房屋交接。

(2) 房地产租赁居间业务。房地产经纪人员为使房屋承租方和出租方达成房屋租赁交易而向双方提供信息和机会的居间业务。房屋租赁主要包括:新建商品房的期权预租、新建商品房现房出租、存量房屋的出租和转租,因此房地产租赁居间可分为新建商品房的期权预租居间、新建商品房现房出租居间、存量房屋的出租和转租居间。当前房地产租赁居间业务主要还是以存量房屋出租居间居多。

四、房地产居间活动的原则

1. 公平公正原则

房地产居间活动是在买卖双方之间进行的,也有的中介业务是直接在委托人之间进行的。因此,坚持公正公平的原则,是使交易双方都满意的基础,尤其是穿梭于买卖双方的经纪人,决不能偏袒一方、欺骗一方,更不能联合一方、坑害一方。如若不然,既违反职业道德,又有失公正公平原则,更是法律所不容许的。买卖要公平,处事要公正,只有这样,房地产经纪人员才能赢得客户的信任,才能不断提高自己的知名度,才能创出自己的品牌。

2. 热忱服务原则

房地产经纪人员在房地产居间活动中必须始终保持满腔的热忱,诚恳对待委托人和潜在的买主。无论潜在买主有无可能变为现实,房地产经纪人员都要一视同仁,绝不能冷落只问不买的顾客。热忱不是虚情,尤其不能过分殷勤,以免使人反感。热忱是发自内心的感情,热忱服务不但要反映在态度上,更重要的是体现在居间活动的整个过程中,体现在办事效率和认真的作风上,不能买卖合同订好以后,就判若两人。

3. 自律自重原则

房地产居间活动很容易受到来自各方的金钱物质的诱惑,在金钱物质面前,房地产经纪人员如何保持清醒的头脑,自律自重很重要。这就要求房地产经纪人员不断加强自己的道德修养,增强自己的法制观念,不断审视自己的行为是否符合房地产经纪人员的职业道德,始终保持一个真正的房地产经纪人员应该具有的职业道德。

4. 合理佣金原则

房地产居间活动要付出劳动,佣金即为房地产经纪人员付出的劳动的代价。佣金的收取要坚持合理的原则,合理尺度应有一定的标准。如房地产买卖一般规定为房地产交易价格的1%～3%;房屋租赁佣金一般为一个月房租的50%或一个月的租金。有些智力型的中介活动,一般按项目工程总额的一定比例提取作为佣金。至于有些法规没有规定的,可以在委托合同中双方约定,绝不可以私下乱收佣金及各种名目的费用,佣金收取的时间也应在委托合同中约定。

5. 恪守合同原则

一旦委托合同或买卖合同签订生效以后,当事人应当按照合同的约定全面履行自己的义务,任何一方不得擅自变更或解除合同。如果不履行合同义务或者履行合同义务不符合约定,应当承担违约责任。按约履行即指当事人依照合同规定的标的、质量、数量、期限、地点、方式等内容完成自己的义务。恪守合同还要秉承诚实、守信、善意、不滥用权利或者规避义务的原则。除应履行法律和合同规定的义务外,还应履行依此原则产生的附随义务,即当事人依据合同的性质、目的和交易习惯履行通知、协助、保密等义务。

任务二 房地产居间业务的流程

课堂思考

开展房地产居间业务应该从哪一步开始呢?

一、房地产居间业务的基本流程

1. 寻找委托人

房地产经纪机构的生存主要依靠接受各种房地产委托人的委托,开展房地产经纪服务,可以说房地产委托人是房地产经纪机构的衣食父母,因此,房地产经纪机构必须积极融入房地产市场,进行必要的市场调研,提高自己的专业水平,同时通过客户介绍、广告宣传等手段提高企业的名声与信誉,让委托人找上门或主动出击,积极承揽各项房地产居间业务。当房地产委托人已有初步委托意向时,房地产经纪机构就要派出房地产经纪人员与其进行业务洽谈。

(1)要倾听客户的陈述,充分了解委托人的意图与要求,衡量自身接受委托、完成任务的能力。

(2)查验有关证件如身份证明、公司营业执照、房地产权证等相关证明文件,了解委托人的主体资格、生产经营状况及信誉。

(3)向客户告知自己及房地产经纪机构的姓名、名称、资格以及按房地产经纪执业规范必须告知的所有事项。

(4)双方就居间方式、佣金标准、服务标准以及拟采用的居间经纪合同类型及文本等关键事项与客户进行协商,对委托达成共识,这是居间业务洽谈中最重要的内容。

2. 开拓房地产的房源与客源

(1)房地产居间业务的开展既需要房地产市场的供应方,也需要房地产市场的需求方,只有找到了供需双方,才能开展供需搭配业务,在房地产市场中生存。因此,房地产居间客源、房源的业务开拓是具体居间业务开始前的准备工作。

(2)房地产经纪机构可以通过市场调研以及在房地产报刊、期刊、网站收集相应房源信息,同时和一定的开发企业建立业务往来,接受委托,获得第一手信息,房地产经纪人员还应积极参加房地产交易会、展销会,拓展自己的业务,同时丰富自己的房源信息库。

(3)房地产经纪是交易双方的中介,没有客户就无法完成经纪工作,寻找客户是房地产经纪人员达成交易的关键。

(4)房地产经纪机构只有勤奋地积攒房地产的房源、客源信息,使房地产的房源、客源信息达到一定的规模,才能吸引更多的委托人和需求人,提高居间业务的成功率。

(5)房地产居间业务开拓的主要工作是在拥有大量房源的基础上,进行客户开拓,争取客户。有些房地产经纪机构为方便居间业务的开拓常常采取连锁经营,开展店铺分设、免费为有房一方入户登记等,以获取较好的房源信息。

3. 现场查验

房地产经纪机构如果想做好居间搭配,就必须深入实际了解所委托或所掌握的房源。由于房地产商品的独一无二性、地域性及其交易手续、权属内容的复杂性,房地产查验就成为房地产经纪人员在签订正式居间合同的前期准备工作。房地产经纪人员要对接受委托的房地产的权属状况、文字资料、现场情况等进行查验。查验的主要内容如下。

(1)房地产的环境状况。包括标的房地产相邻的物业类型、周边的交通、绿地、生活设施、自然景观、污染情况等。

(2)房地产的本身基本状况,包括房地产所处地块的具体位置和形状,房屋建筑的结构、设备、装修情况、建筑面积、朝向、楼层、户型,以及房屋建筑的成新、房屋建设年代等。

(3)房地产的权属情况。

1)房地产权属的类别与范围。需要特别指出的是,房地产权属是否清晰是能否交易的必要前提。对权属有争议的、未取得房地产权证的、房屋被司法或行政部门依法限制和查封的、依法收回房地产权证等有瑕疵的产权房,都不得转让、出租、抵押,因而涉及此类物业的房地产居间业务,房地产经纪人员不能接收。

2)房地产其他权利设定情况。房地产其他权利设定主要包括设定租赁权、抵押权、典权、国家对于这些权属的权力范围、禁止行为范围都有明确规定,如果所居间房地产拥有其他权利设定,对标的物交易的难易程度、价格高低、手续繁简均会产生重大影响,必须在事先核实清楚。

(4)房地产价格基本情况。包括当时购买价格、拟销售价格,对于出租房屋须掌握租金标准,当地同类型房地产的价格水平、租金水平、市场供需状况等。

4. 建立居间的房源档案

实地勘察后的委托房屋应立即输入房源档案,将相关调研表格、资料详细存储,以共享形式输送到网络,如果需要保密要做好加密工作。同时房地产经纪机构平时应注意收集相关房地产市场、新盘开发、二手房交易等相关档案。

5. 签订房地产居间委托合同

经过寻找委托人,并与有意向的人联系、沟通、谈判之后,房地产经纪人员接受委托人的委托,应就所达成的一致内容签订房地产居间委托合同。房地产居间合同的当事人双方既可以都是自然人或法人,也可以一方是自然人另一方是法人。自然人必须具有完全民事行为能力。签订房地产居间合同既可采用房地产居间合同示范文本,也可由双方共同协商,自行拟订合同。

6. 进行居间搭配

房地产经纪人员受理了委托业务后,并对房地产标的进行实地踏勘后,在充分掌握委托房地产相关的市场信息后,应在自己的房源、客源信息中寻找相匹配的需求者。如没有合适客源,应进行信息传播,以吸引潜在的交易对象,可以通过报纸、电视广告、经纪机构店铺招贴、人员推介、网络、邮发函件、参加房交会等传播方式进行信息传播。传播内容以房地产的基本情况为主。在多个房源与多个客源之间,房地产经纪人员利用自己的专业知识进行初步的居间搭配。

7. 与相对人双方分别谈判、沟通

与相对人双方分别谈判、沟通阶段主要是房地产经纪人员首先与需求者联系、介绍,了解需求者真正的意图、拟需要的房源。其次,根据所掌握的信息介绍基本的合适房源。接着,房地产经纪人员与相对人进行沟通、谈判,了解房地产居间相对人对房源的满意之处及不满意的地方,对不满意的地方进行解释、劝导,或提供新的房源信息。

8. 对有意向者引领着办

对于有需求意向的相对人,房地产经纪人员就要引领现场看房。现场看房是房地产交易中必不可少的环节。通过现场踏勘,可以让有需求的相对人如买方(承租方)更进一步了解拟交易的房地产的结构、设备、装修等实体状况和物业的使用状况、环境状况,并充分告知与该房地产标的物有关的一切有利或不利因素。

9. 撮合成交

在这一阶段,房地产经纪人员要尽力促使交易的成功,主要工作是协调交易双方的矛盾,促使双方对交易达成共识。通常情况下,交易双方总是各自站在自己的立场上考虑问题,常常难以就成交价格、合同条款等达成一致意见。这就需要房地产经纪人员以专业经纪人的身份和经验协调双方的认识,解决双方间的矛盾,使双方达成交易共识。

10. 领取居间佣金

房地产交易过程完成后,房地产经纪人员应及时与交易双方进行佣金结算,金额和结算方式应按合同约定确定。

11. 协助双方完成其他相关服务活动

房地产的交易产权关系复杂,因此在可能的情况下,房地产经纪人员为取得较好的信誉和促成交易成功,应提供必要的其他相关服务活动。如帮助买房一方进行物业验收、办理产权、按揭等业务。

物业交验是房地产交易过程中容易暴露问题和产生矛盾的一环。房地产经纪人员应在交易合同所约定的交房日之前,先向转让方(出租方)确认交房时间,然后书面通知受让方(承租方)。物业交接时受让方(承租方)要查验物业实际情况是否与合同约定相符,如房屋质量、设备、装修的规格等。这时房地产经纪人员必须充分发挥自己的专业知识和经验,协助受让方(承租方)进行核对。

房地产是不动产,其交易行为的生效必须要通过权属转移过户、登记备案来实现。有些房屋还需办理住房公积金或商业贷款业务,在这一阶段,房地产经纪人员要协助交易双方办理权属登记(备案)、房屋按揭工作,如告诉房地产受让人(承租人)登记机关、银行的工作地点、办公时间、必须准备的材料等。

要注意的是,在房地产代理业务中,房地产经纪人员要代理委托人办理房地产权属登记备案,但在房地产居间业务中,房地产经纪人员不能亲自代理委托人进行房地产权属登记备案,只能协助其办理相关手续。这也是代理和居间的区别。

12. 其他售后服务

售后服务是房地产经纪机构提高服务、稳定老客户、吸引新客户的重要环节。居间业务的售后服务内容包括3个主要方面:第一是延伸服务,如作为买房居间人时可为买方进一步提供装修、家具配置、搬家等信息咨询服务;第二是改进服务,即了解客户对本次交易的满意程度,对客户感到不满意的环节进行必要的补救;第三是跟踪服务,即了解客户是否有新的需求意向,并提供针对性的服务。如买了二室户住房的客户,一段时间后又要买更大的住房等。这样做,既能为客户提供最大的便利,也有助于今后业务的进一步开拓。

二、房地产居间业务操作中的基本要求

(1)掌握从国家到从业地区的房地产政策与市场管理规定。房地产业是一个受国家宏观政策影响较大的行业,所以作为房地产经纪人员必须密切关注国家的相关法律政策法规,及时进行收集、跟踪、分析,要有敏锐的政治嗅觉,以便不断适应宏观政策,预测未来房地产市场的变化。房地产经纪机构应不断收集中央政策、法规和地方政府的政策、规定。主要关注:

1)商品房转让、登记的一些具体规定;

2)非商品房上市的有关规定;

3)房地产税费的调整规定;

4)规范房地产市场的有关规定;

5)促进房地产市场发展的有关规定;

6）房屋租赁管理办法及实施细则；

7）物业管理办法及实施细则；

8）行业规范管理的有关规定。

(2) 熟悉从业城市和区域的基本情况。

1）城市建设与规划发展。一个城市的经济发展现状、未来发展前景，以及规划的最新动态，是房地产产品存在的宏观环境，同时会影响房地产产品的未来价值，所以从事居间业务的房地产经纪人员需要了解城市的地理位置、主要产业、GDP情况、房地产投资情况、实施总体规划、未来交通、道路、公共设施建设情况等。

2）从业区域各个区片的基本情况。同一个城市不同的区域有不同的特点，有的区域是老城区，各种设施配套齐全，交通便利，房地产价格相对较高，但房屋较陈旧；有的区域是经济开发区、高新区域，市政府未来投资的重点，房屋较新，设计合理，环境好、空气清新，但可能暂时配套不完善，交通不便。所以房地产经纪人员要了解自己主要从事的区域的经济发展情况、区域特点等，也要了解相关区域的情况。

(3) 掌握从业地区房地产交易市场情况。房地产市场包括全国房地产市场、全国某类房地产市场、某区域房地产市场、某区域某类房地产市场。所以在了解大环境的前提下，房地产经纪人员应关注从业地区的房地产交易市场情况。主要关注：

1）从业地区房地产交易操作程序及相关手续；

2）从业地区房地产市场动态；

3）居间或代理的各类房地产个案情况；

4）竞争产品和对手；

5）从业地区的房地产广告设计及发布渠道、主要媒体及其预算等情况。

任务三　房地产居间业务的房源管理

课堂思考

房源如何管理和开拓？

一、房源的含义及特征

1. 房源的含义

在房地产开发中，开发商需生产各种房地产产品，通过销售才能获得利润，而在房地产居间业务中，必须有房地产的需求者和供给者，居间人才能利用房地产产品进行居间活动，以便获得盈利。可见，房地产居间活动首先必须有可供委托人和相对人进行交易的对象，这就是房源。狭义的房源通常被认为是委托房地产经纪人员出售或出租的物业。广义的房源不仅包括委托出售、出租的物业，还包括物业的业主（委托人）。综上所述，房源应当是指业主（委托方）及其委托出售、出租的物业。

2. 房源的特征

（1）公共性。在大多数情况下业主（委托人）为了尽快地卖出或租出自己的房产，会在同一时间里接触尽可能多的客户，因此他们通常会委托多家房地产经纪公司和多名房地产经纪人员为其服务，对于房地产经纪人员来说房源并不是其拥有的商品，而只是其可利用的信息。也有的房屋业主（委托人）使用互联网发布信息，寻找购房人或出租人。这都反映了房屋的公共性。

（2）变动性。如果房源所在房地产市场比较成熟，房价每月有变动，则居间房源应随市场而作价格变动；如果房源所在房地产市场不完善，房价在两年内没有大的变动，则居间房源价格变动性较差。房源因素的变动还可能随着业主心态的变化而发生变动。房源使用状态的变动一般较少发生，它是指在委托期间，房屋的使用状态（如闲置、居住或办公等）发生变化，如原本闲置的待出售的房屋，业主（委托人）决定先租给他人居住等，但并没有因此拒绝有兴趣的买家去看房、购买等。因此房源变动有两个方面，即价格因素的变动和使用状态的变动。

（3）可替代性。虽然每个房源都是唯一的，具有明显的个别性，但在现实生活中，人们对房屋的需求却并不是非某一套不可。具有相似地段、相似建筑类型、相似户型的房屋，在效用上就具有相似性，对于特定的需求者而言，它们是可以相互替代的。这就使房源具有可替代性这一特征。两个相距不到 100 m，只有一街之隔的两个其他条件（规模、质量、户型等）都相似的开发项目，购买者必然会进行反复比较，最后定夺。即使不在同一区域，价位、档次相近的楼盘也具有替代性。

二、房源的属性

（1）房源的物理属性。房源的物理属性是指房屋周边环境及自身的物理状态。房地产居间的成功很大程度取决于房源的区位，居间的房地产具有不可移动性，其价格与区位有紧密关系。与其他商品不同的是，房地产商品具有显著的个别性。居间的房地产各有各的特点，世界上不存在两套完全相同的房地产。例如居间房源的外观、结构、设备、装修、土地的形状、基础设施完备程度、新旧程度等各不相同，房源的面积、朝向、户型，组合完成的功能，质量的好坏、物业管理的优劣都将会影响居间的成交。对于二手房来说，其价格的特殊性则表现得更加突出。除上面提到的各种差别之外，二手房在保养、装修状况等方面存在的差别也会影响其内在价值和市场价格。

正因为房地产存在着明显的个别性，令市场上很难有一个权威的、明确的"定价标准"，因此一般情况下，由需求人来适应房屋，这就需要房地产经纪人员在充分了解需求人和房源特性的基础上，进行合理搭配，正是因为房源为非种类物，才为房地产居间创造了条件。

（2）房源的法律属性。主要包括房屋的合法用途及其权属状况。房屋用途通常可分为居住用途和非居住用途两大类。房源的权属状况一般由特定的法律文件以房地产权属证书和有关证件为依据。现行的土地权属证书有《国有土地使用证》《中华人民共和国集体土地所有证》《集体土地使用证》和《土地他项权利证明书》4 种，房屋权属证书有《房屋所有权证》《房屋共有权证》和《房屋他项权证》3 种。

（3）房源的心理属性。是指业主（委托人）在委托过程中的心理状态。随着时间推移，心理状态往往会发生变化，从而对房源的一些因素产生影响，如价格因素。

房屋的价格是由房屋业主(委托人)决定的。他们对市场信息的了解程度,以及其出售或出租的心态,是他们决定房源价格的重要依据。这两个依据在房屋交易过程中都容易发生变化。

由于房地产市场为不完全市场,所以房屋业主(委托人)所能了解的市场信息是有限的,开发商的宣传、媒体的轰炸、房地产经纪人员的介绍,往往成为他们了解市场行情的主要渠道。业主在决策时,会倾听朋友、家人、同事买房、卖房、看房的经验,这些信息的不确定性,会引起业主(委托人)的心理变化。

三、房源管理的内容

房源管理就是房地产经纪公司利用所掌握的房地产市场信息,不断地开拓房源、积攒房源,以为客户提供满意的房源为目标所进行的各项管理活动。房源管理主要包括以下内容。

(1)房源的开拓。房源的开拓,就是房地产经纪公司利用各种手段,最大限度地获取可靠的房源信息。

(2)房源的登记。通过对房源的开拓,对于有委托意向的房源进行登记,为开始房地产居间活动做准备。

(3)房源的核实。房地产经纪人员亲自到房源现场,获得有关房源的第一手可靠资料。

(4)房源的分析。对于大量的房源信息,必须进行归类、整理,作出客观的分析,使房地产经纪人员做到心中有数。当找到合适的客源时,恰当地搭配,以完成房地产居间任务。

(5)房源的更新。有的房源在还没有找到合适的客源时,已经发生了部分信息的变化,所以房地产经纪人员必须及时跟踪,多和房源的所有者沟通,以便更新房源信息,促成房地产居间成功。

(6)房源利用。房源信息可以为房地产经纪人员进行居间活动提供多个备选方案,也可为房地产代理、行纪、咨询等他项活动提供资源。

四、房源的开拓

(1)房源开拓原则。

1)持续性。在获知目标房源的资料后,房地产经纪人员必须及时核实获取信息,力争在最短的时间内使其成为有效房源。由于房屋的变动性,有关资料会随时变化,房地产经纪人员应及时对房源有关信息进行更新,以保证房源的有效性。

2)集中性。房地产经纪机构所收集的房源要具备相对集中的特点,即有针对性地在某一区域收集某一类型的房源,从而令自己较齐全地拥有该类型的房源资料,这样,该房地产经纪公司就能够为对该类房屋有需求的客户提供较多的选择,从而就容易促成交易。

3)持续性。在居间业务中,房源是动态的。经常会出现这种情况:上周获取的这一套房源资料在当时有用,但这周已被人购买,成为无用的房源资料。因此,房地产经纪机构对房源的开拓必须遵循"持续性"原则,持之以恒地进行,这样才能保证在进行居间业务时,有充足的房源可利用。

(2)散户房源的开拓。散户,是指普通的消费者,他们单个拥有的房屋数量不多,一般为一套或几套。目前,散户这部分的房源是房地产居间业务中最重要的房源。针对散户房源的开拓渠道主要有以下几个。

1)报纸广告。由于报纸信息传递迅速、传播面广,报纸广告是房地产经纪公司最常用的宣传方式之一。一般来说,房地产经纪公司除在广告中刊登"放盘热线电话"及"放盘地点"(一般为房地产经纪公司及其分支机构的办公地点)等"求盘"信息外,还会发布一些被该公司所掌握的房源信息,尽可能充分地利用广告资源,吸引各类目标客户。

房地产经纪公司一般应选择在当地发行量最大、消费者最爱阅读的地方报纸刊登广告或专门发布房地产供求信息的房地产报,以保证广告效果。较理想的做法是定期刊登,如每周刊登一次或两次等,从而不间断地对消费者进行信息轰炸,使他们在有房地产交易的需求时,立即就会想起该公司。对于零散的房源,刊登广告信息是当前争取较多房源的比较有效的措施。

2)路牌、灯箱、车身广告。在某些街边、路口发布路牌、灯箱广告,或在商场、大厦和住宅小区出入口等的宣传栏上张贴房地产经纪公司的宣传海报,在一些主要线路车身做车身广告,吸引过路者观看,这也是房地产经纪公司宣传公司形象从而开拓房源的一个较好方式。

此类广告,费用相对报纸广告较少,其优势则是目标性强,会给周边居民留下深刻印象。它也是房地产经纪公司常使用的一种措施。不过,路牌、灯箱、车身广告的信息传播面较窄,总体影响力不及报纸广告。

3)互联网。随着电子科技的发展,互联网已成为人们传播、获取各类资讯的新兴渠道。因此,在网上刊登广告也成为房地产经纪公司的一种重要选择。尤其是在购房者年龄越来越趋年轻的形势下,这一渠道被不少房地产经纪公司看好。

有些有条件的房地产经纪公司还建立了自己的网站,以便更集中地宣传自己的优势,同时也更及时地发布房源的供求信息。更重要的一点是:拥有自己网站的房地产经纪公司,可以在网站上实现与客户的"现场互动",通过技术支持,使客户可以随时将自己的房源信息传输到该网站上。

4)电话访问。房地产经纪人员通过老客户、一些朋友、同行等,可以获知一些目标客户的电话号码,则房地产经纪人员可对其进行电话访问,咨询其房屋资料,这也是可以立即见效的一种开拓房源的渠道。

通过这种渠道开拓房源的房地产经纪公司应当注意两点:一是电话访问目标客户的有效率必须保持在一定水平线上,否则投入的成本可能会过高;二是要对负责电话访问工作的人员进行专业的培训,以使他们掌握高水准的业务操作技巧,保证电话访问的效果,就算被访问的客户一时之间不能提供可以利用的房源信息,也能给客户留下较好印象,树立公司的良好形象。

5)派发宣传单张。选择一些目标客户,通过寄发(直邮)、当面派发房地产经纪公司的宣传单张,以引起客户关注,获取房源信息。这种方式比路牌广告的目标性更强,成本比路牌、灯箱广告费用更低,对于特定区域的房地产效果明显,被许多房地产经纪公司所采用。但此类信息如果过多过滥,会引起信息接收者的反感,起不到应有的宣传效果。因此,采用这一方式的房地产经纪公司,选择好派发宣传单的位置、时间、针对的对象,并应努力在宣传单张的设计及派发方式上进行创新,以保证宣传效果。

6)直接接触。房地产经纪人员直接与目标客户接触,从而获取有关的房源资料,也是目前较常用的一种开拓房源的渠道。在这里,可以将与目标客户的直接接触分成三种:第一种是对于一些可能会出租、出售的房屋,房地产经纪人员上门找到其业主去了解洽谈;第二种是在某些公共场合,如房地产拍卖会、房地产展销会、楼盘的售楼部等,房地产经纪人员主动与现场的买家(或潜在买家)接触,以获得房源信息;第三种是由房源的业主主动到房地产经纪机构各个连锁经营店铺进行登记,委托房地产经纪人员帮助寻找合适的承租人、购买人。

另外,还有一些其他的开拓房源的渠道,如有的房地产经纪公司对于一些能够提供有效信息的个人(或机构),交付信息费,以此获得房源信息;也有的房地产经纪公司会去搜集广告媒介发布的其他供求者的信息,为自己所用;还有些房地产经纪人员会依靠自己的人际关系网去搜集信息。

(3)大户房源的开拓。大户是相对于散户而言的,它通常指的是一些拥有批量房屋的单位。对于这些大户,房地产经纪公司一般采用"主动出击"的方式去获得其房源资料,即根据这些大户的具体情况,制定有关处理方案,并派专人(或工作小组)去洽谈、跟进。大户房源主要有以下几种类型。

1)房地产开发商。房地产开发商的楼盘销售了一段时间后,可能销售状况不好、销售进度缓慢,会剩下一些"尾盘"。这时从成本等角度考虑,房地产开发商会将所剩房源委托给房地产经纪公司销售或出租。有些房地产经纪公司为了争取到这样的数量可观的房源,会主动联系该房地产开发商,精心提供营销方案、处理方案。

2)大型企事业单位。有些大型企事业单位会把与房地产开发商合作开发楼盘后"分得"的房屋,以及进行集资建房的房屋,售给本单位职工后,仍有剩余,这些数量可观的待处理的房屋,由于这些单位往往不具备销售或出租这些房屋的专业资源,因此会将这些房屋委托给房地产经纪公司销售或出租。有些本单位职工由于拥有自己的房屋,有时甚至两套,不愿意再购置,但又舍不得单位优惠的价格,也会加一定的价,转手委托给房地产经纪人员销售。

3)银行、资产管理公司。往往会拥有一些作为抵押物、查封或不良资产的房地产,房地产经纪公司如果能为其提供合适的销售或租赁方案,银行、资产管理公司一般会愿意将这些房地产委托给房地产经纪公司销售或出租。房地产经纪公司也可主动开拓这一渠道获取房源。

4)房地产相关企业。在某些情况下,楼盘的房地产开发商会利用其房屋去抵工程款、材料款甚至广告费等,从而使房地产相关行业的某些单位,如建筑商、材料商甚至媒体等拥有批量房屋。这些单位由于不是专门从事房屋销售的部门,因此,为尽快回收资金,减少销售时间,通常也会将所得到的房屋委托给房地产经纪公司销售或出租。

五、房源的登记

房地产经纪公司通过房源开拓,房地产经纪人员的积极联系,最终获得可靠的房源信息,此时,房地产经纪机构一般都有规范的房源登记表格,一个有效的房源信息一般包括委托人资料、物业资料、放盘要求等基本内容。

(1)委托人资料主要登记:委托人(业主)的姓名、联系电话、通信地址等信息,必要时还可让委托人(业主)留下身份证号码,以保证其资料的真实性。

(2)物业信息状况主要登记:房屋的位置、产权证(如房地产证、房地产预售契约等)、产权性质、面积、用途、户型、楼层、朝向、装修、家具电器、物业管理收费标准及是否抵押等。对于房屋状况的信息应尽可能详细地登记,以方便居间业务的开展。

(3)放盘要求主要登记:业主(委托人)所定的出售或出租价格,以及交房日期、税费支付方式等。

另外,对于房源的其他信息,如信息来源、业主(委托人)其他特别要求等,也应尽量在房源信息库里登记清楚。

六、房源的核实

房地产经纪人员为保证所得房源的真实性,必须进行产权核实、现场核实、证件核实等确认工作。房地产经纪人员应要求房源的所有者提供产权证明相关证件,如本人身份证明、法人身份证明、营业执照、产权证、抵押、出租等证明,并应到房地产主管部门进行查找、核对,确认其真实性。除此以外,房地产经纪人员必须亲临房源现场,进行实地勘测。一方面了解房源的周边状况、区域特点、市场价格,另一方面实地了解房屋的新旧程度、设施设备状况、房屋格局、装修状况、主要的房屋质量问题、面积的丈量与确认、物业管理现状。

七、房源的管理

在房地产居间业务中,通过房源的开拓获得较多的房源后,房地产经纪人员应做好房源的管理与利用。房地产经纪人员所需要的房源信息不是零星的、孤立的、个别的,而必须是大量的、系统的、连续的。因此,在搜集到大量的房源信息后,还必须对它们进行存储、分类、更新、利用,才能真正让其在居间业务中发挥效用。

(1)房源的分类。根据房源的特点,对其进行分类,可分为新盘、套盘、笋盘、散盘等。

1)新盘。将在最近一段时间内刚刚搜集到的房源信息,录入"新盘库",这样既便于房地产经纪人员掌握这些信息,也是提高工作效率的一个重要方法。有时候会存在这种情况:房地产经纪人员已将公司所拥有的所有合适的房源向某位客户进行了推介,但该客户一直不太满意。因此,从这时起,该房地产经纪人员就只需要留意公司的"新盘库",如果其中出现了合适的房源,再向该客户进行推介,否则就无须浪费资源和精力,去做"无用功"了。

2)套盘。套盘属房地产开发项目,通常有项目名称,如××花园等。同一项目的房源,往往存在基本统一的信息,如地址、物业管理费、交通条件、新旧程度等,而像朝向、户型、面积等房屋状况也较为接近,他们之间的"替代性"强,常常可用甲单元替代乙单元。因此,将这类房源归为一类,形成套盘,可便于信息的管理。在很多情况下,房地产经纪人员只需要维护其中一套单元的资料,就可以掌握整个项目的基本情况。

3)笋盘。笋盘即是指符合或低于市场价、极易成交的房源。"笋"是超值的意思。在某些情况下,房地产经纪人员开展居间业务的注意力集中在"笋盘"当中,可提高工作效率。

4)散盘。散盘是相对于上面3种类型的房源而言的,是指在上面3种以外的一些房源,没有固定的特点,只是房源信息库的一个组成部分。

(2)房源信息的更新。由于房源具有变动性等特征,因此必须对房源信息不断地进行更新,以保证其有效性。房地产经纪人员应注意密切与房地产委托人进行沟通,随时调换价格,添加新的要求,要将有关信息记录下来,更换房源信息,提高工作效率。

(3)房源信息的共享方式。房源信息的共享方式,主要依据市场现状以及房地产经纪公司自身的特点进行设定。一般分为公盘制、私盘制、分区公盘制等。

1)公盘制。公盘制是指将所有房源信息完全共享。目前,我国大部分房地产经纪公司采用的是公盘制。

公盘制的优点是使每个房地产经纪人员的"生意面"达到最广,工作效率也较高,一般情况下,一宗交易只需要一个房地产经纪人员跟进。公盘制的缺点是不利于激发房地产经纪人员搜集房源信息的积极性,部分房地产经纪人员为了个人的利益,会出现"留盘"行为,而且房源信息较容易外泄。

2)私盘制。房源信息由被委托的房地产经纪机构独家拥有称为私盘制。当房源信息由接受业主(委托人)委托的房地产经纪机构录入后,其他房地产经纪机构只能看到房源的基本情况,业主的联络方式只有该接受委托的房地产经纪机构拥有。其他房地产经纪机构要联系该物业的业主(委托人),只有通过该房地产经纪机构。当其他房地产经纪人员促成交易后,该房地产经纪机构可分得部分佣金。

私盘制的优点:保障了搜集房源信息的房地产经纪人员的利益,有利于提高其搜集房源信息的积极性。因为房地产经纪人员搜集的房源信息越多,促成交易的机会就越大,他所分到的佣金也就越多。而且,在这种制度下,房地产经纪人员一般不会存在"留盘"行为(即将搜集到的房源信息"据为己有",不与其他同事分享)。

私盘制的缺点:多数情况下,每宗交易需要两个房地产经纪人员跟进(一个是搜集了房源信息的房地产经纪人员,一个是接触需求方的房地产经纪人员),工作效率较低,如果两个房地产经纪人员配合不当,还可能导致交易的失败。

3)分区公盘制。分区公盘制是在同一区域工作的房地产经纪人员可共享该区域的所有房源信息,如果需要跨区去开展业务,则要与其他区域的房地产经纪人员合作,从而拆分佣金。

分区公盘制的优点是在一定程度上,综合了公盘制与私盘制的优点,既保证了房地产经纪人员搜集房源信息的积极性,又使每位房地产经纪人员的"生意面"都比较广,工作效率也较高。这主要是因为房地产的地域性很强,房地产经纪人员主要在自己所在店铺附近拓展业务,"跨区"的个案较为少见。分区公盘制的缺点是房地产经纪公司对于分区的处理较为复杂。一些处于分区边缘的店铺,较难界定其业务拓展范围。

八、房源的利用

房地产经纪人员在居间业务开展中,常常会利用某些"索引条件"在房源信息库中查找合适的房源信息。较常用的查询要素(即"索引条件")主要有房屋名称、地址(或物业所处行政区域)、面积、用途、户型、出售或出租价格等。

在录入或更新房源信息时,要特别注意这些常用的查询要素,保证其真实性、有效性。另外,对于一些处在待售或待租状态的房源被称为"活跃房源",它们在居间业务中的作用不言而喻。已完成交易的房源属"不活跃房源",它们的作用有时则会被房地产经纪人员忽略,因而也就将它们"打入冷宫",不再注意对它们进行更新,这种做法是不科学的。因为随着时间的推移,这些"不活跃房源"也有可能再次变为"活跃房源",从而再次实现交易。

模块五　房地产居间业务能力训练

经纪故事

链家"真房源"

既然"真房源"对于中介行业这么重要,为什么在过去十年其他中介和线上信息平台没有把"真房源"作为核心战略来推进呢?链家集团董事长左晖说:"第一是没有意愿,因为'假房源'模式从短期来看,虽然有损客户体验,但更容易吸引客流。2011年,链家开始做'真房源'的前三个月,经纪业务连续下滑,还引发了离职潮。但三个月后,消费者又回来了,房地产经纪人员也因为消费者的回归而获得了继续推行'真房源'的信心。第二是没有投入,做'真房源'的基础是昂贵的技术体系,前提是要有全面的、真实的房源数据库,而链家在'楼盘字典'这个项目上已经累计投入了几亿元人民币,而且还远没有达到上限。而对于链家来说,'真房源'推进的最大难题是要'自己干掉自己'的竞争优势。"

2012年,链家进一步将成交价格公布。这就使得对房屋的定价能力这一核心优势也公开给了所有竞争对手。用户想知道这个小区最近有多少套房子成交了,价格是多少,竞争对手也想知道。信息一公开,这就倒逼链家不能依赖于原来的信息优势,要进化出来另外一种能力。

胡景阳说:"'真房源'管理要让业主跟平台建立'深连接',这样才能更有效地获取卖家信息,以及同房地产经纪人员的互动信息,让房源的动态管理和及时更新成为可能。如果不能与业主发生真实连接,并能够实时监督房地产经纪人员的行为,是不能做到对房源信息的有效动态管理的,也就很难保证'真房源'。"

左晖判断,中国房地产行业已经从增量时代步入存量时代,对于房产经纪行业来说既是新的机会,又提出了新的要求。对整个链家体系来说,对于未来的看法也许是这样的:利用贝壳找房这个行业开放平台,通过"真房源"的数据技术支持和"房地产经纪人员合作网络"等管理方法的输出,赋能整个行业,从而提升全行业的服务效率和客户体验,从根本上改变行业的生态。

任务四　房地产居间业务的客源管理

课堂思考

客源如何管理和开拓?

一、客源的含义和特征

(1)客源的含义。客源是指在房地产居间业务中,房源的需求人,即房源的购买人、承租人。房屋的供给方称为房源,房屋的需求方称为客源,客源与房源共同构成了居间活动的基本条件。

房地产经纪客源管理

163

(2)客源的特征。

1)时效性。客户的需求是有时间要求的,客户在表达购买或租赁需求时,均会有时间选择,是半个月或是几个月。没有时间限定的需求,需要确认是否有效,即使一个持币待购的投资者,在提供信息时都需沟通和确认现在是否仍然需要。

2)广泛性。因居间的房屋以散客为主,所以,客源的分布较广泛,没有明显的规律性,需要房地产经纪人员利用各种关系、媒介、可疏通渠道,获得更多客源。客源的广泛性,给房地产经纪人员带来居间的契机,又给房地产居间工作的开展带来一定的难度。

3)指向性。客户的需求意向是清楚的,是卖或租,是哪个区域,哪类房屋,能承受的价格或租金范围,有无特殊要求等,客户均有明确的指标。这些方面即使不是唯一的,也应有明确的选择范围。如果客户的需求不清,房地产经纪人员则要对其进行引导和帮助,使其需求明确,这样才能成为真正的客源。

4)谨慎性。很多客户都是积攒一生储蓄来购房,因此对于房源的要求很苛刻,对于购房行为很谨慎,有的经过多次谈判,还是最终放弃,有的租房客户不仅关心房屋本身,还会关心和房屋相关的所有因素,某一项不合要求,也会放弃承租的愿望。因此,房地产经纪人员应对客源的谨慎性做好充足的准备。

5)潜在性。客源严格意义上是潜在客户,是具有成交可能意向的购房人或租房人,他们的需求只是一种意向,而不像订单客户那样肯定,而能否成为真正的买方或租家,不仅取决于房地产经纪人员提供的客源服务,还取决于客户本身的要求、客户的性格等。

(3)客源的构成。客源由需求者及其需求意向、支付能力3个条件构成。

1)需求者。包括个人和公司或其他单位、组织。个人的信息包括姓名、性别、年龄、职业、住址、联系方式等;公司或其他单位、组织的信息包括单位名称、性质、地址、法定代表人、授权委托人、联系方式等。

2)需求意向。包括需求类型(购买或租赁)、房屋的位置、面积、户型、楼层、朝向、价格(或租金)、产权和购买方式、特别的要求等信息。

3)支付能力。支付能力将决定房地产需求者购置房产的类型,支付的方式等。

知识链接

客源和房源的关系

客源是房地产居间双方委托人与相对人交易的对象,是房地产经纪公司主要的经营内容,只有取得稳定、广泛的客源,才能促使房地产居间业务开展起来,并且在居间成功的前提下,获得应得的酬金,因此,客源也是房地产居间业务的衣食父母,是房地产机构必须重视并重点管理的对象。

房地产经纪公司之所以能够存在并发展下去,主要是房地产经纪人员有寻找、发现客源的能力,正是房地产经纪公司具有吸引大量客源的能力,才能更多地聚集房源,这样就给了房地产经纪公司一个空间,一方面帮助客源在市场上找到符合自己需要的房源,另一方面协助房源找到理想的客户,形成一个良性循环,达到房源的委托人、有房源需求的客源、房地产经纪机构三方皆赢的良好局面。

房源与客源的关系如下:

(1)互为目标,不断循环。在房地产经纪人员的活动中,有些时候是有了房源需要去找客户,这时的起点为具体的房源信息;有些时候则是有了客户需求,需要去寻找合适的房源,这时的起点为客户,目标对象为房源。房地产经纪人员正是在这种不断的目标对象转换中沟通供给与需求信息,达成交易。无论起点是什么,房地产经纪人员必须认定一方为确定的信息,否则便无从下手,无法推进。

(2)互为条件,缺一不可。房源和客源都是一项交易促成的不可或缺的条件。有客无房或有房无客,均不可能达成交易。一个房地产经纪公司的竞争力表现在其房源和客源的充裕度及房地产经纪人员的撮合能力上,一个房地产经纪人员的能力也表现在其获取和利用房源、客源和撮合的能力。在成熟的市场环境下,一个房地产经纪公司或房地产经纪人员可以只有房源或只有客源,但必须在另一个房地产经纪公司或房地产经纪人员处获取相对应的客源或房源,大家合作完成交易,因而从整个交易的完成来看,两者也是缺一不可的。

(3)两者相得益彰。房源开拓和客源开拓有共同的手段,也有不同的做法。有些营销行动既增加客源,也增加房源,侧重点可以不同,但两个目标均可兼顾。房源广告可以吸引很多客户,客源广告也可以吸引众多的房源信息。对某一个客户而言,既可能成为客源,也可能成为房源的提供者,在同一时间或不同时间角色互换或重叠。

因而房源、客源都是客户信息的不同方面,市场营销往往可达一石二鸟、相得益彰的效果。

综上,房源管理、客源管理是房地产经纪公司运作相辅相成的两个方面,两者缺一不可。房源是房地产经纪公司最重要的资源,房源管理决定了一个房地产经纪公司生存、发展的空间与潜力,客源管理能力水平和状态直接决定了房地产居间成交比率和成交效率,也是达成客户满意的基本条件。

二、客源的管理原则

(1)合理使用原则。客源是房地产经纪人员和房地产经纪公司的宝贵资源,只有合理使用才能发挥其价值,促成交易。客源的合理使用包括:信息共享和客户跟进;恰当地保存和分类;保守客户秘密不得滥用。

1)信息共享和客户跟进。信息共享和客户跟进,是指房地产经纪公司获得的客户信息必须可供相关的房地产经纪人分享,可方便查询;同时对利用的情况作出记录,所有客源信息均有房地产经纪人员负责跟进,保持与客户联系。

2)恰当地保存和分类。恰当地保存和分类,是指对客源信息按照方便查询的方式进行分类,如根据交易方式租或买、根据所需房屋类型或区域等方式进行分类。然后对分类后的信息以人工方式或计算机来进行记录保存。

3)保守客户秘密,不得滥用。保守客户秘密,不得滥用,是指对客户提供的所有信息,尤其是与个人隐私有关的信息,如电话号码、住址等,不能外传给其他商业机构,不得用于除交易之外的其他用途。

客源的合理使用必须有明确的规则,房地产经纪公司也应定期检查客源信息的使用情况,总结不足,改善使用状况。

(2)有效性原则。客户需求的信息量大、内容杂,有时甚至是模糊不清的。房地产经纪人员在处理客源信息时,必须进行有效的询问、区分,清楚地描述出较为准确的需求信息。当客源信息未加判断和引导时,那么获得的信息则会是含混的、有太多选择的、不确定的。这种客源信息在利用时会增加难度和再次沟通的工作量,甚至会直接影响成交的效率和居间撮合。另外,客户的需求信息也可能是不断变化的,如地址、联系方式和需求的变化,因而要及时调整更新。房地产经纪人员只有对客户的信息及时进行处理,才能确保客源内容的准确和有效。

(3)重点突出原则。面对数量庞大的客源信息,房地产经纪人员要通过对客源资料的分析找出重点客户,挖掘出近期可以成交、需求意向强烈的客户作为近期重点客户,对那些潜在的、创收潜力大的客户可作为中期重点客户,而对于有长期需求的意向客户作为未来重点客户来培养。这样去管理客源会为房地产经纪人员创造持续的成交机会。

三、客源管理的内容

对客源的获取、记录、储存、分析和利用的一系列活动,就是客源管理。客源管理实际上就是建立一个以客户为中心的记录或数据库,是对客源信息进行分类和系统的管理。它包括曾经作为委托人完成交易的人,也包括那些提出需求或打过电话的潜在客户与交易活动有关的关系人或供应商,还可包括那些被房地产经纪人员定为目标想进行交易的潜在客户或委托人。客源管理的内容主要包括以下几项。

(1)客源的争取。房地产居间的特性决定了房地产居间的两项重要工作,一是房源的取得,二是客源的取得。只有获得了足够的房源与客源,才有了房地产经纪人员开展工作的可能。

(2)客源的登记。对于开拓的房源,房地产机构应做好登记,客源信息是房地产经纪机构的无形财产。

(3)客源的沟通与谈判。不是所有的客源都能成为最终的房地产交易的对象,因此,需要房地产经纪人员付出艰辛的努力,不断地与客户沟通,了解其性格、要求、不满意原因等,不断地谈判才能最终实现房地产居间成功。

(4)客源的利用与再利用。有些客源虽然没有居间成功,但可能为以后的居间提供条件,有些客源,居间成功后,可能又有新的需求或带动身边的朋友,引来新的客源,因此,房地产经纪机构应重视客源的再利用。

四、客源的开拓

(1)客源开拓的策略。

1)不断挖掘客户信息。培养敏锐的观察力与正确的判断力,养成随时发掘潜在客户的习惯,并且每日记录新增加的潜在客户。房地产经纪人员的"观察"能够挖掘出许多潜在客户,使用视觉和听觉,多看、多听,并判断出"最有希望的买家""有可能的买家"和"购买希望不大者"。对客户进行分级,以选择重点投入精力。一个成功的房地产经纪人员要随时随地、连续不断地发掘、搜集客户信息,并形成习惯,这样才能积累足够多的客源。对于发现的客户信息,应随身携带笔记本,将客户的姓名、电话和其他联络方式、需求等都记录下来,并及时处理,定期跟踪。

2)将精力集中于市场营销。房地产经纪活动应从以销售为主导转变为以市场营销为主导。市场营销和销售之间的根本区别是:市场营销是吸引客户,而销售是留住客户。客源开拓是市场营销的重要内容,当房地产经纪人员将精力集中于市场营销,开拓了足够的客源,完成交易自然就实现了销售。

3)致力于发展和顾客之间的关系。交易从顾客开始,以顾客结束。不同的顾客因为不同的需求和兴趣使之有所区分。探询顾客的兴趣,帮助他们解决问题、节约时间和金钱,避免不必要的错误,是房地产经纪人员的吸引力和价值所在。房地产经纪人员的基本出发点就是通过关注顾客的需求而提供相应的服务以使其满意,从而推动顾客介绍他们所能提供的新客户过来,而这些顾客带来的价值往往比完全从市场中寻找陌生客源大得多,也容易得多。房地产经纪人员应以关注客户需求使其发展成为终生顾客为目标。这是房地产经纪人员战胜竞争对手,取得源源不断业务的最重要的保证。

4)以直接回应的拓展方法吸引最有价值的客户。直接回应拓展方法是市场营销方法,是通过提供一个诱人的价位或某一种好处,如减免某种费用,或制造某一种吸引力,从而从预先希望获得的客户那里得到一个直接的回应,从而获得客户的策略。它是以客户为中心的营销手段,而不是以自我宣传为中心或以广告为中心。

5)培养客户。运用房地产经纪人员的知识使潜在客户变为真正的客户。培养客户是客源开拓中的重要策略,是指房地产经纪人员将一个陌生的客户转化为一个积极的购买者和接受房地产经纪人员服务,达成交易的过程。潜在客户希望被指教、被告知,以帮助他们做出合理的决定。房地产经纪人员在初次接触客户之后,用自己的专业知识、经验和市场信息为客户提供咨询,从而建立信任。房地产经纪人员提供的信息越有价值,提供的解决方案和咨询越有帮助,客户就会越信任,越易达成交易和建立长期关系。客户某些时候也会有不切实际的价格期望和要求,房地产经纪人员通过市场信息的提供和分析,引导客户调整期望,缩小供求差距。

(2)客源开拓方法。房地产经纪机构在开拓房源的同时也在开拓客源,一个成功的房地产经纪人员必须确保潜在客户的数量,不断挖掘潜在客户,增加交易成功量,才能不断创造经纪业绩。从实际出发,房地产经纪人员必须熟练掌握下列几种客源开拓的方法。

1)门店揽客法。门店揽客法是利用房地产经纪机构的店铺或办公场所争取上门客户的一种方法。这是目前房地产经纪机构特别是开设店铺经营网络的一种主要争取客源的方法。这种方法简便易行,成本低,而且上门客通常意向较强,信息较有效。房地产经纪人员对上门客户应积极主动,从问询需求介绍,进而提供信息和置业咨询,最终达成购房或租房意向,留下姓名、联系电话和所需房屋的地段、面积和特别的要求。

2)会员揽客法。会员揽客法是通过成立俱乐部或客户会的方式吸收会员挖掘潜在客户。这种方法通常是大的房地产经纪机构或房地产开发商为会员提供的特别服务和某些特别的权益,如服务打折、信息提供等方式。入会的会员因为利益牵引而在需要买房或租房时成为客户,发生交易。会员资料是房地产经纪人员能够利用的重要资料,这些资料在促成交易时将发挥很大的作用。会员揽客法因成立客户会的难度大而较少使用。

3)讲座揽客法。讲座揽客法是通过向社区或团体或特定人群举办讲座来发展客源的方法。讲座可以是房地产知识介绍,也可以是房地产市场分析或房地产投资信息的提供,还可以是房地产交易流程、产权办证问题的介绍等。通过讲座发掘潜在客户,启发购房愿望,促成需求实现。在讲座时可以发放介绍房地产经纪人员自己或所在房地产机构及其服务的免费资料,创造客户接触机会,增加客源。通过讲座可以培养客户对房地产经纪人员和房地产经纪机构服务的信赖和专业的信任,同时也传播了房地产信息和知识,减少了未来客户在交易过程中的难度。

4)团体揽客法。团体揽客法是以团体、组织或机构为对象开拓房源的方法。房地产经纪机构可以利用与团体的联系发布消息,宣传公司,从而得到客户的委托。这种方法通常和讲座揽客法或服务费打折、提供特殊服务的方式一并使用。

5)广告揽客法。广告揽客法是以报纸宣传栏、广播电视以及宣传单张为主的广告方式吸引客户的方法,这种方法往往与房源销售广告一起发出。从房源和客源两方面来做宣传,广告形式的选择取决于传播对象的范围、广告成本和广告效果。随着传媒业的发展,广告越来越多样化,除传统的报纸、广播电视和路牌广告以外,又增加了网络广告和直投广告。广告揽客时效性强、效果明显,但成本相对较高。房地产经纪机构要积极进行探索,采取适合特定地域市场、特定客户的有效广告方式,提升传播效果。

6)互联网揽客法。在互联网发达的今天,房地产经纪人员也可以充分利用互联网,发布广告、传播房地产经纪机构的各种信息,如房地产行情信息、经纪机构信息、房源信息、服务信息等,以吸引客户上门的方法称为互联网揽客法。这种方法特别适用于年轻的、喜欢上网的客户。

7)客户介绍揽客法。客户介绍揽客法是利用服务过的客户建立良好的客户关系来介绍客源的方法。以往服务的客户是对房地产经纪人员服务的最佳证人,在服务中通过直面的接触所建立的信赖是房地产经纪人员的宝贵资源,一项交易的过程就是关系的建立过程,依托这种信赖和客户关系,请求客户的帮助发展客源,使其成为自己的信息源、客户源和宣传员。这样,房地产经纪人员做的时间越长,资源积累就越多,客源信息就源源不断。客户能够介绍潜在客户的前提是对房地产经纪人员过去服务的满意,因而房地产经纪人员在服务客户过程中应以争取客户满意为目标,将服务与拓展融为一体。当客户满意你的服务时,他就愿意为你介绍客户。客户介绍揽客法是一种非常有效的开拓客源的方法,而且成本低,效果好。

8)人际传播揽客法。房地产经纪人员会利用各种适当的机会,结交陌生人、老客户、新客户,以自己认识的人及亲朋好友的信赖为基础,进行人际传播介绍客户的揽客方法称为人际传播揽客法。这种揽客不受时间、地点的制约,房地产经纪人员不断以自己的个人魅力和诚信争取更多的新朋友、老客户。这种方法不用成本,简便易行,介绍来的客户质量高,成交的可能性大。但其传播的速度和范围不如广告法。

在实际房地产经纪活动中,客户开拓往往是采用多种方法,灵活运用。不同区域、不同房地产市场和不同的客户类型,适用的方法可能有很大差异。房地产经纪人员应通过实践,不断总结不同方法的适用条件和效果,针对目标客户采用最有效的一种或几种方法的组合,以提高开拓效率。

五、客源的分析

(1)客源的动机和需求分析。客户的需求越明确,就越容易将潜在客户变成现实客户。房地产经纪人员应根据客户的关注、担心、恐惧和需要,提供相应的房源和解决方案,促成交易。客户的购买动机因其身份、收入和工作等的不同有较大差别,了解这种差别为房地产经纪人员提供了交易机会。客户购房需求分析主要考虑:客户需要房子的区域、需要的房型、价格(总价和单价)、对房屋配套设施的要求、对房屋的特别偏好等。

了解客户的交易动机可借助"是什么最基本的原因促使客户进行一次房产交易"来寻求答案,可供选择答案有:

1)客户因结婚而需要买房;
2)为离工作单位、学校或亲戚更近一些而买房;
3)为拥有自己的住房而不是租房而买房;
4)为老人或子女买房等;
5)为改善生活方式而买房;
6)因投资出租或投资保值而买房;
7)为改善住房条件而买房;
8)为改换工作而换房;
9)为拥有自己的住房而买房;
10)因业务拓展需要更大的空间而买房;
11)退休之后为养生迁居;
12)其他原因。

客户购房需求的了解也可以通过以下问题来求得答案:

1)客户可支付的价格范围;
2)客户需要什么区域的房子,以及有无特别偏好;
3)客户需要的户型、种类(多层、小高层、高层);
4)客户可购买的面积;
5)客户对物业的要求;
6)客户对房屋配套设施有何要求;
7)客户价款的支付方式。

(2)客源购房心理分析。房地产经纪人员每天面对的客户都不尽相同,但只要留心观察,熟悉客户心理活动不同的特点,对症下药,就可以节省房地产居间时间。其分类有以下几种。

1)沉默寡言型顾客。心理活动特征:这种人往往做事谨慎,考虑问题常常有自己的一套,并不轻易相信别人的话,常常表面为一问三不知,外表严肃,反应冷漠。

分析:在介绍产品的特点时,应通过亲切的态度缩短双方的距离。通过多种话题,以求尽快发现其感兴趣的话题,从而了解其真正需求。如表现厌烦时,可以考虑让其独自参观,并不时留意,在其需要时进行介绍。

2)理智稳健型顾客。心理活动特征:考虑问题冷静稳健,不容易被房地产经纪人员的言辞所打动,对于项目的疑点,他们一定会详细了解,不会有半点含糊。

分析:在居间过程中加强对房屋本质、开发商信誉及房屋独特优点的介绍,而且说辞必须有理有据,从而获得顾客的理解和信任。

3)喋喋不休型顾客。心理活动特征:这类人由于做事过分小心,以至于常常表现为喋喋不休。无论大事小事,哪怕是一块玻璃、一个开关都在顾虑之内,常常因为一个无关大局的小事而影响最终决定。

分析:房地产经纪人员应该在居间过程中通过几个细节的介绍尽快取得对方的初步信任,加强他对产品的信心。当其考虑的问题远离主题时,应该随时创造机会将其导入正题。

在其交纳定金后,更应该"快刀斩乱麻"让其签约,以坚定其选择。

4)优柔寡断型顾客。心理活动特征:内心犹豫不决,不敢做决定。可能是第一次购房,所以经验不足,害怕上当受骗。

分析:房地产经纪人员必须态度坚决而自信,通过信而有征的公司业绩、产品品质、服务保证等赢取顾客信赖,并在适当的时机帮助其做决定。

5)感情冲动型顾客。心理活动特征:这类人天性易激动,容易受外界怂恿与刺激,一旦激动起来,很快就能做出决定。

分析:从一开始就不断强调产品的特色和实惠,并不时引导其同伴说一些对项目有利的话,促使其快速决定。当顾客不想买时,更应该应付得体,以免其过激的言辞影响其他顾客。

(3)客源的沟通与判断。房地产居间活动是一个以业绩定输赢,以成败论英雄的工作,交易不成万事皆空。无论你居间过程中其他工作做得再好,如果与顾客不能达成交易,就毫无意义。因此房地产经纪人员必须很好地与客源沟通、谈判,掌握其中的技巧,促成交易成功。

房地产经纪人员在和客户谈判时,要注意拉近彼此关系,用感性推动客户,用理性打动客户,不可否定、打击客户,但要诚意赞扬客户,把客户说得高尚一些,营造愉悦的谈判气氛。

通过和客户的接触和交流,房地产经纪人员应把握客户的主要利益诉求点,有针对性地进行谈判,谈判中应总结一下房屋如何能满足客户的需要,房屋能带给客户的利益,谈该房屋区别于其他可供购买房屋的独到之处。

同时,买房还是一种投资行为,作为投资就要讲它的回报率,因此针对这样的客户应重点讲述房子的增值性。

对房源不满意的客源,房地产经纪人员应意识到"嫌房之人就是买房之人",应及时了解不满的原因,并积极沟通,给客户满意的解答,争取客户。

房地产经纪人员谈判的关键在于:主动、自信、坚持。谈判的结果是客户定房,定房时房地产经纪人员的态度要亲切、不紧张。

六、客源的登记

客源登记主要是记录潜在客户的个人信息和需求信息。客源管理是从搜集信息、整理信息和存档开始的。首先,应对客源进行合理的分类,如按客户的需求类型,可分为买房客户与租房客户;按客户需求的物业类型,可分为住宅客户、写字楼客户、商铺客户和工业厂房客户;按组织性质的不同,可分为机构客户和个人客户;根据接触时间的不同,可分为老客户、新客户、未来客户和关系客户。接着,按客源的特点进行分类登记。

客源登记的内容有:

(1)基础资料登记。基础资料包括客户姓名、性别、年龄、籍贯、家庭地址、电话、传真、电子邮件、家庭人口、子女数量、年龄、入学状况、职业、工作单位、职务、收入水平、文化程度等。

(2)需求资料登记。需求资料包括所需房屋的区域、类型、房型、面积;目标房屋的特征,如卧室、浴室、层高、景观、朝向;特别需要,如车位、通信设施、是否有装修;单价和总价、付款方式、按揭成数;配套因素的要求,如商场、会所、幼儿园、学校、医院等。

(3)交易记录登记。委托交易的编号、时间;客户来源;推荐记录、看房记录、洽谈记录、成交记录;有无委托其他竞争对手等。

七、客源的利用

(1)客源的利用。在客源的利用中,出色的房地产经纪人员对每一个客源信息穷追不舍,直到潜在的客户购买或者离去。出色的房地产经纪人员不会轻易放弃一个客户线索,不停地和客户联系直到得到回应。尽管最终的成交率是10%或20%,但必须为那10%或20%的客户而与90%或80%的潜在客户联系。没有100%的争取就没有那10%或20%的成交。对于客户来讲,他们有自己的购房时间表,他们有自己的选择标准,可能1个月,也可能5个月,但都会有机会。随着时间的推移,有些房地产经纪人员放弃,而坚持的房地产经纪人员就有更多机会。

成功的房地产经纪人员会发现,在1年中,所获得的客户线索中将有45%的潜在客户将转为和别人做生意。而其中的22%~25%将在前6个月中完成转变。这同时说明,有45%的客户线索有做成业务的可能。例如你有10个客户线索,你有可能做成4~5笔,一旦你未做成,别人就会做成。尽管这个调研来的数据可能因地而异,因客源质量的不同而不同,但成功的房地产经纪人员的经验显示,在客户线索和成交之间有一定的比例关系,房地产经纪人员越努力,成交率就会越高。

(2)客源的再利用。房地产经纪人员往往将焦点放在开发新客户上,而忽略旧的客源信息,其实老客户并不意味着没有价值。一个成功的房地产经纪人员要善用旧的客源信息,其实那里面也有宝藏。

深入的市场调查和对客户的研究显示,得到一个新客户所需的费用是一个老客户所需费用的5~10倍。因而有意识地致力于开发长期客户的价值,培养忠诚客户,是房地产经纪人员业务源源不断的保证,也是竞争力的基础,而不是只顾眼前利益,做一单算一单。

一个客户的价值取决于他终生带给房地产经纪公司或房地产经纪人员的收入和贡献,即客户终生价值。客户可分成初次购买(服务)的客户和重复购买、推荐购买的客户。由于不同的客户与房地产经纪人员发生业务的次数和业务量的不同,因此成本(营销和服务成本)不同,其价值也不同。一般而言,重复购买的客户大于一次性购买的客户的价值,推荐购买的客户因其开拓成本低而使其价值高于陌生的、初次购买的客户的价值。

(3)培养长期客户的策略。

1)把眼光放在潜在的客户身上。很多客户从咨询到真正买房,通常相隔几个月甚至几年,要把这些在买房过程中的客户看成你最好的口头宣传员,他们往往都知道一些和他们处于同样处境的人,并愿意就买房问题进行讨论或征询意见。他们的口头宣传会为房地产经纪人员带来很多客源,同时,房地产经纪人员也应充分利用家人和朋友做口头宣传员,他们也是长期的潜在客户。

2)使客户满意从而争取更多口头介绍来的客户,并与从前的客户保持联系。根据美国房地产经纪人协会的调查,房地产经纪人员超过半数的生意是来自口头介绍,媒体广告带来的客户只占40%左右。因此,争取更多的口头介绍客户是开拓客户的重要目标。而只有令客户满意,他们才会介绍更多的新客户。要做到客户满意,需要房地产经纪人员为其提供最优质的服务,并和客户保持长期联系。在服务的过程中,搜集客户资料,如生日、爱好等,在交易完成后,送一些小的纪念品或通过邮件保持联系,另外也可以打电话或做私人访问。也要培养客户进行口头宣传的意识,要让客户知道口头宣传的重要性,积极寻找可能被介绍来的客户,在业务通信、广告中积极寻找口头介绍的生意。

3)搜寻服务供应商。房地产经纪业务相关的服务供应商包括装修、清洁、园艺绿化和燃气公司等。房地产经纪人员和这些服务供应商应建立良好的关系,使之能为房地产经纪人员的客户提供服务,这种服务可以提供价格优惠或质量保证以增加其吸引力。这种附加服务能够给客户带来方便又不增加成本,能与客户建立一种长期联系。

4)建立广泛的社会联系和情报系统。房地产经纪人员由于工作关系具有广泛的社会联系,如银行、房地产管理部门、公证部门、税务部门、律师事务所和保险公司等。这些单位所涉及的领域和房地产有着紧密联系,他们消息灵通,能灵敏地察觉到当地的交易信息和市场信息,同时他们的工作能为交易提供相应的服务。充分利用这种联系发掘客户、搜集信息,以便于建立稳定的渠道,并起到宣传业务的作用。

任务五　房地产居间业务的促成

课堂思考

如何提高居间业务的成功率呢?

一、房地产居间业务接待技巧

1. 约见客户技巧

房地产经纪人员经常要预约、拜访客户。成功的约见可以让房地产经纪人员成功地接近客户,在客观上创造了有利的条件。

在约见前房地产经纪人员应做好准备,包括遭遇拒绝的心理准备、克服恐惧的心理准备、客户资料的准备。与客户见面应做好约见对象、约见时间、约见地点的安排。约见客户的技巧包括如下几个方面。

(1)保持温文尔雅、谦虚、彬彬有礼的印象。

(2)注意说话艺术。房地产经纪人员在约见时,尤其是电话约见,要语气和缓轻松,语言形象生动、简洁明了,在通电话时也要面带微笑,给客户留下"精神、热情、利落"印象。

(3)善于发问、善于倾听,房地产经纪人员利用一定的语言技巧、发问技巧,多让客户说话、注意倾听,可以使房地产经纪人员获取自己所需要的信息,揣测客户的心态,同时显示对客户的尊重。

2. 说服客户的技巧

要想达成交易,说服客户应注意以下几点。

（1）求同。在和客户谈判的过程中要强调双方共同感兴趣的地方，避免讨论分歧意见，并因势利导帮助客户做出选择和达成交易。

（2）营造气氛。谈话氛围很重要，氛围的好坏容易影响谈话人的心情，房地产经纪人员可以运用眼神、手势、幽默等，给人一种很亲切、随和的感觉。营造了良好的谈话氛围，才能使双方交谈更加愉快。

（3）耐心。与客户洽谈时房地产经纪人员要不厌其烦晓之以理，动之以情。有时，客户需要充分的时间进一步收集信息，引证自己决策的正确性。即使会谈陷入僵局，房地产经纪人员也千万不要着急，要以平常心对待，积极寻求新的突破口。

（4）把握时机。成功地说服在于把握时机，房地产经纪人员要把握说服过程中的有利时机，重点突破，及时促成客户成交。

（5）有收益感。在房地产交易过程中，时时将客户所获得的利益展示给客户非常有必要，让客户有收益感。

（6）以体验性的知识来说服客户。一旦具有体验性的知识，不但可以清楚地了解该房屋的优点和缺点，更能与客户默契沟通，为客户提供确切的情报，从而更易说服客户。体验性的知识可以通过调查和客户访谈获得，如访问该房屋周边学校、学生及家长的感受和评价。

（7）循序渐进。双说洽谈，已就简单问题达成一致，这时可以此为突破口，由浅入深、由易到难，直至成交。

3. 异议处理技巧

房地产经纪人员在与客户的洽谈过程中，客户提出异议是很正常的事情。因此，房地产经纪人员必须掌握处理客户异议的一些技巧。

在房地产居间过程中，客户可能对房地产的产品产生异议，对房地产经纪人员提供的服务或产品能否满足自己的需求产生异议，对价格产生异议，对时间产生异议，对房地产经纪人员不信任产生异议等情况出现，房地产经纪人员应冷静对待客户提出的异议，认真倾听客户异议，对于客户不合理的异议要善于控制自己，不要冒犯客户，必须尊重客户。房地产居间过程中，处理异议有以下技巧。

（1）充分表达法。房地产经纪人员处理客户异议最基本的方法就是，不论客户说什么，都要让客户充分表达他的意见，千万不要打断客户的谈话。认真倾听客户异议，可以较容易地与客户建立良好的人际关系，同时找出客户异议的真正原因，为妥善处理异议打下基础。

（2）先发制人法。房地产经纪人员在与客户面谈或业务过程中，当确信客户会提出某些或某种异议时，抢先把问题提出来并把它作为自己的论点，争取主动，以有效接触客户异议的方法。

（3）直接反驳法。直接反驳法是指房地产经纪人员根据有关事实和理由直接否定客户异议的处理方法。如果直接反驳法运用得当，可以给客户留下坦诚而又自信的印象。

（4）反问引导法。客户公开提出异议后，房地产经纪人员直接以询问的方式，向客户提出问题，引导客户在不知不觉中回答自己提出的异议，甚至否定自己，从而同意房地产经纪人员的意见。

（5）举例法。举例法是指房地产经纪人员在面谈中针对客户的异议采用实例说明的方法使其同意自己的观点,以解除客户异议的处理方法。房地产经纪人员如能举出让人信服的例子,可以不用解释,就能获得客户的信任。

(6)转折法。即房地产经纪人员用有关事实和理由间接否定客户异议的方法。首先对客户异议表示赞同,然后用转折词"但是""不过"等,话锋一转,陈述房地产经纪人员的观点,即可避免客户产生抵触情绪,又可否定客户异议。

(7)装聋作哑法。房地产经纪人员对客户提出的一些不合理异议,可不予理睬,并且分散客户注意力,达到回避矛盾的措施。

房地产经纪人员应根据实际情况和自身的经验,合理运用以上方法,把握好时机,使洽谈顺利进行。

4. 房地产居间杀价的技巧

房地产居间能否成功,很大的因素还在于双方对价格的满意程度。房地产经纪人员在掌握房地产交易双方的详细资料后,就可以很好地运用杀价技巧。

(1)掌握卖主卖房的原因。有的卖主是为了急于用钱;有的卖主是另有新居;有的是觉得房屋风水不好;有的是因为子女上学不方便;有的是因为房屋结构不合理;有的是因为房屋过于陈旧。掌握了卖主为何卖房,可利用卖主心理上的弱点和房屋的瑕疵,以便适时杀价。

(2)掌握买主买房的原因。房地产经纪人员了解买主买房的原因,可以帮助买方决定是否值得购买。有的买主买房的原因是无房户,想找到一个栖身的地方;有的买主是为了寻求交通便利、购物方便;而老年人买房可能是为了寻求安静、祥和的生活环境,改变生活的氛围与情调;而投资者买房是为了投机、避免货币贬值。不同的购房动机,对于价格的敏感程度不同,房地产经纪人员应根据实际情况,合理杀价,如果购房人急于购买,则可以提高价格。

(3)运用入市时间。如果房屋入市出售已久,但仍未卖出,便会给卖者一定心理压力,未出售的原因可能有:出价太高、位置不好、环境不佳、布局不合理、房屋隔音效果不好、采光不好、交通不便、水电间断供应、物业管理差等。房地产经纪人员只要找到一条原因,就可以作为杀价的借口。如果卖方急于出手,则可大幅度降价。

(4)准确掌握房地产价格。如果了解到房主当初买进的价格,再加上装修费用,即房屋的保值增值,就可以算出房屋的现今价值。加上一定的利润后,再考虑市场上的行情,就可以得到房地产的真正价格,以此讨价还价,有根有据,杀下价的可能性极大。了解卖主从前买进时的价格最好通过卖主以外的渠道。因为卖主报的买价往往高于真实的买价。除非房地产经纪人员看到了以前的买卖契约,否则,对于卖主所说的买进价格要好好讲价。

房屋有人出价时,如果能够得到所出价格,可以作为计算房价的基础,越多人出价,说明房屋的转售力越强。有经验的房地产经纪人员如果觉得对方出价太高,就可以找几个人分别与对方还价,等到还价已经能够被接受时,再比最后还价的人出价稍高些,一般都能够成交。

5. 客户落订技巧

房地产交易金额巨大,客户的选择很多。在客户已明确对某房屋表示兴趣后,就应努力促使其快速成长。

(1)时时警觉,密切注意成交信号。警觉不是紧张,千万不要夸夸其谈,忘乎所以,错过落订时机。当客户响应宣传广告、态度好、不断提问、提出各种异议、要求展示房源等成交信号发出时,房地产经纪人员要把握时机,运用各种技巧促成交易。

(2)建立客户的信心。通过包装让客户感受到房地产经纪人员自身的职业能力及诚实操守。将产权清晰、屋况良好、房屋整洁等可控因素展露无遗,便可赢得客户的信任。

(3)议价有节,谨慎从事。首先不必有底价观念,对开价有十足信心并为价格找支撑。客户满意时,及时要求落订,引导客户开出价格。客户开出价格却不能轻易答应,要让客户争取得很辛苦,感到买到了合情合理的价格甚至低价买入了。客户若能合理出价,房地产经纪人员亦不必马上答应,以征询业主意见为由尝试加价,视客户反应再做定夺。拿到订金,要做到业主勉强接受后的印象,替客户开心,切不可自喜甚至喜形于色。订金越多越好,签约越早越好。

(4)成交机会瞬间即逝,掌握气氛立即决定"卖"。否则客户出门,便无力回天了。

(5)对客户所好、需求、弱点成竹在胸,寻机进攻。如是否是因为孩子上学,离上班地方方便,格局及太太喜欢等。

(6)强调房屋优点,抓住客户的心。不厌其烦地强调房屋优点,用动听的言辞、不同的表达方式反复敲打,让中意的客户更加心动,决定落订。

(7)遇有迟迟不做决定的客户,可慎重使用压迫措施。如新情报、客户电话等。切记压迫不是强卖,只是帮客户早做决断,或中意有加即刻落订,或犹疑万千就此作罢。

(8)收订签约时务必明确大订、主楼款、尾款的数额及支付时间,安排贷款、税费负担也要交代明白,巩固落订成果,佣金落袋为安。

二、房地产居间成交的影响因素

1.房源的影响

房屋本身的原因和房主的原因是影响房源成交的重要影响因素。

(1)房屋本身的原因。房屋本身的好坏是客观存在的,而客户对房屋本身的印象却是主观的,因此房屋展示就成为影响成交的重要因素之一。

1)房屋本身的维护。对于房源本身的技巧就是创造有利于成交的条件,即化解房屋缺陷,表现房屋优点,让客户容易接受,为业主卖个好价钱,具体做法有以下几个方面。

①建议修复缺陷,如打扫、油漆、修补裂缝或渗漏、电灯更新、暗处使用玻璃补光、歪斜处摆放饰品家具等。

②留意通风采光,空屋应常开窗通风,避免客户看房时呼吸不适。

③建议花费适当的成本加以整修,甚至装潢,提升房屋的格调。

④清理家具,破败的杂物全部抛弃,体现家的温馨和人的精神。

⑤预备赠送家具电器清单。贵重家具如不想赠送,则宜提前搬出,免生异议。

⑥通知业主准备好房地产证、室内平面图、物业管理公约及其他文件。

2)房屋本身的简介。房地产经纪人员要注意引导客户看房技巧。房地产居间业务必须双向沟通,言行要得体,适度渲染是技巧,但要说到点子上。要客观展示房屋,将房屋的优缺

模块五 房地产居间业务能力训练

点尽量列在表上,针对优点款款道来,客户提出缺点,胸有成竹,能立即作答。

①当引领客户进入房屋后,除介绍房屋本身的特色外,绝不可冷场,应全面介绍环境、学校、公园、周边行情、邻里关系等。

②提起客户背景话题,职业、人口、教育程度,可以判断对方是否为本房屋目标客户。

③注意了解客户购房动机,对自用的客户,可强调明星学校、购物中心;对投资的客户,可强调增值远景,当前房屋价值高于价格等。

3)房屋本身的产权。因房屋是实物与权益的结合体,所以,为避免成交后的纠纷,应注意房源的产权问题。房屋交易的实质是房屋产权的交易,因此产权清晰是成交的前提条件。

①有房屋未必就有产权。单位自建的房屋,农村宅基地上建造的房屋,社区或项目配套用房、未经规划或报建批准的房屋等,都有可能不是完全产权,容易导致成交困难。

②有房地产证未必就有产权。房地产证遗失补办后发生过转让的情形,原房地产证显然没有产权。有房地产证而遭遇查封甚至强制拍卖的情形,原房地产证也就没有了产权。当然还有伪造房地产证的情形。

③产权是否登记。预售商品房未登记、抵押商品房未登记是比较常见的情形,仅凭购买合同或抵押合同是不能完全界定产权归属的。

④产权是否完整。已抵押的房屋未解除抵押前,业主不得擅自处置。公房上市也需要补交地价或其他款项符合已购公有住房上市出售条件,才能出售。

⑤产权有无纠纷。在拍卖市场竞得的房屋可能存在纠纷,这是因为债务人有意逃避债务导致的。而涉及婚姻或财产继承的情况也会让产权转移变得复杂。租赁业务中比较多的情形是,依法确定为拆迁范围内的房屋后,产权人将房屋出租。

(2)房主的原因。影响房地产交易成交的原因除房屋本身外,还有房主的原因,包括卖方或出租方。房地产居间业务是在交易双方之间斡旋促成的。在卖方的确认和说服工作中,重点把握下列技巧。

1)真实意愿。是否出售或出租,不能根据客户的口头陈述;填写委托书才是检验真实意愿的手段。有些房地产经纪公司将委托书制作成比较严格的合同文本,这在接触的初级阶段是不合适的,放盘委托书宜简明扼要。

2)资格甄别。房地产经纪人员每天会接到很多电话和上门客户的咨询,口头报盘后就联系买家是徒劳之举,核实身份与产权状况甚至现场查勘是重要的一环。例如弟弟把姐姐的房子卖掉,结果姐姐起诉房地产经纪公司的情况是发生过的。

3)判断决策人。夫妻俩的房子、单位的房子谁能决定,如果房地产经纪人员这一点敏感性都没有,学了再多的房地产知识,成交率也是不高的。

4)需求内涵。出售房屋往往要个好价钱,有的卖主关心单价,是跟买入价比较,或跟行情比较;有的卖主关心总价,想买新房,或用于别的投资,甚至还债;有的卖主在乎成交速度或付款方式。而出租房屋时,更多房主会关注押金、租期、续租事宜;也有人对租客特别挑剔,如是否正当职业。

5)尊重和利用顾问。卖方为了使交易对自己有利,或鉴于自己经验的局限,会请一些亲朋好友、业界帮手,这是完全可以理解的;房地产经纪人员万万不可有对立情绪,要耐心听以示尊重,要谨慎问增进沟通,要热情说施加影响,使那些顾问成为促进成交的帮手。

2. 客源的影响

(1)能力判断。买主或租客愿意付出多少,能够付出多少,将决定向其推荐相关房屋的方向;当然,也不可简单依据收入或存款来推算,因为还有家庭、其他生意支出等综合因素的考虑。

(2)需求引导。有些业务人员,简单理解"客户就是上帝",跟着客户的思路走,最终也帮不了客户。有的客户表述不清自己的需求,也有的客户天生就会模棱两可。因此,房地产经纪人员必须进行需求引导,说出客户心中想表达的,建立起共识,减少误会,以便快捷成交。

(3)了解受益人。受益人的喜好也会决定买主或租客的选择方向,如受益人喜欢出租房屋内的一架钢琴,那么成交就容易了,价格也会高一些。受益人可能是买主或租客的家人,也可能是公司的高级雇员。

(4)了解出资人。父母给子女买房,子女给父母买房,都是可以遇见的。在多数情况下,出资人的意见是至关重要的,尽管他们用种种孝敬或关怀的口吻。

(5)与律师友好沟通。买方选择律师做参谋的情况会越来越多,律师通常是严谨细致的,房地产经纪人员应学会与律师沟通,解决了律师提出的问题,离成功就不远了。当然,解决不了的问题,不妨直言相告,也没必要兜圈子,买方或许因为喜欢而放弃一些条件,也可增加成交机会。

3. 房地产经纪公司的影响

房地产经纪行业近几年发展迅速,很多连锁机构、加盟机构业务发展迅猛,并取得了骄人的业绩,但也看到在房地产经纪行业的发展过程中暴露出的一些问题,某些损害客户利益、欺骗客户等不良行为给房地产经纪行业抹黑。房地产经纪企业应努力改变行为方式,消除误解,赢得客户信任,使交易容易达成。房地产经纪公司应做好以下工作。

(1)规范管理。就现时情况而言,将下列文件在经营场所公开是最简洁的做法。

1)合法经营文件,如工商营业执照、税务登记证。

2)房地产经纪资质证书,包括企业的和房地产经纪人员个人的资质证书。

3)业务规章流程,重点是房地产经纪服务流程图。

4)服务取费标准,特别说明什么时候和在什么条件下收取,哪种情况不收取费用。

(2)协作精神。房地产居间事务繁杂,需要同业合作。合作能增加成功机会,合作能增进友谊,改善行业风气。合作首要真诚,努力付出并尊重同业工作价值。不可直接或间接索取联络电话,擅自与对方客户交换名片,或公开自己与之非同一机构身份。合作双方应各自负责其工作部分,并不得以减佣金或免佣金方式来争取客户,从而损害合作方的正常利益。

(3)形象管理。房地产经纪公司可视自身的规模,适当开展形象建设工作,增强客户的信赖。房地产经纪公司应从店面的装修风格、室内的整洁、员工的统一着装、企业文化的宣传等给客户留下深刻的印象,从而留住客户。

(4)自我防范。房地产经纪企业之间应友好协作,并善待客户。但作为企业,面对竞争和不成熟的市场环境,也需要对非善意的行为予以防范和还击。典型的是防范同业撬盘和业主

模块五 房地产居间业务能力训练

跳盘;优质房源往往成为同业追逐的对象,防止被撬盘的手段只有独家委托和快速成交;而业主跳盘通常跟口头委托和过早安排双方见面有关,书面委托可以追讨佣金,控制节奏能让双方体会房地产经纪人员的服务价值感。

4. 房地产经纪人员的影响

房地产居间业务的最终促成还是要靠房地产经纪人员的主动努力。房地产经纪人员的不专业、不诚信,最终将失去已有的房源和客源。为促成房地产经纪活动的成功,房地产经纪人员应不断提高自身素质。

(1)注重外观形象。修饰外表即尊重客户也有益自身。客户对房地产经纪人员的评价通常取决于第一印象,因为房地产交易毕竟不是个人的经常行为。而第一印象,如外表、态度、用词最为关键,否则就没有进一步展示自己服务能力的机会。

房地产经纪人员的外观应清洁、稳重。身体的清洁、服装的整洁、办公用品的整齐摆放均能给客户留下清爽可亲的印象,要保持整齐、清洁,必须勤加检点。穿着或化妆如果欠缺品位,连带地会使客户对提供的服务和房屋产生平庸感,房地产经纪人员需要不断学习,努力提升自己的品位。有品位的服装和化妆最忌争奇斗艳,房地产经纪人员的外表应打扮得和工作性质相称,保守、稳重、职业化。

(2)不断提高技能、培养信心。房地产经纪人员需要研究客户心理、接待技术、房地产知识和市场资讯。只有对专业的深入、良好的心理素质,才能自信地面对客户。

(3)不断提高房地产居间的服务意识。房地产经纪人员在服务客户时,不可因年龄、外表、服装、职业、消费能力等因素而给客户有差别的待遇,应尽力提供满足客户要求或希望的服务品质。同时注意维护自尊,在服务过程中与客户也是平等的互利关系。房地产交易双方通常由于知识和经验缺乏,并不能确切描述或表达他们的期望。房地产居间主要面对的是个人和家庭客户,是民生中"住"的要素,此种服务表现形式怎么强调都不过分。持之以恒,生意和声誉都将获益匪浅。

(4)不断提高职业的自豪感。房地产经纪人员应首先了解房地产居间的职业内涵。房地产居间活动需要同时向交易双方负责,是交易双方的桥梁。做好一宗居间交易,可以为当事人找到理想的居住住所,找到一个合适的价格,并且可以为其节省时间和交易费用。房地产经纪人员通过培训,深入房地产居间实践活动,才能逐渐认识自己的职业,培养职业感情,逐渐升华到职业的自豪感,才能底气十足地做好房地产居间活动,促成交易成功。

三、保护自我利益的技巧

房地产经纪人员在房地产经纪过程中也可能遭遇"飞单",如委托人利用伪造证件诈骗等风险,因此要掌握一些特殊情况处理及自我权益保护技巧。

1. 全面了解委托人、客户的信誉

在我国,人们还不太适应契约式的交往,尤其是房地产居间活动,很多时候都是朋友的朋友,很难坐下来签合同,这就需要对委托双方的信用做些调查。一般来说,一些大的知名度高的企业,信用稍微好些。对于过去信誉欠佳的委托人,要特别小心,并最好以主管部门规定收费、履约有明确规定为借口，积极签订合同。

2. 签订书面房地产居间委托合同

通过房产居间合同的签订，可以明确佣金的数额、支付的办法、违约的责任，如为稳妥起见，还应将房地产居间合同进行公证或鉴证，以便及时确认合同的真实性、合法性。当委托人拖延支付或拒付佣金时，房地产居间人就可以利用法律武器保护自身。

3. 收取订金

房地产经纪人员为避免被抛弃的危险，可以预收订金，尤其是在对交易双方成功的可能性较大的情况下，为预防起见根据交易额大小，收取订金。

案例分析

思考：《房地产买卖居间协议》的法律效力如何？

【基本案情】今年6月，陈小姐在中介公司看中了一套杨浦区江浦路的房子，房屋总价为125万元。但当时这套房子的主人王先生并没有取得该房的房产证，因此王、陈两人在中介公司只签订了《房地产买卖居间协议》，两人约定在王先生取得房屋产权证后10日内再签订正式的《上海市房地产买卖合同》。第二天，陈小姐便向王先生支付了3万元定金，一个月后王先生也取得了房屋产权证。但到了8月，王先生向陈小姐发出确认书表示不愿继续履行之前签订的买卖居间协议，陈小姐当即拒绝。几天后中介公司向王、陈两人发出通知函表示该房屋已具备签订正式买卖合同的条件，要求两人到中介公司签订买卖合同。不料，在这之前王先生又一次拒绝履行居间协议，他竟然对王小姐说："因为房价上涨，同地段同样房价已买不到房子了，现在这个房屋我想自己居住，不想卖了。"王小姐觉得，当初两人签订了买卖居间协议，也就意味着对该房屋买卖的相关条款已经做了明确约定，王先生应当信守承诺履行协议。为此两人多次协商却未果，无奈之下，王小姐只得请求法院给予帮助。

法院判决王先生必须履行合同义务。

【案情分析】此案由杨浦区人民法院审理，被告王先生辩称，当初和原告陈小姐签订的只是居间协议，而非正式的买卖合同。法院审理查明，被告取得产权证后的3日内与原告签订《上海市房地产买卖合同》是《房地产买卖居间协议》所约定的。协议中还约定被告同意原告将部分首期房款43万元交给中介暂为保管，中介将定金2万转为首期房款，因此原告支付给被告并暂由中介保管的首期房款为45万元；被告同意原告通过向贷款银行申请80万元贷款的形式支付第二期房款，原告在签订买卖合同后7日内向该贷款银行申请贷款、签订借款抵押合同等相关协议并支付相关费用。待银行审核通过原告的贷款申请且被告名义的抵押登记已经注销后7个工作日，双方当事人亲自或委托中介申请办理产权过户及抵押登记手续；而等贷款银行将第二期房款支付到指定账户、上海市杨浦区房地产交易中心出具以原告为所有权人的房产证和以贷款银行为抵押权人的他项权证后3日内，双方当事人对该房地产进行验看、清点并确认无误后，被告应将该房地产交付原告，同时原告支付给被告2万元的房价。实际上合同签订后，原告已经向被告支付了2万元定金，之后原告向被告支付了1万元定金；

另外原告还主动支付代管款 42 万元至法院,作为对履行房地产买卖居间协议的保证。

法院认为,原、被告间依法成立的合同,对双方当事人都具有法律约束力。被告既然取得了系争房屋的产权,理应按合同约定履行办理买卖合同的各项义务。被告以房价上涨为由不履行合同,违背诚实信用原则,无权擅自解除合同。所以法院对原告要求被告继续履行合同义务的诉请予以支持。判定被告应继续全面履行与原告所签订的《房地产买卖居间协议》,并在判决生效之日起 10 日内协助原告办理房屋产权交易过户手续。

模块小结

随着我国房地产业的迅猛发展和人民生活水平的逐步提高,房地产无论是作为生活的必需品还是作为投资品种、经营对象,正成为现代经济生活中最活跃的因素之一。在与人们生活紧密相连的房地产中介活动中,房地产居间是最典型的一种房地产中介活动。本模块主要介绍了房地产居间业务的基本概念、居间业务的流程、门店选择、房源管理及客源管理等。

思考与练习

一、填空题

1. 房源信息的共享方式,主要依据市场现状以及房地产经纪公司自身的特点进行设定。其方式分为_____、_____、_____等。
2. 房屋的供给方称为_____,房屋的需求方称为_____。
3. 客源由_____及其_____、_____ 3 个条件构成。
4. 房地产经纪人员为保证所得房源的真实性,必须进行_____、_____、_____等确认工作。

二、选择题

1. 房地产居间活动的特点有( )。
   A. 房地产居间人必"一手托两家"　　B. 介入房地产交易程度较浅
   C. 必须以共有的名义进行活动　　　　D. 房地产居间活动范围广
   E. 服务的有偿性
2. 房地产居间活动的原则是( )。
   A. 公平公正原则　　　　　　　　　　B. 热忱服务原则
   C. 自律自重原则　　　　　　　　　　D. 合理佣金原则
   E. 长远发展原则
3. 门店选址的原则包括( )。
   A. 接近用户原则　　　　　　　　　　B. 集聚人气原则

C. 长远发展原则 D. 公平公正原则

E. 费用原则

4. 针对散户房源的开拓渠道主要有（　　）几个。

A. 报纸广告 B. 路牌、灯箱、车身广告

C. 互联网 D. 电话访问

E. 银行、资产管理公司

5. 客源登记的内容有（　　）。

A. 基础资料登记 B. 需求资料登记

C. 交易记录登记 D. 房源利用登记

E. 客源调查登记

6. 房地产经纪人员在与客户的洽谈过程中，客户提出异议是很正常的事情。因此，房地产经纪人员必须掌握处理客户异议的技巧有（　　）。

A. 充分表达法 B. 协议妥协法

C. 先发制人法 D. 直接反驳法

E. 反问引导法

7. 房地产经纪人员在掌握房地产交易双方的详细资料后，就可以很好地运用杀价技巧包括（　　）。

A. 掌握卖主卖房的原因 B. 掌握买主买房的原因

C. 运用入市时间 D. 准确掌握房地产价格

E. 时时警觉，密切注意成交信号

三、简答题

1. 房地产经纪人员从事的房地产转让居间业务主要包括哪两种？
2. 简述房地产居间业务的基本流程。
3. 客源管理的内容主要包括哪些？
4. 约见客户的技巧包括哪些？
5. 保护自我利益的技巧有哪些？

模块六 房地产代理业务能力训练

知识目标

1. 掌握房地产代理的概念和特点，房地产代理业务的类型。
2. 熟悉房地产代理业务的操作流程。
3. 理解房地产代理合同的含义、特征和双方的权利义务。
4. 了解房地产代理合同的主要条款、注意事项。

能力目标

1. 能够实地操作房地产代理业务。
2. 能够简单分析房地代理业务合同问题。

素养目标

1. 培养较强的实战职业能力。
2. 培养爱岗敬业、诚信专业的工作态度。

任务一 房地产代理概述

课堂思考

房地产代理是谁的代理呢？

一、房地产代理的概念

1. 代理的含义

代理是指代理人在代理权限内,以被代理人的名义实施的民事法律行为,被代理人对代理人的行为承担民事责任。代理关系的主体包括:代理人(即受托方)、被代理人(即委托方)、第三方(相对人)。

代理人在代理权限内,以被代理人的名义与第三方处理委托事务;从而使被代理人和第三方之间产生法律关系,而代理行为所产生的权利和义务直接归被代理人所有。由此看来,代理关系包括:代理人与被代理人的代理权关系、代理人与第三方的代理行为关系、被代理人与第三方的法律后果关系。在代理行为实施过程中,被代理人与第三方不直接面对,直接与第三方见面的代理人是以被代理人的名义出现的。

代理制度的设立,使得公民或法定代表人在不能亲自从事某些民事活动的情况下,可以通过授权或法律的直接规定,由代理人代为行使权利,而直接承担代理行为的法律后果。代理制度的作用就在于被代理人通过授权或法律的直接规定大大扩大了人们参与民事活动的范围。

2. 房地产代理的含义

房地产代理是指房地产经纪机构作为房地产代理人,在代理合同授权范围内,以委托人名义与第三方进行房地产交易,并由委托人直接承担相应法律责任,通过提供服务实现交易目的,并收取委托人佣金的行为。

房地产代理是房地产经纪业务的主要形式之一。在房地产代理行为发生过程中,代理人只提供代理服务。在代理合同授权范围内,代理人不需要提供产品和资金,也不需要承担代理行为的法律后果,如果代理人越权或超范围代理给第三方造成损失的,第三方只能向委托人提出赔偿,然后委托人再根据代理合同的赔偿条款向代理人索赔。

房地产代理业务是近年来房地产经纪业务中迅速发展起来的一个重要分支。与传统的房地产居间业务不同,房地产代理业务一方面使房地产经纪业务从房地产销售领域逐渐向"房地产项目全程策划+代理销售"的模式转移,另一方面也使房地产经纪人员从单纯的销售人员向策划、咨询、销售一体化方向发展。房地产代理的出现使得房地产经纪服务进一步向深度和广度延伸。

根据我国法律的有关规定,房地产经纪机构只能向房地产交易相对两方中的一代理业务的获得方提供代理服务,这与很多国家与地区的法律规定是一致的。正因为如此,代理是一种法律关系更简单明了的房地产经纪业务类型,因而在发达国家和地区成为最基本甚至唯一的房地产经纪业务类型。

二、房地产代理的特点

房地产代理除具有一般商业代理的共同点之外,也具有自身的一些特点。

1. 房地产代理人以委托人的名义进行代理行为

房地产代理人在代理过程中利用自身能够提供代理服务的比较优势，代替委托人并以委托人的名义进行房地产交易。委托人之所以在进行房地产交易过程中寻找代理人，是因为房地产行业内部分工越来越细，代理人在交易服务方面具有比较优势，委托人想要通过房地产交易获得最佳收益就需要聘请代理人。如果代理人以自己的名义进行交易，其行为只是自己的行为，而不是代理行为，这种行为所设定的权利与义务只能归代理人自己。

2. 房地产代理人必须在代理权限范围内实施代理行为

无论代理权的产生是基于何种法律事实，代理人都不得擅自减少或扩大代理权限，代理人超越代理权限的行为不属于代理行为，被代理人对此不承担责任。在代理关系中，委托代理中的代理人应根据被代理人的授权范围进行代理；法定代理和指定代理中的代理人也应在法律规定或指定的权限范围内实施代理行为。

3. 房地产代理人的代理行为后果由委托人负责

房地产代理人是以委托人的名义从事代理行为的，代理行为的成果由委托人享用，后果也由委托人承担。被代理人对代理人的代理行为承担民事责任，既包括对代理人在执行代理任务的合法行为承担民事责任，也包括对代理人的不当代理行为面担民事责任。

4. 房地产代理人具有独立行为的权利

房地产代理关系一经确定，在代理合同规定权限范围内，代理人只对委托人所设定的委托合同的目标负责。为了实现合同的目标，代理人有独立开展工作的权利，委托方只有配合的义务，而没有干涉的权利。代理人有权自行决定如何向第三人做出意思表示，或者是否接受第三人的意思表示。

5. 房地产代理是以产品为中心的代理

一般商业代理的代理权限设定多以区域结合产品为中心，而房地产代理权限的设定多以产品种类为中心，与区域无关。房地产代理业务中的商品房代理、商铺代理、二手房代理等都是以房地产本身这种产品为中心的，而与地方区域无关。

6. 房地产代理是有佣金标准的代理

房地产产品价格具有很强的刚性且代理金额巨大，所以房地产代理多是按行业和市场标准事先规定产品代理价格和佣金标准。

三、房地产代理业务的类型

根据服务对象的不同，房地产代理业务可分为卖方代理和买方代理两大类。服务对象为房地产开发商、存量房的所有者或是出租房屋的业主的代理行为称为卖方代理。而服务对象是需要购买或承租房屋的机构或个人的代理行为称为买方代理。

（一）房地产卖方代理业务

房地产卖方代理是指房地产经纪机构受委托人委托，以委托人名义出租、出售房地产的经纪行为。房地产卖方代理的委托人是房地产开发商、存量房的所有者或是出租房屋的业主。

目前，在我国房地产经纪业中，卖方代理是最主要的代理业务。房地产卖方代理业务按委托人的不同可以分为以下3类：

1. 商品房销售代理

商品房销售代理是指房地产经纪机构接受房地产开发商的委托，按委托人与经纪机构事先约定的要求进行商品房销售并收取佣金的行为。房地产经纪机构必须经开发商委托，在委托范围内（如价格浮动幅度、房屋交付使用日期等）替开发商行使销售权。

目前的商品房销售代理又主要有独家代理、共同代理、参与代理三种形式。独家代理是指房地产开发商或房地产所有权人，将房屋的出售权单独委托给一家具有房地产经纪资格的机构代理。共同代理是指房地产开发企业或房地产所有权人将房屋出售权同时委托数家具有房地产经纪资格的机构，按谁先代理成功谁享有佣金，谁代理成功量多谁多得收益的一种代理方式。参与代理是指房地产经纪机构参与已获授权独家或共同代理的房地产经纪机构的代理业务，代理成功后，由独家代理公司或共同代理公司按参与代理协议分配佣金的行为。

2. 房屋出租代理

房屋出租代理是指房地产经纪机构为房屋出租人代理出租房屋，促成出租者出租房屋成功而收取佣金的行为。房屋出租代理按房屋存在形式可分为现房出租代理、在建商品房预租代理、商品房先租后售代理等。

3. 二手房出售代理

二手房出售代理是指房地产经纪机构受存量房屋所有权人委托，将其依法拥有的住房进行出售并收取佣金的行为。现实经纪活动中常称之为二手房卖出代理。在存量房出售代理业务中，房屋置换的代理成为一种比较常见的房地产代理方式。

（二）房地产买方代理业务

房地产买方代理是指房地产经纪机构受委托人的委托，以委托人的名义承租、购买房地产的经纪行为。房地产买方代理的委托人为需要购买或承租房屋的机构或个人，即购房者或承租者。

由于受消费者习惯、交易成本等因素的影响，目前我国房地产买方代理业务的发展还不是很成熟，这方面的业务主要集中在境外公司和个人在中国境内承租房屋的代理上。从业务总量来看，房地产买方代理业务远远少于卖方代理业务。

此外，按照代理业务客体交易形式划分，房地产代理业务可分为销售代理、租赁代理、房地产抵押代理、房地产权属登记代理等形式。其中，房地产抵押代理是指房地产经纪机构受抵押人的委托，将委托人合法拥有的房地产以不转移占有的方式，以委托人的名义向抵押权人提供债务履行担保的行为。房地产权属登记代理是指房地产经纪机构作为代理人受委托人的委托，以委托人的名义到房地产行政主管部门对委托人所拥有的房屋所有权以及由房屋所有权产生的抵押权、典当权等他项权利进行登记的行为。

模块六 房地产代理业务能力训练

任务二 房地产代理业务的操作流程

课堂思考

房地产代理业务如何开展？

目前我国新建商品房市场的经纪业务基本采用代理方式，而二手房市场上的经纪业务以居间方式为主。下面以最常见的新建商品房租售代理业务为例，介绍房地产代理业务的基本操作流程。新建商品房租售代理（卖方代理）业务的基本操作流程主要包括以下几个步骤。

一、寻找代理委托业务

由于房地产代理市场竞争激烈，如何开拓业务、争取客户是房地产代理机构生存、发展的关键，也是房地产代理业务开展的前提。

1. 收集业务信息

为寻求代理业务，房地产代理商首先必须制订计划，充分利用各种信息资源和各种关系，收集有关代理业务的线索，积极开拓服务领域，使自己的业务来源更加宽广。如：通过土地出让市场获取有关开发项目的信息，向服务过的客户寻求继续合作的机会，从市场上一些销售遇阻的楼盘中获得机会等。

2. 筛选潜在委托人

房地产代理商要从市场中筛选出可能需要代理服务的开发商的名单。与这些开发商是否能够形成委托代理关系，还有赖于诸多因素的影响，例如代理商自身的能力和代理经验、自身专长、代理项目的代理条件、开发商对代理服务的态度等。

3. 了解开发商的基本情况

房地产代理商要深入了解开发商的项目情况、目前销售情况，开发商有关寻求代理服务的意向或打算采取何种方式寻求代理服务，开发项目的市场前景预测、竞争项目的情况，开发商的开发经验、资金状况、专业水平等。

房地产代理业务开拓的关键是争取客户。要想赢得较多的代理客户，最重要的是切实为客户提供高质量的代理服务，认真履行合同，促成代理成功，合理收取佣金，以诚信获取客户的信任。当然，通过广告宣传和公共关系活动来宣传自己、吸引客户也非常重要。从长远来看，房地产经纪机构必须重视树立自身的良好形象，以良好的口碑来吸引和稳定客户群，这是业务开拓的根本途径。

二、洽谈代理委托事项

房地产代理公司与选中的目标客户进行意向性的接触，洽谈有关委托代理事项，应倾听客户陈述，充分了解客户意图与要求，同时衡量自身接受委托、完成任务的能力。要向客户告知房地产代理机构的名称、资格、代理经验与业务优势等。就经纪方式、佣金标准、服务标准以及拟采用的代理合同文本等关键事项与客户协商，达成委托意向，并对以下内容进行审查。

（一）审查委托人的经济能力和经营范围

主要包括以下内容：
(1)开发商的营业执照，看其是否具有法人资格；
(2)自有资金的数量及注册资金的数量，看其经济实力；
(3)有职称的各类专业技术人员的数量；
(4)从事房地产开发的年限；
(5)累计竣工的房屋建筑面积和房地产开发投资总额；
(6)工程质量的合格率和优良率。

除此之外，房地产经纪机构还应当从其他渠道了解开发商的业绩、信誉，最好能获得有关证明开发商财务状况的文件。在审查开发商的经营范围时应当注意，商品房销售有内销和外销两种，如果开发商委托代理的是外销商品房，则开发商除应具备房地产开发经营资格、持有营业执照外，还应该出具经批准的外销批文。

对于实力差、信誉低、经营状况不良的开发商，经纪机构在接受其委托前应慎重考虑。在代理商品房的预售时，这一问题显得尤为重要，因为一个开发商若不讲求信誉，或实力、规模有限，或管理不善，或资金周转不灵，都极容易出现在收取预付房款之后，工程搁浅或暂缓，以致不能按期交房的现象，这就会给代理商带来不利影响和损失。

（二）审查委托标的物的合法性和基本情况

该项审查包括两个方面：

1. 审查委托标的房屋是否符合交易或转让的条件

对于现售新建商品房，其第一次进入交易市场的主要条件是：该商品房已取得有效的权属证明文件。经纪机构在认真审查了商品房的权属证明后才可以受理商品房的租售委托业务，这样可以在更大的程度上减少风险，避免因承接某些土地来源不正当、产权不清或质量不合格的房屋的租售代理业务而蒙受不必要的损失。

那些尚未建成而预先租售的商品房是房地产经纪机构代理业务的主要对象。根据我国法律规定，商品房预售实行许可证制度，开发商必须向房地产管理部门申请商品房预售登记，取得商品房预售许可证之后，方可进行商品房的预售。房地产经纪机构和房地产经纪人员应该从以下几个方面审核开发商是否符合商品房预售（租）的条件：
(1)是否已支付全部土地使用权出让金，取得土地使用权证书；
(2)是否已办妥建设项目的投资立项、规划和施工的审批工作，取得建设工程规划许可证和施工许可证；
(3)除付清地价款以外，投入开发建设的资金是否已达到工程预算投资总额的25％；
(4)是否已在当地注册银行开立代售房屋预售款的账户，并与金融机构签订预售款监管协议；
(5)土地使用权是否已作抵押或已解除抵押关系；

（6）是否已制定商品房预售方案，该方案应当包括：商品房的位置、建筑面积、交付使用的日期、交付使用后的物业管理等内容，并应该附有建设用地平面图。

房地产代理公司在代理商品房预售的委托事项时，应查验开发商的商品房预售许可证，以确认其所代理楼盘的土地使用权来源合法，各项施工报建手续完备，工程已投入一定资金，预收款项能得到监管、专款专用，使自己代理销售的楼盘，在确保买家将来能按时收楼、顺利办妥产权登记手续等方面，有一定程度的保障，以减少日后与开发商或买家不必要的纷争。

2. 审查委托出售房屋的基本情况

对于房屋基本情况的审查，其目的在于通过对房屋基本情况的了解，使代理商对于房屋销售的难易程度、销售价格、完成销售的大致时间、应选择的营销方案以及大约的费用做到心中有数，使他们在与委托人签订委托合同，议定有关委托期限、委托价格以及佣金等条款时，不致处于被动状态。

该项审查的内容主要有：了解房屋的一般情况，如坐落地点、朝向、面积、建造年限；了解房屋的质量情况，如房屋结构、质量等级、内部设施、装修标准等；了解房屋的地理环境情况，如交通情况、配套设施、居民情况、发展规模等。

三、签订委托代理合同

为了保护自身利益，避免纠纷发生，房地产代理商与开发商在明确了各自的权利和义务的基础上，房地产代理商（即房地产经纪机构）在接受委托人的委托后应与委托方签订书面的房地产代理合同。代理商应根据代理模式的不同将风险通过合同在开发商与自身之间进行合理的分摊。只有签订了房地产代理合同，双方之间的代理和被代理关系才能在法律上得以明确和保护。

在签订委托代理合同时，往往要根据代理模式的要求，就代理楼盘的销售价格达成一致意见。开发商和代理商对销售价格的制定都非常敏感，代理商不能被开发商的乐观情绪所左右而忽略市场风险。如果定价过高，势必增加代理商的推广难度，也会使开发商的资金周转不灵；定价过低，开发商会认为自身利益受到了损失；价差幅度不合理，条件好的户型卖得快，较差的户型长期滞销，开发商的利润就无法实现，一般所剩下15%的尾盘往往就是利润所在。因此，对代理项目合理的定价是代理合同需要解决的首要问题。

另外，便是代理商与开发商的权限划分，如价格让利权、合同内容变更权、合同内容解释权等，这些问题必须在代理合同中尽量约定明确，以避免日后产生不必要的纠纷。

四、履行代理义务

房地产代理商应根据委托代理合同的内容，制订代理计划，将代理的楼盘看作一个项目来管理。将代理的各项目标进行系统分析，研究总目标实现的可能性；在确定、修正总目标后，通过计划将各项目标分解，落实责任。具体操作包括以下方面的工作：

1. 销售方案设计与推广

销售方案的设计与推广是指房地产经纪机构针对委托代理楼盘的特点，制定房地产营销方案，履行代理义务并执行和推广该方案的过程。制定方案时，关键是考虑房地产的价位、目标客户群的选定、房地产宣传推广的方式和途径,以及整个销售过程如何安排等问题。一旦营销方案确定,下一步的工作就是将方案进行推广和落实,进入房地产的销售环节。

2. 引领买方或承租方看房

在房地产租售代理业务中,房地产经纪人员都有义务引领买方(或承租方)全面查验标的房地产的结构、设备、装修等实体状况及其使用状况、环境状况,并充分告知有关的一切有利或不利因素。

3. 房地产交易谈判及价款收取管理

当潜在的买家对房地产经纪机构所代理的房地产有初步购买或承租意向时,要由房地产经纪人员同买方(或承租方)就房地产价格进行谈判。当价格最终确定后,一般房地产经纪机构就要代表委托方与购买方(或承租方)签订"××楼盘认购(租)书",同时代理委托人收取客户定金,通常过一周左右,再代表委托方与客户签订房地产交易正式合同(买卖合同或租赁合同),并代理委托人收取房地产交易价款。

4. 房地产权属登记备案与房地产交验

房地产交易必然涉及房地产权利的变动,如房地产产权的转移或他项权利的设立等。在房地产代理业务中,房地产经纪机构通常需要代理委托人办理交易合同登记备案、产权过户登记、抵押登记、租赁登记等手续。

完成上述一切工作后,就要对房地产进行交接,购买方或承租方对房地产进行验收。在交验时,房地产经纪人员必须充分运用自己的专业知识和经验,协助客户进行核对。

房地产经纪机构要通过具体、周密的安排,把计划实施过程中的各项指标,如销售进度、销售增长率、电话询问量、成交率、平均成交价格等与实际状况相互对照,找出差距问题及其产生的根源,及时加以控制和调整。

五、佣金结算与售后服务

交易过程完成以后,房地产经纪机构应该按代理合同的约定,及时与委托人进行佣金结算。代理佣金一般按照销售总房款的一定比例(一般标准为1.2%左右)结算,也可事先设定任务数,实行额定佣金。结算方式通常有现场结款、周期结算、清盘结算等。

售后服务是房地产经纪机构提高服务水平、稳定老客户的重要环节。房地产代理业务售后服务的内容主要包括两个方面:一是改进服务,即了解委托人对本次代理服务的满意程度,对委托人感到不满意的环节进行必要的补救;二是跟踪服务,即了解委托人是否有新的代理服务需求意向,提供针对性的服务,并为经纪机构开拓新业务做准备。

任务三 房地产代理合同及其签订

课堂思考

房地产代理合同签需要注意些什么呢?

一、房地产代理合同的含义

房地产代理合同是指房地产经纪机构受委托人的委托,在代理权限内,以委托人的名义代替委托人处理房地产事务,明确受托人与委托人之间权利义务关系的协议,在房地产代理业务中,委托人为业主、开发商或其他从事房地产经济活动的机构和个人,受托人为房地产经纪机构(也称房地产代理机构)。

房地产经纪机构与委托人订立委托合同,确立了代理关系后,房地产经纪机构即成为代理商。代理商的代理资格是通过签订委托合同确立的,这是一种典型的委托代理形式。代理商与委托人签订委托合同后,具体的代理权限还须由委托人以授权委托书的形式加以明确。如果是全权代理还须填写"特别授权委托书"。委托合同并不能代替授权委托书,委托合同是一种双方行为,而授权委托书是单方法律行为。委托合同用以明确代理关系,而授权委托书用以明确具体的代理权限。

二、房地产代理合同的特征

1. 房地产代理合同是一种典型的提供服务的合同

房地产代理合同是以房地产经纪机构为委托人办理委托事务为目的签订的合同,是一种典型的提供服务的合同。合同订立后,房地产经纪机构在委托权限内所实施的行为等同于委托人自己的行为。房地产经纪机构办理房地产代理业务的费用由委托人承担。

2. 房地产代理合同的订立以委托人和受托人之间的相互信任为前提

委托人之所以选定房地产经纪机构为其处理房地产交易等事务,是以其对房地产经纪机构的办事能力和信誉的了解,相信房地产经纪人员能处理好委托事务为基本出发点的。而经纪机构之所以接受委托,是出于愿意为委托人服务,能够完成受托事务的自信,也是基于对委托人的了解和信任。

3. 房地产代理合同是诺成合同、有偿合同及要式合同

房地产代理合同的当事人双方意思表示一致时,合同即告成立,无须以当事人的履行行为作为合同成立的条件,因此它是诺成合同而非实践合同。房地产经纪机构完成代理任务,委托人应按委托代理合同约定给付佣金,因此它是有偿合同而不是无偿合同。房地产代理合同原则上是要式合同,在实践中,房地产经纪机构也往往和委托人口头议定委托事宜,但为了避免以后的合同纠纷,一般房地产代理合同都要签订书面协议。

三、房地产代理合同双方的权利和义务

(一)委托人的权利和义务

1. 委托人的权利

(1)有权设定代理权限。
(2)有权获得因代理人完成委托事务而取得的各种利益。

2. 委托人的义务和责任

(1)支付费用的义务。无论委托合同是否有偿,委托人都有义务提供和补偿委托事务必

要的费用。如办理产权登记过户必须缴纳的税费,应由委托人承担。

(2)支付报酬的义务。房地产代理业务为有偿商业行为,委托人应向受托人支付约定的报酬。报酬的支付时间,通常在委托事务完成之后,但也可提前支付或分期支付。如委托事务非因受托人的过失而未完成,委托人应就已完成的部分支付报酬。

(3)赔偿责任。委托人非因受托人的过错中途终止委托合同,应负赔偿责任。受托人在处理委托事务时,非因自己的过错而受到损害,可向委托人请求赔偿。如代理商在接受委托后,即着手市场调研,进行广告宣传,而此时委托人(如开发商)却单方终止委托,决定自己销售。这种情况下,委托人应承担违约责任,赔偿代理商因从事前期工作所造成的损失。

(二)受托人的权利和义务

1. 受托人的权利

(1)有权获取委托人委托事项的全部真实材料。

(2)有权在完成委托事务后向委托人收取佣金。

2. 受托人的义务和责任

(1)办理委托事务的义务。这是受托人的主要义务。

(2)报告义务。受托人应将委托事务的开展情况向委托人报告,当委托事务终了,受托人应将办理委托事务的始末经过,各种账目等向委托人报告。此项义务的具体内容可根据代理业务的具体形式而定,法律并无强制规定。

(3)转移利益的义务。受托人应将因办理委托事务取得的各种利益及时转移给委托人,包括取得的房款、租金等。

(4)受托人的责任。受托人不履行或不完全履行上述义务,即应承担相应的民事责任。受托人不办理委托事务或疏于必要的谨慎和注意,应承担过失的责任。如果受托人不听从委托人的指示,不及时将有关权力和利益转移给委托人,应视为对委托人财产权的侵占,应承担违约责任或侵权责任。

四、房地产代理合同的主要条款

房地产代理合同的内容根据当事人不同需要由当事人具体约定,尽管在内容上有所变化,但一般应包括以下主要条款:

(1)当事人的名称(或者姓名)和住所。合同的主体是当事人,没有主体,合同就不成立。房地产权利人的主体与接受劳务服务的经纪合同的主体是有一定区别的。房地产的权利人可以是有民事行为能力的成年人,也可以是无民事行为能力的未成年人和成年人。然而,无民事行为能力的房地产权利人须经过其法定监护人或法定代理人才能与房地产经纪机构签订房地产代理合同。因此,订立房地产经纪合同时,应当明确主体,使合同的履行具备法律效力。

(2)代理房地产标的物的基本状况。合同标的是合同法律关系的客体。没有标的,合同规定的权利和义务就失去了载体,当事人之间就无法建立合同关系。合同的条款中应当清楚、明确标明合同的客体。在房地产代理合同中对标的(即房地产)的描述应当清楚、明了,并明示主客体关系(即当事人与标的的关系)的各项内容。

(3)服务事项与服务标准。这是表明房地产经纪人员的服务能力和服务质量的条款,也是体现房地产经纪人员能否促使合同得以履行的主要条款。服务的事项和标准应当明确，否则难以保证合同得到正常履行。由于劳务活动的不确定性，该条款在合同的履行过程中经常会遭到委托人的质疑，可在合同进行中协商、补充，使条款的内容得到调整。

(4) 劳务报酬或酬金。酬金是委托人获取劳务服务的代价，也是房地产经纪人员完成服务后应得的报酬。房地产经纪合同是有偿合同，酬金标准及酬金的支付方式是合同的主要条款，也是合同的明示条款。

(5) 合同的履行期限、地点和方式。履行期限直接关系到合同义务完成的时间，同时也是确定违约与否的因素之一。履行期限应在房地产经纪合同中予以约定，履行的地点和履行的方式也应在合同中予以明确。

(6) 违约责任。违约责任是当事人违反合同约定时应承担的法律责任。违约责任条款有利于督促当事人履行合同义务，保护守约方的利益，应在合同条款中予以明确。合同中没有约定违约责任的，并不意味着违约方不承担违约责任。违约方未依法被免除责任的，守约方仍然可以依法追究其违约责任。

(7) 争议的解决方式。争议的解决方式是当事人解决合同纠纷的途径。当事人应当在合同中明确选择解决合同争议或纠纷的具体途径，如通过仲裁或诉讼。若当事人没有做明确的选择，则应通过诉讼解决合同纠纷。

(8) 其他补充条款。

五、签订房地产代理合同的注意事项

代理合同的类型不同，值得注意的事项也有所区别。

1. 房地产卖方代理合同

卖方代理业务中，房地产经纪人员的职责是实现标的物业的最高出售价格。但是由于价格越高，出售的难度也越大，对于批量的商品房预(销)售代理来说，销售进度也会受到影响。因此，为了避免经纪纠纷，卖方代理合同中应写明有关于交易价格范围、销售时间、销售进度以及不同价格和销售进度下佣金计算标准的条款。

在批量的商品房销售代理中，待销售的房地产不一定能做到百分之百售完，因此必须事先约定衡量经纪机构完成任务的考核标准——销售面积比例。由于批量化商品房的销售时间较长，佣金有必要分期支付，这就必须约定各期支付的时点或前提条件。

商品房预(销)售过程中发生的费用(如广告、售楼处建设费用、样板房装修费等)较多，其投放的时间、数量与销售量有密切关系，因此，也应对上述费用的支付方式，支付时间安排等事项在合同中予以明确约定。

2. 房地产买方代理合同

买方代理业务中，房地产经纪人员应为委托人买到最低价格的房地产，或者应在预定的价格下，买到最好的房地产。然而对房地产质量、功能方面的评判标准不可能完全统一，因此，在买方代理合同中，如果能约定房地产经纪人员应提供的备选房源数量，则可相应减少经纪纠纷。由于客户有特定的要求，佣金的标准不能等同于一般经纪合同的标准，应在合同中特别约定。

此外，应将签订好的房地产代理合同交当地房地产登记机关进行合同备案登记。

模块小结

房地产代理是房地产经纪业务的主要形式之一。房地产经纪机构只能向房地产交易相对两方中的一方提供代理服务。根据服务对象的不同,房地产代理业务可分为卖方代理和买方代理。新建商品房租售代理(卖方代理)业务的基本操作流程主要包括以下几个步骤：寻找代理委托业务；洽谈代理委托事项；签订委托代理合同；履行代理义务；佣金结算与售后服务。

思考与练习

一、填空题

1. 代理人在代理权限内,以_____的名义与第三方处理委托事务；从而使被代理人和第三方之间产生法律关系,而代理行为所产生的权利和义务直接归_____所有。
2. _____是房地产经纪业务的主要形式之一。
3. 在我国房地产经纪业中,_____是最主要的代理业务。
4. 房地产代理合同是一种典型的_____的合同。

二、选择题

1. 房地产代理合同中,委托人的义务有(　　)。
   A. 支付费用的义务　　　　　　B. 支付报酬的义务
   C. 赔偿责任　　　　　　　　　D. 分红的义务
2. 房地产代理业务开拓的关键是(　　)。
   A. 争取客户　　　　　　　　　B. 匹配需求
   C. 有大量房源　　　　　　　　D. 履行代理义务
3. 房地产卖方代理业务按委托人的不同可以分为以下(　　)。
   A. 房屋居间服务　　　　　　　B. 商品房销售代理
   C. 房屋出租代理　　　　　　　D. 二手房出售代理
4. 个人住房贷款一般采纳(　　)的担保方式。
   A. 抵押贷款　　　　　　　　　B. 质押贷款
   C. 保证贷款　　　　　　　　　D. 保息贷款
   E. 抵押(质押)加保证贷款

三、简答题

1. 房地产代理业务的特点有哪些?
2. 什么是房地产卖方代理?什么是房地产买方代理?
3. 试述新建商品房租售代理业务的基本操作流程。
4. 房地产代理合同的特征有哪些?
5. 试述房地产代理合同的权利与义务。

模块七 个人住房贷款业务能力训练

知识目标

1. 了解个人住房贷款的概念、特点；熟悉个人住房贷款的种类及构成要素。
2. 掌握个人购房贷款的基本流程。
3. 熟悉个人购房贷款的计算及担保。
4. 了解住房公积金的概念、特点、性质；熟悉住房公积金的缴存与提取；掌握公积金贷款的条件与办理程序。

能力目标

1. 能进行房地产开发贷款内容分析，从而了解房地开发经营活动。
2. 能独立帮助客户办理住房贷款业务。
3. 能进行住房公积金的缴存与提取。
4. 能根据住房公积金贷款的程序，从而分析住房公积金的应用。

素养目标

1. 培养信息素养、与专业匹配的职业能力。
2. 培养学生尊法守法、诚信守约的职业道德。

任务一 个人住房贷款概述

课堂思考

个人买房申请的是什么类型的贷款呢？

一、个人住房贷款的概念

个人住房贷款是房地产贷款的重要形式。房地产贷款的含义一般包括两个层面：一是指贷款的用途是房地产的贷款，如将贷款用于房地产开发或房屋改造、修缮，用于购买或租用房地产；二是指房地产抵押贷款，即以房地产为担保发放的贷款，该贷款可能用于房地产，也可能用于其他方面，例如某公司以房地产作抵押向银行申请贷款，用于公司经营。

二、个人住房贷款的特点

个人住房贷款有别于其他个人贷款，主要有以下几个特点。首先，个人住房贷款对象仅限于自然人，而不包括法人。个人住房贷款申请人必须是具有完全民事行为能力的自然人。其次，个人住房贷款期限长，通常为10~20年，最长可达30年。最后，个人住房贷款多数是以所购住房抵押为前提条件发生的资金借贷关系，还款方式绝大多数采取分期还本付息的方式，这种方式俗称"按揭"。

三、个人住房贷款的种类

1. 按贷款性质划分

根据贷款性质，个人住房贷款分为商业性个人住房贷款、住房公积金贷款和个人住房组合贷款。

（1）商业性个人住房贷款。商业性个人住房贷款是指商业银行用其信贷资金向购买、建造和大修各类型住房的个人所发放的自营性贷款。

（2）住房公积金贷款。住房公积金贷款是指由各地住房公积金管理中心运用归集的住房公积金，委托银行向购买、建造和大修各类型住房的住房公积金缴存职工发放的住房贷款。

（3）个人住房组合贷款。个人住房组合贷款是指借款人申请个人住房公积金的贷款额不足以支付购房所需资金时，其不足部分向银行申请商业性个人住房贷款，个人住房公积金贷款和商业性个人住房贷款两者的组合，称为组合贷款。其中，个人住房公积金贷款部分按住房公积金贷款利率执行，商业性个人住房贷款部分按商业性个人住房贷款利率执行。

2. 按贷款所购住房交易形态划分

按贷款所购住房交易形态划分，个人住房贷款可以分为一手房贷款和二手房贷款。

（1）一手房贷款。一手房贷款是指贷款机构向符合条件的个人发放的、用于在新建商品房市场上购买住房的贷款。

（2）二手房贷款。二手房贷款是指贷款机构向符合条件的个人发放的、用于在存量住房市场上购买住房的贷款。

知识链接

个人住房贷款的主要参与者

在个人住房贷款中,除贷款人、借款人外,往往还包括担保(保险)人、服务机构和政府部门等。

担保(保险)人包括担保自然人、担保机构和保险机构。担保自然人是指借款人的亲属、朋友等,跟借款人有关系并具备一定条件,能够在借款人能力不足的情况下提供担保还款义务。担保机构和保险机构包括各类担保公司、保险公司,它们通过提供房地产贷款担保和保险,为贷款人防范贷款风险提供保障。

服务机构是指为房地产贷款当事人提供专业服务的不动产经纪机构、房地产估价机构和律师事务所等。不动产经纪机构可代为办理个人住房贷款、不动产抵押登记等手续。贷款人在发放抵押贷款前一般均要求对抵押房地产的价值进行评估,房地产估价机构负责评估抵押房地产的价值。律师事务所主要为抵押贷款提供法律服务,如起草借款合同或协议、受托人与借款人签订借款合同或协议、处理违约贷款的法律事务等。

政府部门主要是指办理房屋买卖、抵押合同网签的房地产管理部门,进行不动产抵押登记的不动产登记中心等。

四、个人住房贷款的构成要素

1. 首付款比例

首付款比例是指个人首付的购房款占所购住房总价的百分比。国家信贷政策对不同时期首付款比例有明确规定,具体首付款比例由银行业金融机构根据借款人的信用状况和还款能力等合理确定。

2. 贷款成数

贷款成数又称贷款价值比率,是指贷款金额占抵押住房价值的比率。银行一般有最高贷款成数的规定。各贷款银行在不同时期对贷款成数要求不尽相同,一般有最高贷款成数的规定。贷款成数一般最高不得超过住宅价值的80%。

3. 偿还比率

贷款人通常将偿还比率作为考核借款人还款能力的一个指标。偿还比率一般采用房产支出与收入比,是指借款人的月房产支出占其同期收入的比率。房产支出与收入比=(本次贷款的月还款额+月物业服务费)/月均收入。目前大多数银行都对个人住房抵押贷款规定了最高偿还比率,根据原银监会规定,应将房产支出与收入比控制在50%以下(含50%),即给予借款人的最高贷款金额不使其分期偿还额超过其家庭同期收入的50%。

4. 贷款额度

贷款额度是指借款人可以向贷款人借款的限额。理论上,在个人住房贷款中,贷款的数额应为所购住房总价减去首付款后的余额。但在实际中,贷款人一般会用不同的指标,对借款人的贷款金额做出限制性规定,如规定贷款金额不得超过贷款机构规定的某一最高金额等。

模块七　个人住房贷款业务能力训练

5. 贷款利率

贷款利率是指借款期限内利息数额与本金额的比例。我国的利率由中国人民银行统一管理，银行贷款利率参照中国人民银行制定的基准利率，实际合同利率可在基准利率基础上下一定范围内浮动。

个人住房贷款基准利率由中国人民银行统一规定，金融机构根据商业原则通过调整贷款利率浮动区间自主确定贷款利率水平。个人住房贷款期限在1年以内（含1年）的，实行合同利率，遇法定利率调整，不分段计息；贷款期限在1年以上的，遇法定利率调整，于下年1月1日开始，按相应利率档次执行新的利率规定。

6. 贷款期限

贷款期限是指借款人应还清全部贷款本息的期限。贷款期限由贷款人和借款人根据实际情况商定，但一般有最长贷款期限的规定，如个人住房贷款期限最长为30年。贷款人在为借款人确定还款年限时一般以其年龄和房龄作为基础，年龄越小，其贷款年限越长，年龄越大，贷款年限则较短；房龄越短，其贷款年限越长，房龄越长，贷款年限则较短。通常情况下，借款人年龄与贷款期限之和不得超过65～75周岁。个人二手房贷款的期限不能超过所购住房土地使用权的剩余年限。

7. 还款方式

目前我国个人住房贷款的偿还方式主要有等额本息还款法和等额本金还款法两种。不同的还款方式，对借款人借款后的现金流要求是不同的，采用等额本息还款法时，各期还款压力是一样的；采用等额本金还款法时，借款初期的还款压力较大，以后依次递减。房地产经纪人员在帮助客户制定贷款方案时，应充分考虑客户的储蓄、收入水平、家庭开支以及家庭理财状况，进行综合考虑，还贷的方式一般由借款客户自己选择，房地产经纪人员应向借款人介绍等额本金还款法和等额本息还款法的区别，为贷款客户提供参考意见。如等额本息还款法适合教师、公务员等收入稳定的工薪阶层；等额本金还款法适合那些前期能够承担较大还款额的借款人群。

8. 担保方式

个人住房贷款必须提供担保，担保方式有抵押、质押、保证三种方式，且以所购住房抵押担保为主。在办理房屋抵押权登记前，贷款机构普遍还要求提供阶段性保证担保，对商品房期房贷款，一般由所购住房的开发商或担保机构提供保证担保，而对二手房贷款，一般由担保机构承担阶段性保证担保的责任。

任务二　个人住房贷款的基本流程

课堂思考

个人买房如何申请贷款呢？

一、贷款申请

借款人要申请商业性个人住房贷款，首先需要向贷款银行提出贷款申请。受理贷款时，必须由主贷人、共有人、配偶同时到场亲笔在贷款申请及相关贷款文件上签字。

二、贷款审批

贷款银行收到借款人的资料后，从个人信用、抵押物价值和借款人的条件等方面进行贷款审查。借款人的信用状况主要通过全国和地方个人的征信系统了解，若借款人有不良信用记录的，将不会通过贷款的审查；若借款人已发生借贷的数额达到一定的限额将被视为高额风险贷款，可能做出减少贷款额度甚至无法获得审批通过的审贷意见。抵押物的价值主要通过房地产估价机构给出评估价格，贷款银行一般会按评估价与实际交易价两者中较低值的60%或70%确定贷款金额。除此之外，贷款银行还会审查借款人的收入及财产证明、贷款的额度、婚姻状况及配偶的认可等方面。

三、签订借款合同

对通过贷款审批的，借款人将与贷款人签订借款合同或住房抵押贷款合同。借款合同一般包括借款种类、币种、用途、数额、利率、期限和还款方式等条款。合同正本一式三份，分别由贷款方、借款方、保证方各执一份。

四、抵押登记

到所购住宅所在地的不动产登记机构办理抵押登记，银行取得不动产抵押登记证明。

五、贷款发放

目前，银行发放贷款有两种方式：一种是当贷款银行获得房地产交易中心出具的抵押登记申请的收件收据后由有资质的担保公司担保，即可放款；另一种是在贷款银行获得不动产抵押登记证明后发放贷款，这种方式风险更小，但交易效率会受一定影响。

六、偿还贷款

借款人按照借款合同约定的还款方式、还款日期、还款金额按月偿还贷款。通常首期还款的时间和金额需要特别注意，一般银行会向借款人提供一个还贷专户（由还贷人按时存入，银行定时划款）。首期还贷的时间一般为发放贷款后次月的20日前，数额按照实际发放贷款的时间确定，因此，首月还贷的数额和时间以银行的还款计划表为准。

七、结清贷款、注销登记

最后一期贷款还完，借款人须到贷款银行办理结清贷款手续，取回不动产抵押登记证明。抵押人和抵押权人持不动产抵押登记证明和银行出具的抵押注销、银行结算清单等材料，到房屋所在地不动产登记机构办理抵押权注销登记。

知识链接

个人贷款申请具备的条件

各金融机构规定的个人住房贷款申请条件有所差异,一般情况下借款人需具备以下条件:

(1)具有完全民事行为能力的自然人;
(2)具有城镇常住户口或有效居留身份;
(3)有稳定合法的经济收入,信用状况良好,具有还款能力和意愿;
(4)具有真实合法有效的购买(建造、大修)住房的合同或协议;
(5)有所购买(建造、大修)住房全部价款一定比率的自筹资金作为首付款;
(6)有贷款人认可的资产作为抵押或质押,或有足够代偿能力的单位或个人作为保证人;
(7)贷款人规定的其他条件。

任务三 个人住房贷款计算及担保

课堂思考

客户办理了贷款,如何计算客户的月还款额呢?

一、个人住房贷款计算

(一)首付款计算

借款人在购买新建商品房贷款和二手房贷款时,首付款的计算有较大区别。办理新建商品房个人住房贷款时,首付款按照购买时的合同价格作为参考,并根据个人贷款次数和个人贷款的信誉度进行多方面的审核来确定首付款比例,按照确定的比例计算首付款数额。办理二手房个人住房贷款时,以二手房评估价格和成交价格较低的数值作为参考,并根据个人贷款次数、房龄、贷款年限、个人贷款的信誉度进行多方面的审核来确定首付款比例,按照确定的比例计算首付款数额。

(二)贷款金额计算

在个人住房贷款中,借款金额一般为所购住房总价减去首付款后的余额。即贷款金额=所购住房总价-首付款数额。

贷款人一般会用不同的指标,对借款人的贷款金额做出限制性规定,如:
(1)贷款金额不得超过某一最高金额;
(2)贷款金额不得超过按照最高贷款成数计算出的金额;

(3)贷款金额不得超过按照最高偿还比率计算出的金额。

当借款人的申请金额不超过以上所有限额的,以申请金额作为贷款金额;当申请金额超过以上任一限额的,以其中的最低限额作为贷款金额。

(三)月还款额计算

目前,最常用的还款方式有等额本息还款法和等额本金还款法。

1. 等额本息还款方式的月还款额计算

等额本息还款法,即借款人每月按相等的金额偿还贷款本息,其中每月贷款利息按月初剩余贷款本金计算并逐月结清。由于每月的还款额相等,因此,在贷款初期每月的还款中,剔除按月结清的利息后,所还的贷款本金就较少,每月所还的贷款利息就较多。这种还款方式,实际占用银行贷款的数量更多、占用的时间更长从而便于借款人合理安排每月的生活和进行理财,适合于预期收入在未来整个贷款期间比较稳定的借款人。

2. 等额本金还款方式的月还款额计算

等额本金还款法是在还款期内把贷款数总额等分,每月偿还同等数额的本金和剩余贷款在该月所产生的利息,这样由于每月的还款本金额固定,而利息越来越少,贷款人起初还款压力较大,但是随时间的推移每月还款数也越来越少。也便于根据自己的收入情况,确定还贷能力。这种还款方式比较适合工作正处于高峰阶段的人,或者是即将退休的人。

二、个人住房贷款担保

目前,很多购房人都会选择通过个人住房贷款买房,但在申请个人住房贷款时,银行会要求借款人提供担保。购房人通常在了解有哪些担保方式的基础上,根据自身的实际情况来选择适合自己的担保方式。个人住房贷款一般采纳以下4种担保方式:

(1)抵押贷款。抵押贷款是指贷款银行以借款人或第三人提供的符合规定条件的财产作为抵押物而向借款人发放贷款的方式。

(2)质押贷款。质押贷款是指借款人或第三人将符合规定条件的应享受的利益凭证交由贷款银行占有,贷款银行以应该享受的利益作为贷款担保而向借款人发放贷款的方式。

(3)保证贷款。保证贷款是指贷款银行以借款人提供的有代为清偿能力的法人或个人作为保证人而向其发放贷款的方式。

(4)抵押(质押)加保证贷款。抵押(质押)加保证贷款是指贷款银行在借款人或第三人提供抵押(质押)的基础上,同时要求借款人提供符合规定条件的保证人作为贷款担保而向借款人发放贷款的方式。

在房地产交易活动中,抵押是购房人常用的担保方式。房地产抵押相关内容已在"模块四"介绍,在这里不做讲解。

模块七　个人住房贷款业务能力训练

知识链接

不同类型的个人住房贷款的比较

1. 定息抵押贷款

定息抵押贷款是指金融机构在进行房地产抵押贷款时，在整个还款期限内固定抵押贷款利率的做法。这种抵押贷款方法对借贷人来说，好处是能够准确地测算出他在未来的一段时间内的支出，但要承担比目前市场利率还要高的抵押利率。这是因为通常金融机构为了减少风险，并不固定整个还款期的利率，只固定一段时间的利率水平。

2. 递减式还款抵押贷款

递减式还款抵押贷款是指先固定每个还款期所需偿还的本金，然后以日息计算每期应付的利息。例如在第二个还款期时，从总贷款额中扣除已还的本金，以此作基数来计算本期应付的利息。因此，贷款人应付本息逐期相继减少。

3. 渐进式抵押贷款

渐进式抵押贷款是在偿还期根据借贷人的收益水平规定合理的、不等的偿还额，或每次还款额相同但还款的时间间隔逐渐变小。计算每分段还款期的还款增加幅度可由借贷双方协商确定。

4. 重新协议利率抵押贷款或滚动抵押贷款

重新协议利率抵押贷款或滚动抵押贷款是指抵押贷款在还款期限内每隔3年、4年或5年，允许双方重新协议抵押利率。有些金融机构将这种抵押形式与渐进式抵押贷款相结合加以运用，吸取两者各自的优点。利用渐进式抵押贷款可以减少初期偿还金额，能够促使更多的人利用抵押贷款，而利用重新协议利率抵押贷款可以使贷款人在利率上升后将损失转移给借贷人。但有时会给借贷人造成双重不利的影响，即一方面利率上升增加了借贷人的还款负担，另一方面渐进式抵押贷款又有计划地增加了借贷人的还款额。

此外，还有比例升值贷款，增快还本抵押和可调整利率抵押贷款等形式。

借款人在贷款合同规定期限内偿还贷款本息，选择何种还款方式由借贷双方在合同中约定。

任务四　住房公积金

课堂思考

您知道如何用公积金贷款买房吗？

一、住房公积金概述

1. 住房公积金的概念

住房公积金制度是改革住房分配制度,把住房实物分配转变为货币工资分配的重要手段之一。住房公积金制度增加了职工工资当中住房消费含量,建立了职工的自助保障机制,增强了职工解决住房问题的能力,调整了职工消费结构,确保了职工住房消费支出,有利于扩大住房消费,增加住房有效需求。住房公积金制度实行"低存低贷"原则,为缴存职工提供比商业贷款利率低的住房公积金个人住房委托贷款,住房公积金的部分增值收益用于城市廉租住房建设,为我国住房保障制度建设和完善政策性住房金融体系奠定了基础。

2. 住房公积金的特点

住房公积金也是一种住房资金,因其有专门用途,所以也可以说是一种住房基金。其特点有以下几个方面。

(1)权属的个人性。住房公积金的所有权属于职工个人,尽管住房公积金中有一部分是来自职工所在单位(企业),但它仍计入职工个人专门账户,归职工个人所有。

(2)强制性。住房公积金的归集基础主要是政府信用,这种政府信用或者表现为有关住房公积金的行政规定,或者表现为有关住房公积金的特定法规。一旦实施这些行政规定或特定法规,其中规定的应参加住房公积金的个人和单位(企业)就必须参加住房公积金的缴交。

(3)福利性。住房公积金是互助性的基金,具有明显的职工福利性。这种福利性主要表现在职工个人公积金除职工个人缴纳一定的金额外,职工所在单位也要缴纳一定的金额,两者都归职工个人所有。也就是说,职工单位为职工提供了福利补贴。

(4)用途的专用性。住房公积金只能用于职工的住房消费,不能用于生、老、病、死所需的费用支出。因此,住房公积金的使用有严格的方向性,而且具体用于何种形式的住房消费的投资,往往还有具体规定。

3. 住房公积的性质

住房公积金的本质属性是工资性,是住房分配货币化的重要形式。单位按职工工资的一定比例,为职工缴存住房公积金,实质是以前用于住房实物分配的工资,以货币形式分配给职工,从而达到转换住房分配机制的目的。

二、住房公积金的缴存与提取

1. 住房公积金的缴存

(1)缴存住房公积金的对象。国家机关、国有企业、城镇集体企业、外商投资企业、城镇私营企业及其他城镇企业、事业单位、民办非企业单位和社会团体及其在职职工都应按月缴存住房公积金。无工作的城镇居民、离退休职工不建立住房公积金。一般来说,对农村居民也不建立住房公积金。

(2)缴存住房公积金的工资基数。缴存基数是职工本人上一年度的月平均工资,共由6部分组成:计时工资、计件工资、资金、津贴和补贴、加班加点工资及特殊情况下支付的工资。

(3)住房公积金月缴存额。住房公积金月缴存额为职工本人上一年度月平均工资分别乘以职工和单位住房公积金缴存比例后的和,即:

住房公积金月缴存额＝(职工本人上一年度月平均工资×职工住房公积金缴存比例)＋
(职工本人上一年度月平均工资×单位住房公积金缴存比例)

(4)缴存比例。缴存比例是指职工个人缴存(或职工单位资助职工缴存)住房公积金的数额占职工上一年度月平均工资的比例。目前,我国的住房公积金缴存比例实行动态调整机制,具体缴存比例由住房公积金管理委员会拟订,经本级政府审核后,报省、自治区、直辖市人民政府批准后执行,一般不得低于5%。

2. 住房公积金的提取

职工个人住房公积金的提取,是指缴存职工因特定住房消费或丧失缴存条件时,按照规定把个人账户内的住房公积金存储余额取出来,从而实现住房公积金的价值,发挥其作用的行为。

住房公积金的提取是有限制条件的,这与缴存住房公积金的长期性和互助性直接关联。职工提取住房公积金有以下两类情况。

(1)职工丧失缴存条件的提取。职工与单位建立劳动关系是缴存住房公积金的前提,当缴存条件丧失时,即在以下任一情况下,职工可以提取其住房公积金,同时注销该职工住房公积金账户。

1)离休、退休;
2)完全丧失劳动能力并与单位终止劳动关系;
3)户口迁出所在的市、县或者出境定居;
4)职工死亡或者被宣告死亡的。

职工死亡或者被宣告死亡的,职工的继承人、受遗赠人可以提取职工住房公积金账户内的存储余额;无继承人也无受遗赠人的,职工住房公积金账户的存储余额纳入住房公积金的增值收益。

(2)职工住房消费提取。

1)职工购买、建造、翻建、大修自住住房时的提取;
2)偿还购房贷款本息时的提取;
3)房租超出家庭工资收入规定比例时的提取。房租超出家庭工资收入的比例由当地住房公积金管理委员会确定,目前一般为10%~15%。

职工购买、建造、翻建、大修具有所有权的自住住房,在提取本人补充住房公积金账户中储存金额不足时,可以提取其配偶、同户成员或者非同户成员的直系血亲的住房公积金账户中的储存余额,但需征得被提取人的书面同意。职工提取本人的住房公积金储存余额,免缴个人所得税。

三、住房公积金贷款

住房公积金贷款是指由住房公积金管理中心及所属管理部,运用住房公积金,委托银行向购买、建造、翻建、大修自住住房的住房公积金缴存人和缴存单位的职工发放的贷款,并由借款人或第三人提供符合住房公积金管理中心要求的担保的贷款方式。对于已参加交纳住房公积金的居民来说,贷款购房时,应该首选住房公积金低息贷款。住房公积金贷款具有政策补贴性质,贷款利率很低,低于同期商业银行贷款利率。也就是说,在住房公积金抵押贷款利率和银行存款利率之间存在一个利差,采用公积金贷款可以大大减小购房者的还款压力。

1. 申请贷款的条件

(1)职工购买商品房或经济适用房申请住房公积金贷款,应当符合下列基本条件:

1)按规定正常足额缴存住房公积金,且在申请贷款时已连续正常缴存一年以上;

2)购买商品房或经济适用房为本市自住普通住房,有符合法律规定的购房合同和相关证明材料;

3)销售楼盘经公积金中心审批同意,在签订购房合同之日至合同规定的交房6个月内提出申请,有稳定的经济收入和偿还本息能力;

4)首期付款不低于所购住房全部价款的30%,且同意以所购房作为贷款担保或以住房公积金管理中心认可的抵押房屋抵押;

5)若购买的是期房,房地产开发企业愿意为购房职工做出有关保证承诺。

(2)职工购买房改房申请住房公积金贷款,应当同时符合下列基本条件:

1)按规定正常足额缴存住房公积金,且在申请贷款时已连续正常缴存一年以上;

2)所购住房为本市自住普通住房,有符合法律规定的购房审批手续和相关证明材料;

3)在批准购买6个月内提出申请,有稳定的经济收入和偿还本息能力;

4)同意以所购房作为贷款担保或以住房公积金管理中心认可的抵押房屋抵押。

(3)职工建造、翻修、大修住房申请住房公积金贷款,应当同时符合下列基本条件:

1)按规定正常足额缴存住房公积金,且在申请贷款时已连续正常缴存一年以上;

2)建造、翻建、大修住房为本市自住普通住房,提供有关部门签发的2年内的土地使用手续、建设工程规划许可证或建筑工程施工许可证和相关证明材料;

3)在开工建设进度30%以上提出申请,有稳定的经济收入和偿还本息能力;

4)同意以所建住房作为贷款担保,或以住房公积金管理中心认可的抵押房屋抵押。

(4)职工购买二手房申请住房公积金贷款,应当同时符合下列基本条件:

1)按规定正常足额缴存住房公积金,且在申请贷款时已连续正常缴存一年以上;

2)购买二手房为本市自住普通住房,有符合法律规定的买卖合同、交易手续费收据、契税完税凭证;

3)在已办理房产过户手续的6个月内提出申请,有稳定的经济收入和偿还本息的能力;

4)首期付款不低于所购住房全部价款的30%(有的城市首付可以是20%),且同意以所购住房作为贷款担保或以住房公积金管理中心认可的抵押房屋抵押。

(5)职工回购拆迁安置房申请住房公积金贷款,应当同时符合下列基本条件:

1)按规定正常足额缴存住房公积金,且在申请贷款时已连续正常缴存一年以上;

2)所购住房为本市自住普通住房,有房屋拆迁(或安置)协议书和相关证明材料;

3)拆迁安置房交房6个月内提出申请,有稳定的经济收入和偿还本息能力;

4)拆迁增购面积部分必须自行垫付,且同意以所购房作为贷款担保,或以住房公积金中心认可的抵押房屋抵押。

(6)申请人在首次住房公积金贷款还清后因改善住房条件重新购房,且符合上述贷款基本条件的,可以申请二次住房公积金贷款。

2. 住房公积金贷款办理程序

住房公积金贷款属于政策性贷款,相对商业贷款,审核严格、手续烦琐,而且商品房、二手房和拆迁回迁等流程也有一定差距，以购买商品房申请住房公积金贷款为例，住房公积金贷款程序如下。

（1）贷款申请。职工向住房公积金管理中心进行贷款咨询，了解贷款资格、可贷额度，领取并填写申请书，提供符合贷款条件的材料，提出贷款申请。

（2）申请受理。住房公积金管理中心根据申请人所提供的材料进行初审，具体审核申请人贷款资格，计算可贷额度，做出是否受理的决定。若不受理的，予以说明理由，退还申请材料。

（3）贷款审批。

1）申请受理后，住房公积金管理中心对申请人身份、住房公积金缴存情况、还款能力、个人信用、购房交易状况和价格或价值、担保能力等情况进行审核，提出准予或不准予贷款意见；准予的，提出具体贷款额度、期限、利率的审批意见。

2）贷款审批须查验申请资料及购房交易的真实性。查验时公积金中心与借款申请人履行面谈程序，建立面谈记录；必要时，向房地产管理部门核实购房合同或房屋所有权证的真实性。

3）贷款审批一般自受理之日起7个工作日内完成。7个工作日未办完审批的，经住房公积金管理中心负责人批准，可延长5个工作日，延期原因由公积金中心告知申请人。

（4）合同签订。审批通过的，住房公积金管理中心通知借款人及其配偶和产权共有人（抵押人）与保证人、委托贷款银行、住房公积金管理中心共同签订公积金借款、抵押合同，办理抵押登记，并由借款人签订借款借据。

（5）贷款发放。借款、抵押合同生效后，公积金管理中心开具委托贷款通知书，委托银行根据借款抵押合同约定的放款条件发放贷款。

（6）贷款归还。贷款期限在一年（含）以下的，采取到期一次还本付息方式；贷款期限在一年以上的，采取按月分期还款方式，申请人可选择等额本息还款方式或等额本金还款方式。

（7）贷款结清。借款人还清全部贷款本息后，应持委托贷款银行出具的贷款还款单到公积金中心办理贷款结清手续，由公积金中心向借款人出具抵押注销证明，签署抵押注销意见，将房屋他项权证或抵押登记证明书退还借款人，由借款人到房地产权属登记管理部门办理抵押登记注销手续。

（8）逾期处理。

1）借款人未按担保借款合同约定的期限归还贷款本息的，公积金管理中心按担保借款合同约定计收逾期罚息或对抵押物进行处置。

2）借款人偿还贷款本息逾期超过6个月（含6个月）的，公积金管理中心有权提前收回全部贷款本息，并按合同约定对抵押房屋依法进行处理。

模块小结

个人住房贷款业务是商业银行的主要资产业务之一，是商业银行向借款人开放的，用于借款人购买首次交易住房的贷款。本模块主要介绍个人住房贷款的基本概念、基本流程、贷款计算及担保、公积金贷款等。

思考与练习

一、填空题

1. _____ 是指个人首付的购房款占所购住房总价的百分比。
2. 按贷款所购住房交易形态划分,个人住房贷款可以分为 _____ 和 _____。
3. _____ 是指借款人可以向贷款人借款的限额。
4. 个人住房贷款必须提供担保,担保方式有 _____、_____ 和 _____ 3 种方式。

二、选择题

1. 个人住房贷款的特点有(　　)。
   A. 个人住房贷款对象自然人及法人
   B. 个人住房贷款申请人必须是具有完全民事行为能力的自然人
   C. 个人住房贷款期限长,通常为 10~20 年,最长可达 30 年
   D. 个人住房贷款多数是以所购住房抵押为前提条件发生的资金借贷关系
   E. 个人住房贷款还款方式绝大多数采取分期还本付息的方式,这种方式俗称"按揭"

2. 根据贷款性质,个人住房贷款分为(　　)。
   A. 商业性个人住房贷款　　　　　　　B. 住房公积金贷款
   C. 个人住房组合贷款　　　　　　　　D. 一手房贷款
   E. 二手房贷款

3. 个人购房贷款的构成要素包括(　　)。
   A. 首付款比例　　　　　　　　　　　B. 贷款申请
   C. 偿还比率　　　　　　　　　　　　D. 贷款额度
   E. 贷款利率

4. 个人住房贷款一般采纳的担保方式为(　　)。
   A. 抵押贷款　　　　　　　　　　　　B. 质押贷款
   C. 保证贷款　　　　　　　　　　　　D. 信息贷款
   E. 抵押(质押)加保证贷款

5. 职工购买商品房或经济适用房申请住房公积金贷款,应当符合(　　)基本条件。
   A. 按规定正常足额缴存住房公积金,且在申请贷款时已连续正常缴存一年以上
   B. 购买商品房或经济适用房为本市自住普通住房,有符合法律规定的购房合同和相关证明材料
   C. 销售楼盘经公积金中心审批同意,在签订购房合同之日至合同规定的交房 6 个月内提出申请,有稳定的经济收入和偿还本息能力
   D. 首期付款不低于所购住房全部价款的 10%,且同意以所购房作为贷款担保或以住房公积金管理中心认可的抵押房屋抵押
   E. 若购买的是期房,房地产开发企业愿意为购房职工做出有关保证承诺

三、简答题
1. 房地产贷款的含义包括哪两个层面？
2. 个人住房贷款的主要参与者有哪些？
3. 目前我国个人住房贷款的偿还方式主要有哪两种？
4. 简述个人购房贷款的基本流程。
5. 什么是住房公积金？住房公积金的特点有哪些？
6. 简述住房公积金贷款程序。

模块八 不动产登记业务能力训练

知识目标

1. 了解房地产权属登记的概念;熟悉房地产权属登记的功能及应具备条件。
2. 熟悉房地产权属登记的种类;掌握房地产权属登记的基本流程。

能力目标

1. 根据实际情况,能进行各类房地产权属登记及熟悉房地产权属登记流程。
2. 能根据客户要求,帮助客户办理房地产权属登记业务。

素养目标

1. 培养较强的实战职业能力。
2. 培养爱岗敬业、诚信专业的工作态度。

任务一 不动产登记概述

课堂思考

不动产登记业务是在交易的哪个环节完成的?

一、房地产权属登记的概念

房地产登记制度是不动产法律制度的重要组成部分,指对土地和地上建筑物的所有权以及设定的房地产他项权利,按照法定程序在专门簿册上进行记载确认的一种制度。房地产权属登记制度是房地产行政管理的基础与核心,也是建立房地产市场的必要保障条件。

二、房地产权属登记的功能

房地产权属登记制度的功能主要体现在以下几个方面:

1. 产权确认功能

产权确认功能是指房地产权属登记确认房地产权利归属状态,经过登记的房地产权利受国家强制力保护,可以对抗权利人以外的任何人。经过登记赋予房地产权利以相应的法律效力,保护房地产与权利人之间的法律支配关系。登记确权的房地产必须颁发权利证书。

2. 权利公示功能

权利公示功能是指房地产权属登记公开房地产权利变动状况,公示利益关系人与社会公众,保障房地产交易的安全。房地产权属登记通过公示能够将房地产流转的情况和结果及时进行公布,具有风险预警的作用,进而可以保护房地产权利人和善意第三人的利益。

3. 管理功能

管理功能是指房地产权属登记可实现国家管理意图,一方面通过登记建立产籍资料,进行产籍管理;另一方面,通过登记审查相关权利设立、变更、终止的合法性,进而取缔或处罚违法行为。通过房地产登记对房地产的登记档案、图纸等资料进行管理,对申请登记的房地产权利的真实合法性进行审查监督,同时也为城市规划、房地产税收等提供依据。

三、申请房地产权属登记应具备的条件

申请房地产权属登记应同时具备4项条件:申请人或代理人具有申请资格;权利人为法人、其他组织的,应使用法定名称,由其法定代表人申请;权利人为自然人的,应使用其身份证件中的姓名;共有的房地产,由共有人共同申请,如权利人或申请人委托代理申请登记时,代理人应向登记机关交验代理人的有效证件,并提交权利人(申请人)的书面委托书。设定房地产他项权利登记,由相关权利人共同申请。

任务二 房地产权属登记的种类

课堂思考

您了解房地产权属登记的种类吗?

房地产权属登记,也称为房地产产权登记,我国目前可将房地产权属登记分为七类:总登记、土地使用权登记、房屋所有权初始登记、转移登记、变更登记、他项权利登记、注销登记。

模块八　不动产登记业务能力训练

一、总登记

总登记,也称静态登记,是国家、省(自治区、直辖市)房地产主管机关或市、县登记机关根据需要,在一定的行政区域范围和规定的时间内进行的房地产权属登记。凡列入总登记范围的所有房屋,不论房屋归谁所有,也不论其产权有无转移或变更,房屋所有人都应在规定的期限内向登记机关申请登记。

总登记一般是指以下3种情况:

(1)从未进行过登记,没有产权产籍资料;

(2)需要全面核实,换发房地产产权证;

(3)由于历史的原因,造成产权产籍管理的混乱,需要进行重新整顿登记。

总登记是一项涉及面广、工作量大的登记工作,一般由县级以上人民政府批准开展。登记机关认为需要时,可对本行政区域内的房地产权属证书进行验证或更换。进行总登记或验证一般应于规定期限开始之日1个月前,由登记机关公告周知。

公告应包括以下内容:

(1)登记或验证区域;

(2)申请期限;

(3)受理申请地点;

(4)办理登记的程序要求。

二、土地使用权登记

土地使用权登记也称为国有土地使用权登记,是指土地管理机关或房地产产权管理机关对依法取得土地使用权的单位和个人的申请,按照法定程序,对其国有土地使用权进行审查核实、注册登记,核发国有土地使用权证书的一种制度。

按照国家土地管理局的土地登记的有关规定,国有土地使用权的权属登记分为初始登记、变更登记两种。

所谓初始登记,是指在一定时间时,以出让或划拨方式取得土地使用权的,权利人应申请办理土地使用权初始登记。申请土地使用权初始登记时,权利人应提交批准用地、土地使用合同等有关证明文件,包括:在依法取得房地产开发用地上新建成的房屋应凭土地使用权证书,申请房屋所有权登记;其余新建房屋凭用地证明,申请房屋所有权登记。

所谓变更登记,是指在初始登记之后,因土地使用权转让、转移或者因所设定的他项权利,以及土地的主要用途发生改变而随时办理的登记。变更登记只是对初始登记的某些内容的改变,在程序上两种登记的过程几乎是一样的。

三、房屋所有权初始登记(新建房屋登记)

房屋所有权初始登记是指新建房屋申请人,或原有但未进行过登记的房屋申请人原始取得所有权而进行的登记。由于我国当前新建房屋登记较多,因此,消费者更多的是知晓新建商品房登记——这是新建房屋权利人原始取得所有权的主要手段。对新建房屋必须申请登记。

申请新建房屋登记时,权利人应提交建筑用地规划许可证等有关证明。

在依法取得的房地产开发用地上新建成的房屋和集体土地转化为国有土地上的房屋,权利人应向登记机关申请办理房屋所有权初始登记。

在开发用地上新建成的房屋登记,权利人应向登记机关提交建设用地规划许可证、建设工程规划许可证及土地使用权证书等证明文件;集体土地转化为国有土地上的房屋,权利人应向登记机关提交用地证明等有关文件。

房地产开发公司出售商品房应在销售前到登记机关办理备案登记手续。

四、房地产转移登记

房地产转移登记是指经初始登记的房地产因买卖、赠予、继承、交换、转让、分割、合并、裁决等原因致使房地产权利人发生变化的登记。

因房屋买卖、交换、赠予、继承、划拨、转让、分割、合并、裁决等原因致使权属发生转移的,当事人应当自事实发生之日起 30 日内申请转移登记。

申请房地产转移登记应提交以下文件:

(1)申请书;

(2)身份证明;

(3)房地产权利证书;

(4)证明房地产权属发生转移的文件;

(5)其他相关文件。

证明房地产权属发生转移的文件主要有:预售合同、销售合同、买卖合同、赠予书、遗赠书、法院裁决书等。对于继承、赠予、遗赠等按规定要提交公证书的,申请人还必须出具经公证机关公证的公证书。

五、房地产变更登记

权利人名称变更和房屋现状发生下列情形之一的,权利人应当自事实发生之日起 30 日内申请变更登记。

(1)房屋坐落的街道、门牌号或者房屋名称发生变更的。

(2)房屋面积增加或者减少的。

(3)房屋翻建的。

(4)法律、法规规定的其他情形。

申请房地产变更登记应提交下列文件:

(1)变更登记申请书；
(2)身份证明；
(3)房地产权利证书；
(4)证明发生变更事实的文件；
(5)其他相关文件。

六、房地产他项权利登记

房地产他项权利登记是指因设定抵押权、典权等他项权利而发生的登记。

他项权利人应当自事实发生之日起 30 日内申请他项权利登记。下面主要介绍房地产抵押权登记。

房地产抵押权登记主要分为以下 4 种情况：

(1)出让土地使用权抵押登记。

(2)以预购商品房抵押登记。作为抵押物的商品房的房地产开发商应当取得预售许可证，预售合同已经登记备案，《房地产抵押合同》应当真实、合法。

(3)在建工程抵押登记。以在建工程作为抵押在建筑安装总量的投资达到当地政府规定的标准以上才可以进行。

设定抵押的在建房屋应出具建设用地批准文件、《国有土地使用证》或《土地使用权出让合同》《建设工程规划许可证》《建筑工程承包合同》《抵押合同》《借款合同》等文件，以担保将来某时间抵押人可取得建成房屋的权利。

(4)现房抵押登记。现房抵押应当出具《房屋所有权证》(或《房地产权证》)《抵押合同》《借款合同》。

房地产经纪人员在代办房地产抵押登记时，应当注意以下几点：

1)有营业期限的抵押人，其设定的抵押期限不得超过营业期限；

2)抵押物的土地使用权有年限的，其设定的抵押期限不得超过土地使用权的年限；

3)共同共有的房地产设定抵押的，全体共有人为抵押人；

4)按份共有的房地产，设定的抵押不得超过抵押人的份额；

5)同一抵押物设定二次或二次以上的抵押，登记时应提交前面抵押合同的约定和抵押权人知道抵押状况的书面证明；同一抵押物设定多次抵押的，后一个抵押的存续期限不得早于前一个抵押权的存续期限。

七、房地产注销登记

因房屋灭失、土地使用权年限届满、他项权利终止等，权利人应当自事实发生之日起 30 日内申请注销登记。

权利人申请注销登记应提交下列文件：

1）申请书；

2）身份证明；

3）房地产权证书；

4）房屋灭失的证明；

5）其他相关文件。

同其他登记不同，除注销登记权利人自愿申请外，还可由登记机关强制注销登记。有下列情形之一的，房地产登记机关有权注销房屋权属证书：

1）申报不实的；

2）涂改房屋权属证书的；

3）房屋权利灭失，而权利人未在规定期限内办理房屋权属注销登记的；

4）因登记机关的工作人员工作失误造成房屋权属登记不实的。

注销房屋证书，登记机关应当作出书面决定，并送达权利人。

知识链接

几种特殊情况下的房地产权属登记

1. 房改售房权属登记

职工以成本价购买的住房，产权归个人所有，产别为"私产"；职工以标准价购买的住房，拥有部分产权，产别为"私产（部分产权）"；以成本价或标准价购买的住房，产权来源为"房改售房"。

2. 直接代为登记

房地产行政主管部门直管公房、依法由房地产行政主管部门代管的房屋、无人主张权利的房屋以及法律法规规定的其他情形，登记机关可依法直接代为登记。直接代为登记，不予颁发房屋所有权证。

3. 商品房的登记

《中华人民共和国城市房地产管理法》规定："凭土地使用权证书向县级以上地方人民政府房产管理部门申请登记，由县级以上地方人民政府房产管理部门核实并颁发房屋所有权证书。"

4. 分割出售房屋的登记

《商品房销售管理办法》规定："商品住宅按套销售，不得分割拆零销售。"

模块八　不动产登记业务能力训练

任务三　房地产权属登记的基本流程

课堂思考

您知道如何办理房地产登记吗？

我国房地产产权登记机关的工作程序是：受理登记申请；勘丈绘图；产权（权属）审查、确认；核准登记并绘制权证；颁发或者注销权属证书。

一、受理登记申请（登记收件）

权利人向房地产所在地的登记部门提出书面申请，填写统一的登记申请表，提交墙界表，并进行产权证件、身份证等有关证件的检验。

上述手续齐备，产权登记部门方能受理登记申请。

二、勘丈绘图

勘丈绘图是指登记机关对已申请登记和尚未申请登记的房地产，以权利人为单位，逐户、逐处进行实地勘察，查清现状，丈量计算面积，核实墙体归属，绘制分户平面图，补测或修改房屋平面图或地籍图。这是产权审查、确认和制图发证的依据。

三、产权（权属）审查、确认

产权登记部门对受理的登记申请要进行产权（权属）的审查、确认。主要包括查阅产权档案、审查权利人提交的各种证件、核实房产现状及权属来源等。

四、核准登记并绘制权证

经过审核批准确认房地产权属的，准予登记。经过审核未批准确认房地产权属的，予以延期登记或者不予登记。

准予延期登记的房地产：房地产权属不清或争议尚未解决的；因正当理由不能按期交齐证明材料的；按规定需要补办手续的；其他准予延期登记的；权利人在港、澳、台地区或国外的，其申请期限可根据具体情况适当延长。

对于权利人（申请人）逾期申请房屋权属登记的，登记机关可以按照规定登记费的3倍以内收取登记费。

不予登记房地产:房地产权属不清;违章建筑;临时建筑;申请人提供的证明材料不足以确认权属的;其他依法不予核准登记的。不予登记的房地产,登记部门将终止其登记程序,并在规定核准登记的期限内通知权利人,退还申请文件。

上述情况消失或者问题解决后,权利人可以重新申请登记。

对申请人申请登记的房地产,经过审查、确认准予发给产权证件的,登记机关将及时转入绘制权证阶段。该阶段包括绘证(即填写产权证件)、配图(将测绘人员经过实地复核后的房屋平面图或其他图件附在产权证规定的位置上)、校对、送印 4 个步骤。

五、颁发或者注销权属证书

登记部门对权利人的申请进行审查,凡权属清楚、证明材料齐全,应在规定的期限内核准登记并颁发房地产权属证书。登记部门也有权撤销登记,注销房地产权属证书,应由登记部门作出书面决定,并送达给原权利人。

房地产权属登记工作量大,需投入的人力、财力很多,为保证登记部门的工作正常进行,应由权利人交纳登记费用,这也是国际上的通例。登记费用包括:登记费、权属证书工本费、测量勘丈费等。登记费的收取标准在全国未统一规定前,由市、县人民政府制定。

模块小结

房地产权属登记制度是基于健全市场经济需求。统一的房地产权属登记制度是市场经济的一项基础性制度,和每个人的切身利益息息相关。本模块主要介绍房地产登记的基本概念、房地产权属登记的种类及房地产登记的基本流程。

思考与练习

一、填空题

1. _____是国家、省(自治区、直辖市)房地产主管机关或市、县登记机关根据需要,在一定的行政区域范围和规定的时间内进行的房地产权属登记。

2. 进行总登记或验证一般应于规定期限开始之日_____前,由登记机关公告周知。

3. 按照国家土地管理局的土地登记的有关规定,国有土地使用权的权属登记分为_____、_____两种。

4. 申请新建房屋登记时,_____应提交建筑用地规划许可证等有关证明。

5. 因房屋灭失、土地使用权年限届满、他项权利终止等,权利人应当自事实发生之日起_____内申请注销登记。

6. 房地产权属登记工作量大，需投入的人力、财力很多。为保证登记部门的工作正常进行，应由_____交纳登记费用，这也是国际上的通例。

二、选择题

1. 申请房地产权属登记应同时具备（　　）条件。

    A. 申请人或代理人具有申请资格

    B. 权利人为法人、其他组织的，应使用法定名称，由其法定代表人申请

    C. 权利人为自然人的，应使用其身份证件中的姓名

    D. 共有的房地产，共有人共同申请，如权利人或申请人委托代理申请登记时，代理人应向登记机关交验代理人的有效证件，并提交权利人（申请人）的书面委托书

    E. 设定房地产他项权利登记，由相关委托代理人共同申请

2. 权利人名称变更和房屋现状发生下列（　　）之一的，权利人应申请变更登记。

    A. 房屋坐落的街道、门牌号或者房屋名称发生变更的

    B. 房屋面积增加或者减少的

    C. 房屋翻建的

    D. 房屋在营业期限进行抵押

    E. 房屋在营业期限进行转租

三、简答题

1. 什么是房地产权属登记？房地产权属登记制度的功能主要体现在哪几个方面？
2. 申请房地产转移登记应提交哪些文件？证明房地产权属发生转移的文件主要有哪些？
3. 我国房地产权属登记机关的工作程序是什么？

模块九　房地产经纪管理业务训练

知识目标

1. 了解房地产经纪行业管理的概念及作用，熟悉房地产经纪行业管理的基本原则；掌握房地产经纪行业管理的基本模式及管理内容。

2. 了解房地产经纪信息概述；熟悉房地产经纪信息的分类、原则；掌握房地产经纪管理的内容、搜集、整理与利用。

3. 熟悉房地产经纪信息的计算机管理系统的主要类型，使用流程及房地产经纪业务的网络化运作。

能力目标

1. 能够对房地产经纪业管理的基本模式进行调查分析。
2. 能够收集房地产经纪信息，对房地产经纪信息进行整理。
3. 具备做储备店长的管理基本能力。

素养目标

1. 适应新时代对技术人才培养新要求，培养学生信息素养。
2. 培养求真务实，实践创新的精神。

任务一　房地产经纪行业管理

课堂思考

谈谈您了解的房地产经纪行业。

模块九 房地产经纪管理业务训练

一、房地产经纪行业管理的概念及作用

1. 房地产经纪行业管理的概念

房地产经纪行业管理指由有关政府主管部门、房地产经纪行业组织对房地产经纪活动的主体、运作方式等实施的管理。其目的在于规范房地产经纪活动,并协调房地产经纪活动中所涉及的各类当事人(房地产经纪机构、房地产经纪人员、房地产经纪活动服务对象)之间的关系。

2. 房地产经纪行业管理的作用

具体来说,房地产经纪行业管理具有如下两方面的作用。

一方面,通过房地产经纪行业管理来规范房地产经纪服务活动,有助于提高房地产有效供给,提高房地产开发效益,可以进一步改善房地产特别是住宅的流通环节,以利于通过市场机制来促进房地产经济活动及其他相关经济活动的效益,从而促进房地产业的发展,提高居民住宅消费的总体质量水平。

另一方面,房地产经纪行业管理作为一种行业管理,可以协调行业内部各类主体之间以及行业与社会其他主体之间的关系,促进行业整体的高效运作和持续发展,维护和提高行业的整体利益。从发达国家和地区的实践情况来看,房地产经纪行业管理较好的地方,房地产经纪行业的经济效益较高,其从业人员的社会形象和社会地位也较高,整个行业的发展也比较快;反之,房地产经纪行业管理水平欠佳的地方,房地产经纪行业的经济收益就较低,其从业人员的社会形象和社会地位较低,行业发展的障碍也较多。

二、房地产经纪行业管理的基本原则

1. 营造良好的从业环境,鼓励行业发展

房地产经纪行业不仅在过去几十年的发展中,为我国房地产市场和房地产业的发展,乃至社会经济发展作出了重大的贡献,而且是未来房地产市场、房地产业进一步发展中必不可少的重要环节。房地产经纪行业是一个需要鼓励发展的行业。对房地产经纪行业的管理,应本着鼓励行业发展、促进行业进步的原则。行业管理模式的设计和行业管理措施的制定都应有利于营造良好的行业生存与发展环境,有利于建立行业自我更新、不断进步的发展机制。今后房地产经纪行业管理应着重提高从业人员的职业道德素质和专业水平,提高全行业的服务规范化程度,加强行业内的合作与交流,提高行业整体合力,加强行业与社会各界的沟通,改善行业的公共关系和社会形象。

2. 遵循行业规律,实施专业管理

房地产经纪行业是以促成房地产交易、提高房地产交易效率、维护房地产交易安全为服务内容的行业。房地产商品的特殊性和房地产交易的复杂性都使得房地产经纪是专业性极强的经纪活动。正如证券经纪、保险经纪一样,房地产经纪活动作为一种特殊商品的经纪活动,其特殊性远远大于它与各类经纪活动具有的共性。从我国证券经纪、保险经纪行业管理的经验来看,对从业人员专业知识要求较高的经纪行业,实施专业化管理的必要性。从境外

房地产经纪行业的情况看,专业化的房地产经纪行业管理是一种惯例。目前,有些城市(如上海)将对房地产经纪行业的管理纳入对经纪人的统一管理中。

3. 严格依法办事,强化行业自律

法制社会对房地产经纪行业的管理应以国家法律为基本依据,应避免政府超出法律许可范围实施管理,更要避免不同政府部门从各自局限的角度出发制定互不衔接的行政法规和政策。针对目前房地产经纪法律、法规体系尚不健全,许多方面存在法律空白点的状况,国家和各地方立法机构应该加紧建设有关房地产经纪的法律、法规体系,理顺房地产经纪行业管理的行政管理体系。

在我国政府从"无限"政府向"有限"政府转换的大趋势下,房地产经纪行业管理应建立有利于促进行业自律的原则。行业自律就是充分发挥行业成员自身的积极性、能动性,充分利用社会资源,对行业进行自我管理。在法制社会,政府对行业进行管理必须通过法律授权,而行业自律管理只需要通过行业成员的协商,因而在管理权限上具有更大的灵活性、机动性,更能适应行业快速发展的需要。如自律管理中最重要的手段就是制定行业规范。行业规范通过同行业内的民事行为主体协商制定,比之法律、法规具有更强的灵活性,可以在法律法规所规定的标准之上,为行业提供更高的行业标准,便于根据市场需要和行业发展水平不断进行调整、更新。其与市场竞争、优胜劣汰的市场机制相配合,可以起到推进行业进步、提升行业整体水平的作用。正因为如此,在境外市场经济发达的国家和地区,行业规范对竞争性行业都具有很好的行业管理作用。

4. 顺应市场机制,维护有序竞争

对房地产经纪行业的管理应适应市场经济的要求,顺应市场经济发展的趋势。在市场经济体制下,企业是市场中的独立主体,会根据市场供求状况、行业竞争状况和企业自身条件进行行为决策。市场的供求机制、竞争机制会调节企业的行为。对于房地产经纪行业这种竞争性行业,情况更是如此。有关行业的规模、结构等问题,应通过市场选择来决定。房地产经纪行业管理主要应起到避免市场机制失灵、保证市场机制正常运作的作用。房地产经纪行业管理应有助于形成按照市场经济原则有序运作、不断发展的行业发展机制。

在这一原则指导下,房地产经纪行业管理应以维护房地产经纪行业及其相关市场有序竞争为价值取向。因为,市场机制运作以市场有序竞争为前提条件。要维护有序竞争,房地产经纪行业管理首先要保证行业的适度发展,要避免因信息不对称等因素的存在使房地产行业出现超出市场需求的盲目发展,避免因行业过度膨胀导致业内的恶性竞争。另外,房地产经纪行业管理应通过一系列制度坚决抵制不公平、不正当竞争,避免不公平、不正当竞争破坏行业发展的内在机制。

三、房地产经纪行业管理的基本模式

管理模式即由管理主体、管理手段和机制所组成的动态系统,不同管理模式之间在系统组成要素、系统结构、运作流程上存在着差异,房地产经纪行业管理主要有以下3种模式。

(1)行政主管模式。在这种模式下,政府行政主管部门承担了房地产经纪行业管理的绝

模块九 房地产经纪管理业务训练

大部分职能,管理手段以行政手段为主,如进行执业资格认证、登记备案与年检、制定收费标准和示范合同、行政监督等。目前,我国香港地区就是采取这种模式。

(2)行业自治模式。在这种模式下,房地产经纪的直接管理主体是房地产经纪行业协会。房地产经纪行业协会不仅实施自律性管理职能,还受政府职能部门甚至立法机构的委托,行使对房地产经纪业的行政管理职能。在这种模式下,管理手段相对较为丰富,法律、行政、经济和自律等手段都有所运用。目前,我国台湾地区就是采取这种模式。中国台湾地区房地产经纪业的"同业公会"受政府行政主管部门委托,直接从事房地产经纪业的各项具体管理事务,主管部门只是对其实行指导和间接管理。

(3)行政与行业自律并行管理模式。在这种模式下,政府行政主管部门和房地产经纪行业协会都是强有力的管理主体,但两者管理职能有所分工。美国房地产经纪业的行业管理即是这种模式。我国目前对房地产经纪行业的管理方式与该模式比较接近,但政府行政主管部门的管理主体地位明显强于房地产经纪行业协会,房地产经纪行业协会的管理作用需要进一步加强。

四、房地产经纪行业管理的内容

(一)房地产经纪行业管理的基本框架

作为对房地产经纪行业这样一个特定行业的行业管理,房地产经纪行业管理基本框架具有很强的行业特征。

1. 房地产经纪行业的专业性管理

房地产经纪是围绕房地产所开展的中介服务活动。而房地产具有不可移动、价值高大、自然寿命长、受环境影响大等不同于其他商品的独特特征,这使得房地产经济活动具有很强的专业性。因此,房地产经纪行业管理也具有很强的专业性。这主要体现在以下几个方面。

首先,对房地产经纪活动主体实行专业资质、资格管理。从发达国家和地区的情况来看,很多国家对房地产经纪行业的从业人员,建立了系统的教育和继续教育、资格考试、资格认定的制度,以保证房地产经纪行业从业人员具备相应的专业知识和技能。同时,对房地产经纪机构实行专业的营业资质和牌照管理。

其次,对房地产经纪人员的职业风险进行管理。房地产经纪活动所涉及的标的是具有高额价值的房地产,因此,房地产经纪人员在职业活动中的一些失误,常常会给客户造成巨大的经济损失,从而也就给房地产经纪人员自身带来严重的民事法律后果。这种职业风险如果不能有效规避,会给房地产经纪行业造成重大打击。所以,一些发达国家和地区通过设立房地产经纪行业赔偿基金、强制性过失保险制度等来规避房地产经纪行业的职业风险。

最后,重视房地产经纪管理的地域性。房地产不可移动,使房地产市场具有明显的地域性,这决定了房地产经纪行业的运作也不可避免地带有很强的地域特征,因此对房地产经纪行业的管理也应注意不同地域的差别。

2. 房地产经纪行业的规范性管理

由于房地产经纪行业属于服务业,它不提供实体性产品,而是提供具有使用价值的动态过程——房地产交易的居间或代理等服务,因此对房地产经纪的管理必须着重于保证服务过程的规范性。从发达国家和地区的经验来看,对服务过程规范性方面的管理,主要通过以下几方面的管理来实现。

首先,房地产经纪行业执业规范。发达国家和地区一般通过立法来制定房地产经纪行业的执业规范,如美国房地产经纪行业的《一般代理法规》,中国香港房地产经纪行业的《地产代理条例》等。

其次,房地产经纪收费。房地产经纪作为一种服务性行业,其所提供的服务不如实体产品那样容易进行价值判别,因此房地产经纪机构与顾客之间在服务收费问题上较易产生纠纷,特别需要行业管理的协调作用,收费管理的最主要方式是制定具有法律约束力的房地产经纪服务佣金标准(通常是指其相对于房地产交易额的一定比率)。

最后,各国(地区)房地产经纪行业管理主管部门都严令禁止房地产经纪机构赚取合同约定的佣金以外的经济利益,如房地产交易差价。

3. 房地产经纪行业的公平性管理

房地产经纪行业是以信息为主要资源的服务业,信息自身的种种特点以及信息不对称所带来的种种后果都要求行业管理主体对房地产经纪行业实施公平性管理,以保证行业内部各机构及从业人员之间的公平竞争和行业与服务对象之间的公平交易。具体来说,主要有三个方面。

首先,行业竞争与协作的管理。信息的共享性、积累性和时效性,使得房地产经纪行业内部容易产生不正当竞争,但同时又迫切需要开展行业内的广泛协作。因此,对行业竞争与协作的管理也是房地产经纪行业管理的重要内容,美国全美房地产经纪人组织所建立的"多重上市服务系统"是开展行业协作管理的典范。

其次,房地产经纪行业的诚信管理。由于房地产经纪人员与服务对象之间存在着较为明显的信息不对称现象,因此对房地产经纪的管理必须十分注重对房地产经纪行业诚信的管理。很多国家的政府和房地产经纪行业组织,通过法律、行政、教育、行业自律乃至评奖、设立信用保证金等种种方法来对房地产经纪机构及执业人员的信誉进行管理。

最后,房地产经纪纠纷管理。由于房地产经纪行业与服务对象之间的信息不对称,很容易引起双方对同一问题认识的差异性,从而导致房地产经纪纠纷。在一些房地产经纪行业不够成熟的地方,房地产经纪人员素质良莠不齐,更催化了这种纠纷。所以,关于房地产经纪纠纷的管理是房地产经纪行业管理的重要内容。从发达国家和地区的情况来看,建立常规的消费者投诉通道、明确仲裁和协调的主体、制定纠纷处理的法律性文件是纠纷管理的主要手段。

(二)我国现行房地产经纪业务管理的主要内容

1. 年检与验证管理

根据《中华人民共和国城市房地产管理法》及其他法规和规章的规定,由房地产经纪主管部门会同工商行政主管部门定期对房地产经纪机构及房地产经纪人员进行年检和验证工作,这两项工作是加强行业管理、实施执行规范的重要措施。年检、验证管理实行定期、集中审查

式的监督管理,具有时间固定集中、检查面广、检查内容全面等特点,具有其他监督管理方式无法替代的作用。年检与验证管理有利于监督房地产经纪机构及时办理变更登记,有利于房地产经纪机构的准确统计,有利于对房地产经纪机构进行综合检查、分析和评价。

(1)年检是检查房地产经纪组织经营业务范围、注册地点、注册资金、持证从业人员是否有变动,以及在房地产经纪活动中是否遵纪守法,是否接受注册、备案等管理。对持有房地产经纪人执业资格证的人数低于规定标准的及其他不符合标准的,不予备案登记。房地产管理部门应当每年对房地产经纪机构内的执业人员条件进行年检,并公布年检合格的房地产经纪机构名单。年检不合格的,应限期整顿,经限期整顿仍不合格的,撤销备案证书,今后不得从事房地产经纪活动。

(2)验证是发证机关定期对房地产经纪人执业资格和房地产经纪人协理从业资格证明进行检查。各省级房地产管理部门或其授权的机构负责房地产经纪人(含协理)从业资格注册登记管理工作,每年度房地产经纪人(含协理)从业资格注册登记情况应报建设部备案。

2. 纠纷规避与投诉受理

从现实经济生活看,房地产经纪活动中常见的纠纷类型主要有:缔约过失造成的纠纷、合同不规范造成的纠纷、服务标准与收取佣金标准差异造成的纠纷。

(1)房地产经纪行业主管部门可以通过以下手段来规避房地产经纪纠纷:一是制定示范合同文本;二是制定服务标准,明确服务要求和内容;三是加强对房地产经纪合同的监督管理。目前在房地产经纪行业中使用自行制作的合同文本占有很大的比例。而且,为了方便重复使用,很多经济机构将这种合同制作成固定的合同文本。一些地方政府的房地产行政主管部门要求房地产经纪机构将这种固定格式的经纪合同提交房地产行政管理部门审查。这就是一种对合同的监督管理。

(2)对已经出现的房地产经纪纠纷,房地产行政主管部门及其他相关部门负责受理投诉、调节处理。房地产行政主管部门通常设置一些投诉通道,制定投诉受理程序,及时有效地引导当事人解决房地产经纪纠纷。

3. 收费管理

根据规定,房地产中介服务收费实行明码标价制度,房地产经纪机构依照合同约定向委托人收取服务费,并开具发票。对房地产经纪服务费的管理主要是从"是否符合收费标准"和"是否明码标价"两个方面进行。凡违规行为,将受到相应的处罚。此外,在房地产经纪活动中,坚决禁止房地产经纪机构、房地产经纪人员通过隐瞒房地产交易价格等方式,获取佣金以外的收益。

4. 信用管理

目前,我国房地产经纪行业的信用管理是纳入房地产全行业信用管理体系中实施的。

(1)房地产信用档案的建立范围:房地产开发企业、房地产中介服务机构、物业管理企业和房地产估价师、房地产经纪人、房地产经纪人协理等专业人员。

(2)信用档案的内容包括基本情况、业绩及良好行为、不良行为等。

(3)意义:信用信息管理系统的建设,可以为各级政府部门和社会公众监督房地产企业市场行为提供依据,为社会公众查询企业和个人信用信息提供服务,为社会公众投诉房地产领域违法违纪行为提供途径。

(4)原则:全国房地产信用档案系统建设按照"统一规划、分级建设、分步实施、信息共享"的原则。

(5)分级管理制:建设部组织建立全国资质一级房地产企业及执业人员信用档案(简称"一级房地产信用档案")系统。资质二级(含二级)以下的房地产企业和执(从)业人员的信用档案(简称为"二级房地产信用档案")系统,由地方建设(房地产)行政主管部门组织建立。

任务二　房地产经纪信息管理

课堂思考

房地产经纪信息包括哪些内容呢?

一、房地产经纪信息概述

(一)信息、房地产经纪信息的概念

1. 信息

信息是指可以传递、传送的消息。通过信息,可以减少或消除风险发生的可能性。现代社会被称为"信息社会"。自古以来,人类就通过感官收集信息,通过文字交流信息。可以说,没有信息的交流与传递,人类社会就不可能发展到今天的水平。随着现代科学技术的进步与生产力的发展,物质生产的自动化程度不断提高,同时社会生产的专业化分工越来越细,经济活动日益网络化,使得经济活动效率的提高更多地依赖于信息传输和利用的效率。虽然信息本身并不是财富,但由于它所传递的内容可以优化资源配置,从而带来财富,推动社会进步,因此将它视为无形财富。信息包括客观信息和人工信息两种。客观信息是指来自自然界的和已经发生的信息;人工信息是指人们大脑对客观信息加工而成的信息。

2. 房地产经纪信息

房地产经纪信息是反映房地产经纪活动并为房地产经纪活动服务的信息。它通常包括4个方面的信息:房源信息、客源信息、市场信息和房地产经纪行业信息。这4个方面缺一不可,没有房源信息犹如无米之炊;没有客源信息,就找不到服务对象;没有市场信息,就无法把握市场的动脉;没有房地产经纪行业信息,就无法掌握行业发展和竞争对手的实际情况,就无法在竞争中立于不败之地。

(二)房地产经纪信息的特征

信息的性质、作用及时效,是由信息和信号所含的具体内容和意义来决定的。人们是通过

信息来认识事物的,因此要求信息从不同侧面来反映事物的某些特征。房地产经纪信息既具有一般信息所具有的共同特征,又具有一些自身的个别特征。具体而言,包括以下几个方面。

1. 数量多,涉及面广

房地产是人们生产、生活的基础,随着住房制度改革的不断深入,房地产越来越受到人们的关注。由于房地产具有独特性、地域性、功能多样性等特点,加上大宗媒体广告所传播的房地产经纪信息,使房地产经纪信息数量多,涉及面广,它涉及房地产宏观政策、法律、法规信息;房地产行业信息;经济环境信息;社会环境信息;城市规划信息;消费者行为信息等。

2. 共享性

房地产经纪信息具有正外部性,不会因为使用者的增加而减少每个使用者所获得的信息。信息的共享很重要,通过共享,使更多的人获得信息,给更多的人带来价值,最后使整个社会的经济效益增加。但是并不是所有信息都需要共享,对于一些机密或具有排他性的信息,应注意保护。

3. 积累性

房地产经纪信息的价值并不是一次性的,它常常可以重复使用,而且随着信息的累积,将会有新的价值产生。在房地产经纪活动中,房地产经纪人员必须注意这一点,在信息使用后,也要加以保存,不能对使用过的信息就丢弃一旁,通过对积累信息的分析还能加深对市场的了解。

4. 层次性

房地产经纪信息对使用者而言,不同的环境、不同的目的、不同的时段,需要不同的信息,即一条房地产经纪信息在具有不同的价值观或不同的认识层次的人那里会有不同的价值含义。房地产市场的发展和人们需求的变化,对同一房地产经纪信息有不同的认识,当经纪信息的属性和内容与人们的需求相联系时,其使用价值就能发挥出来。因此,不同层次的信息需求必须分类提供相应的信息。

5. 增值性

通过经纪信息的传递,使获得信息的人数大大增加,由于每个人掌握的信息并不会因此而减少,就会使整个社会的总经济效益增加;通过将大量相关的信息综合分析能够得到新的信息;通过对经纪信息的收集、加工和整理,将其物化于房地产实物上,还能增加房地产实物的附加值。

(三)房地产经纪信息的作用

房地产经纪活动和房地产经纪人本身是由于房地产市场主体对房地产信息的需求而产生的。房地产市场就是一个信息不充分的市场,房地产信息的不对称会导致市场机制失灵、市场效率低下等现象。一个优秀的房地产经纪人员就是要通过自己所掌握的大量经纪信息将闲置资源加以利用,来减少市场效率低下等不利情况的发生。房地产交易双方通常并不知道交易对方的存在,也不可能完全掌握房地产市场上所有的供求信息,或是虽然能够获得有用信息,但需支付大于有用信息所带来的收益的费用。

房地产经纪信息是房地产经纪人员的重要资源,是开展房地产经纪活动的前提。其作用有以下几个方面。

1. 实现房地产经纪活动的基本功能

房地产交易的成功与否就在于是不是能够找到匹配的交易双方。客户由于受到自身情况的限制,缺乏充分的信息,所以常常不能找到合适的交易对象。房地产经纪人员由于掌握了一定的房地产信息并具备针对问题快速有效搜集信息的技能,因而能尽快找到匹配的交易双方,使交易尽早完成,从而实现房地产经纪的基本功能。

2. 有利于提升房地产经纪活动的基本功能

房地产交易的成功与否就在于是不是能够找到匹配的交易双方。客户由于受到自身情况的限制,缺乏充分的信息,通常不能找到合适的交易对象。房地产经纪人员由于掌握了一定的房地产信息并具备针对问题快速有效收集信息的技能,因而能尽快找到匹配的交易双方,使交易尽早完成,从而实现房地产经纪的基本功能。

3. 有利于活跃和规范房地产经纪行业

房地产经纪信息还有利于房地产经纪人员和房地产经纪机构充分了解和把握同行业的发展现状和趋势,及时有效地修正自身的业务运作方式,提高业务运作水平,从而活跃和规范整个房地产经纪行业。

知识链接

房地产经纪信息对房地产交易的重要性

房地产经纪活动的主要内容是房地产代理、居间、行纪、咨询、提供各种信息等经营活动,它既不占有房地产开发产品也不占有货币,它开展经营活动主要是靠自己的专业知识、劳务和信息。可见,房地产经纪公司服务水平的高低比其他企业更多地依赖于信息管理,有意识地做好房地产信息管理是房地产经纪公司增加利润的重要途径。房地产经纪机构及时、准确、完整地掌握房地产市场信息,可以使房地产经纪人员耳聪目明,更好地促使交易双方完成交易活动,房地产信息管理工作的好坏,将会直接影响房地产经纪工作的成败。因此,房地产经纪人员应重视房地产经纪信息管理工作,掌握房地产信息管理方法。

房地产经纪信息对于经纪人员来说极为重要,从某种意义上讲,房地产经纪活动和房地产经纪人员本身是由于房地产市场主体对房地产经纪信息的需求而产生的。房地产交易双方通常并不知道交易对方的存在,也不可能完全掌握房地产市场上所有的供求信息,或是虽然能够获得有用的信息,但需支付大于有用信息所带来收益的费用。房地产经纪信息就是房地产经纪人员的生命,房地产经纪人员必须能够有效地收集、加工、分析、保存、传播这些信息。掌握更多信息,并且能够有效使用这些信息的经纪人员就会拥有更强的竞争力。房地产经纪信息对房地产交易的重要性主要体现在以下方面。

1. 有利于房地产的交易

房地产经纪信息包含房源信息、客户信息和房地产市场信息这三方面的信息,经纪信息非常庞杂,难于管理,需要利用计算机和网络对信息进行存储、查询和共享。房地产经纪信息具有积累性,其价值并不是一次性的,它常常可以重复使用;而且,随着信息的积累,将会有新的价值产生,成为经纪机构一笔宝贵的资源,通过对积累信息的分析能够加深对市场的了解。

2. 更好地为客户服务

只有房地产经纪机构拥有大量的房地产信息,房地产经纪人员才能利用自己掌握信息的渠道,与各房地产供求方保持联系,创造更多的机会,积极为房地产供需双方提供帮助,使消费者及时获得满意的房地产而少花费人力、财力。拥有足够的、有价值的、有针对性的信息,是房地产经纪机构更好地为客户服务的前提。

3. 有利于对经纪人的管理

对房地产经纪人员业务的管理包括对经纪人分派任务,监督任务的完成情况。对房地产经纪人员的管理包括对房地产经纪人员信息的管理、对房地产经纪人员业绩的评估和奖勤罚懒。房地产经纪人员往往在四处奔波,工作地点极不固定,与经纪机构的沟通不便,对人员管理带来了障碍。房地产经纪人员的佣金管理非常复杂,不同类型的交易有不同的佣金比率。同时,不同的房地产经纪人员提成比例也有差异,因为房地产经纪机构会制定一些激励措施对完成交易较多的房地产经纪人员采用较高的提成比例。这给准确地计算佣金带来了很多麻烦。如果靠人力对业务、人员和佣金进行管理的话,那一个中层管理人员只能管理10个以内的房地产经纪人员的工作。大型经纪机构会有上百个房地产经纪人员,庞大的中间管理层会大大增加经纪机构的运营成本。

4. 合理利用是规范、活跃房地产市场的有效手段

通过房地产经纪人员的活动,把政府的政策法令加以传播和贯彻,能促使房地产市场规范、有序地运作,避免和减少违法事件的发生。房地产市场的供需双方不一定了解有关的法律、法规和条例,尤其是偶尔涉足房地产市场的一些消费者常因不清楚有关法律、法规,被骗上当,遭受经济和精神上的损失。房地产经纪人员凭借其掌握的有关法律、法规方面的信息和知识以及职业道德,把违法乱纪事件消灭在萌芽之中,从而有助于规范和活跃房地产市场。

5. 提高决策人的决策能力

各个房地产经纪人员的盈利能力有差异,房地产经纪人员每一笔经纪业务的利润率也是不同的。经纪机构要进行成本控制,制定成本控制的措施,开源节流,就需要对每个房地产经纪人员的业绩表现进行监控,对每一笔经纪业务的盈亏进行分析。这要求经纪机构有相当数量的人员来从事这项工作,无疑增加了机构的负担。

二、房地产经纪信息管理的内容

房地产经纪信息管理是指对房地产经纪信息的收集、加工整理、储存、传递与应用等一系列工作的总称。房地产经纪信息管理的目的就是通过有组织的信息流通,使房地产经纪人员能及时、准确地获得相应的信息。房地产经纪信息的内容有以下几个方面:

1. 房源信息

房地产经纪人员应该掌握的房源基本信息有以下几方面的内容。

(1)房屋的权属。卖家是否拥有土地使用权,是否具有房屋的完整所有权等。

(2)房屋的建筑设计。房屋的物业类型,房屋的总建筑面积,房屋的使用面积,以及面积在各个房间之间的分配,各居室和功能房间布置,室内净空,内部装饰,以及房屋的采光、通风状况;另外,追求生活品质的人重视房屋的景观,看重窗外是否有山、有湖、有海;而对于一部分人来说,房屋的风水也很重要,房屋的建筑设计是否符合了风水的要求,在某些情况下是决定性的因素。

(3)房屋的位置。房屋是不可移动的,房屋的位置就非常重要,包括与市中心的距离、与工作地点的通达性等。

(4)房屋的结构。房屋的结构往往是看不到的,但是作为耐用消费品,购买一座房屋需要居住十几年,甚至几十年,结构是否坚固、房龄有多少年这些问题也是消费者在购房时关心的问题。

(5)邻里状况。邻里的社会阶层,附近房屋的平均面积、价格,附近社会的风气、治安状况等。

(6)委托信息。委托方式与委托事项,委托期限、佣金标准、数额、收取方式、退赔条款等。

(7)配套设施。周围是否具有商业、卫生、教育、邮电、餐饮等配套设施,这些设施的规格如何、通达性如何。

(8)卖家信息。卖家的各种联系方式,还包括卖家的一些特殊情况。

(9)价值属性。卖家的期望成交价,房屋目前是否有租约、租金如何等。

2. 客源信息

除了房源信息,房地产经纪人员还需要掌握买家信息,买家信息包括客户对房屋属性的要求,以及买家的委托信息、联系方式等。

3. 市场信息

市场信息包括宏观经济的走势,房地产市场的总体情况,包括价格、租金、空置等信息。对于某一宗具体的交易来说,还需要具体到区域市场和特定物业类型市场的情况。另外,还包括经纪行业自身的景气状况,以及行业的佣金水平等动态信息。

三、房地产经纪信息的分类

依据不同的分类标准,房地产经纪信息可分为以下几种类型。

1. 按照房地产经纪信息的层次划分

(1)微观房地产经纪信息。

1)房地产本身信息。包括房地产的位置、价格、质量、物业等信息。

2)客户信息。包括客户的年龄、职业、收入、喜好、要求等。

3)房地产市场信息。包括市场的供需状况、价格水平、未来预测等信息。

(2)宏观房地产经纪信息。

1）国家法律、政策信息。主要是和房地产经纪工作相关的法律、法规等。

2）产业政策信息。包括住房制度改革信息、土地政策信息、行业发展规划信息等。

3）社会环境信息。包括城市规划信息、区域发展、家庭人口结构、职业特点等信息。

4）经济环境信息。包括通货膨胀信息、利率变化信息、金融信息、购买力信息等。

2. 按照房地产经纪信息的来源划分

（1）政府有关部门的房地产交易信息。指房地产权利人转让房地产时向政府有关部门申报的成交价格资料，政府出让土地使用权的价格资料，政府或其授权的部门确定、公布的基准地价、标定地价、房屋重置价格及房地产市场价格资料。

（2）房地产交易会信息。房地产交易会是房地产开发商、房地产经纪公司和消费者的聚集地，在房地产交易会上房地产经纪人员可以获得房地产价格的行情资料、房地产交易的资料以及房地产相关信息。

（3）开发商、业主等房地产出售者洽谈信息。房地产经纪公司在房地产开发项目筹划阶段、销售阶段积极与开发企业联系，获得项目的代理权的洽谈资料，与房地产拥有者——业主洽谈获得的信息。

（4）报刊、网络等广告信息。一些网络、报纸、电视、广播、杂志、路牌、车身等刊登的有关房地产出售、出租的广告、软文、信息等资料。

（5）相关人员提供资料。房地产经纪人员直接从房地产交易双方获得的信息资料，从房地产律师、财务人员、媒体朋友等获得的房地产价格等的相关资料。

（6）同行提供信息。通过其他经纪机构、其他房地产经纪人员、同行网络，按约定的条件交换所收集、所经手的房地产信息。

四、房地产经纪信息管理的原则

1. 加强房地产经纪信息的目的性

房地产经纪信息直接作用于房地产经纪活动的过程之中，它具有比其他信息更明显的目的性特征。房地产经纪信息的管理，包括收集、加工、整理和利用都应针对房地产经纪活动的目的，如某一个楼盘的销售、某一套房源的出售，以及房地产经纪机构自己所专注的某类市场、某类客户。只有这样，才能将信息资源转化为经济效益。

2. 促进房地产经纪信息的网络化

计算机网络技术的发展，使得信息的处理更为快速，信息的传递更为便捷。对房地产经纪机构而言，在房地产经纪信息利用中引入计算机网络可以改变原有的信息管理、查询方式，提高经济效率。而且，网络传递的多媒体信息包括汉字图片及三维动态模拟，其传递的信息量也不是传统媒体所能企及的。计算机网络可以突破时间、空间的限制，能够在不同地方、任何时间为客户提供服务。因此，房地产经纪机构应积极促进房地产经纪信息网络化。

3. 重视房地产经纪信息的系统性

由于房地产市场和房地产经纪活动的纷繁复杂，房地产经纪活动所需要的信息不是零星的、孤立的、个别的，而必须是大量的、连续的、系统的。它不仅数量大，而且涉及房地产经纪活动的方方面面，通过有效的结合才能有全面的认识。房地产经纪活动总是不断发生、向前发展的，所以房地产经纪信息也总是不断产生，因而房地产经纪人员要不断地收集、加工、传递和利用房地产经纪信息，通过其连续性及时了解房地产市场的变化和趋势，促进房地产经纪活动的顺利进行。

4. 做好房地产经纪信息的标准化

要求在房地产经纪活动中对有关信息的分类进行统一，对信息流程进行规范，对于房地产和客户的调研、登记、交易等表格则力求做到格式化和标准化，通过建立健全的信息管理制度，从组织上保证信息生产过程的效率。

5. 提高房地产经纪信息的时效性

由于房地产市场环境和市场主体都在不断地发生变化，因此房地产经纪信息的有效性也随时间而发生变化。所以房地产经纪信息的利用应提高时效性。一方面要及时更新信息库中的信息内容，另一方面要提高信息利用的效率，尽量使信息在最短的时间内发挥作用。如根据市场信息和同行业信息及时调整经营方式、经营类型，及时向客户提供最新市场信息、政策信息，用以提升服务附加值等。

五、房地产经纪信息的搜集、整理与利用

（一）房地产经纪信息的搜集

1. 房地产经纪信息的概念和途径

房地产经纪信息是房地产经纪活动中十分重要的资源，但经纪信息不是自然而然地被经纪人员所掌握，而是要通过有意识、有目的的劳动才能将其收集起来，通常可从以下途径进行收集。

（1）现场收集。由于房地产的不可移动性，以及内容的多样、复杂，房源方面的信息一般需要实地考察，现场调查后才能获得感性的认识和准确的信息，同时也可以排除一些不准确信息。

（2）收集公开传播的房地产经纪信息。在现代社会中，大众媒体在信息的传播中起了重要的作用。大量房地产经纪信息通过报纸、广播、电视、杂志以及正式出版的文献等媒介进行传播，这是收集房地产经纪信息的重要途径。

（3）利用网络获取。随着信息化的日益发展，网络成为获取信息的便捷途径。房地产经纪人员可以足不出户，在任何时间通过网络获取信息，主要有以下几条途径：利用互联网收集信息；利用联机系统收集信息；利用商情数据库收集信息。

（4）从有关单位内部获取房地产经纪信息。有些房地产经纪信息并不是通过大众媒体传播的，需要通过派人磋商和发函联系等方式才能获得，如楼书、房地产企业内部刊物等。

(5)参加房地产交易展示会。参加定期举行的房地产交易展示会,了解相关的交易信息,索取有关的资料。

2. 房地产经纪信息搜集的内容

(1)收集从业城市和区域的基本情况。

1)从业区域各个片区的基本情况。每座城市的各个片区都有其不同的基本情况,各种不同情况对其片区的房地产市场交易具有直接的影响,这些基本情况主要包括以下方面:

①自然环境。地形、地貌、日照、水源、绿化等方面的自然环境的好坏直接影响居民的身心健康,尤其是高档住宅的购房者对自然环境更加注重。

②公建配套设施建设。公园、广场、幼儿园、学校、医院等公建配套设施的完善程度,直接关系到居民在教育、就医、休闲等公共方面需求的满足程度。

③市政配套设施建设。交通、防洪、排污、环保等市政配套设施的建设发展程度如何,直接关系到房屋使用者出入的便利、身体的健康。

④社区环境。历史背景、风俗习惯、社会群体、街区风貌、治安状况等方面在各个社区的表现,直接影响到购房客户对某一社区的认可程度。

⑤生活配套。商业、服务、肉菜市场、娱乐等方面的生活配套关系到居民的生活需求的满足程度。

⑥小区内部环境。无论是住宅小区,还是商业、商务小区,内部环境也是客户所关注的重要部分。

⑦区域功能。行政、商务、工业等方面的城市区域功能,影响到使用者的商务活动和居家生活。

2)城市建设与规划发展。房地产经纪人员了解城市建设与规划的发展变化,是为了更有效地向客户介绍、分析业务所涉及的房地产相关情况,从而利于促成交易。

(2)掌握房地产政策与市场管理规定。国家在房地产方面的政策、法规具有权威性和导向性。各个省、市地方政府在房地产方面,结合当地的具体情况,制定一些政策及有关规定,房地产经纪人员必须掌握和熟悉这些有关政策与规定,并且随时关注其变化,才能知道在房地产交易业务中,哪些事可以做、哪些事不能做、能做的事如何去做,并有义务向客户宣传解释。各个省、市地方政府在房地交易方面的有关政策、规定主要表现在以下几个方面:

1)非商品房上市的有关规定。由于历史原因和市场的发展,各地有许多非商品房(即房改房和安置房)在市场上流通。为了理顺市场,各地政府对非商品房的上市流通都作出了相应的规定,但是各地政府在具体规定上是不一样的,因此,房地产经纪人员必须掌握各地关于办理非商品房上市的有关程序、手续以及所需资料等相关规定。

2)商品房转让、登记的一些具体规定。在商品房的转让、登记方面,虽然中央的政策法规都已有相关规定,但由于各个省、市房地产市场的发展都有其不同的历史原因与过程,存在许多特殊、复杂的遗留问题,各个地方政府在解决这些有关问题时,都要因地制宜,逐步解决。这些规定都具有一定的阶段性与时限性。

3) 从业规范管理的有关规定。房地产经纪人员应当遵守房地产行业规范管理的有关规定和行规,除不扰乱行业市场秩序之外,还应当保护自己的合法权益。

4) 促进房地产市场发展的有关规定。有的地方政府为了促进房地产市场的发展,制定一些有利于房地产市场发展的规定。这些措施同样是有阶段性和时限性的。房地产经纪人员应当抓住这些机会,开拓市场,动员有可能进行交易的客户入市买卖房地产并促成交易。

5) 房地产税费的调整规定。有的地方政府根据中央政府的有关通知或精神对房地产税费进行适度调整,这些税费的调整也是具有阶段性和时限性的,房地产经纪人员必须随时关注此类动向,以促成交易。

6) 物业管理办法及实施细则。房地产经纪人员了解从业地区物业管理办法及实施细则的有关内容,有利于为客户解决与物业管理相关的问题,增加客户对房地产经纪人员的信任感。

7) 规范房地产市场的有关规定。各个省、市在各个时期根据市场状况,针对性地对一些市场运作进行规范化管理,对于原来政策法规疏漏的地方,进行增补。房地产经纪人员必须及时知道这些规定的修改动向,以免走弯路,甚至犯错误。

8) 房屋租赁管理办法及实施细则。房地产经纪人员必须掌握各个地方政府制定的房屋租赁管理办法及实施细则,才能规范地操作租赁业务。

(二)房地产经纪信息的加工整理

通过各种途径获取的房地产经纪信息,其本身内容、形式各种各样,这样给查询、储存、利用带来了很大的难度,所以需要进行房地产经纪信息的加工整理。

在日常的房地产经纪活动中,房地产经纪人员所获得的经纪信息由于来源与口径的不同,会有许多重复、交叉和矛盾,这就需要经纪人员对信息进行加工整理。通过加工整理使无序的信息有序化,便于使用和管理。

加工整理的程序通常包括鉴别、筛选、整序、编辑和研究这几个环节。

(1) 鉴别。房地产经纪人员在使用房地产经纪信息的过程中,必须注意信息的准确性,虚假的信息既会造成使用的困难,也会使客户对房地产经纪人员的信用产生怀疑。鉴别就是对房地产经纪信息的准确性、真实性、可信性进行分析,判断误差的大小和时效的高低,剔除人为、主观的部分,使其准确、客观。

(2) 筛选。筛选就是对已鉴别的房地产经纪信息进行挑选。在挑选的过程中,既要考虑到当前的需要,又要考虑到以后的需要。在考虑当前需要时主要考虑信息的深度,对未来的需求则主要考虑信息的广度。通过筛选可以减少信息的数量,将无用信息删除,将有用信息保留,这样既减少以后几个整理加工步骤的工作量,又减少以后查询所需的时间。

(3) 整序。整序就是将不同的、杂乱无序的房地产经纪信息按一定标准、方法加以整理归类。整序的主要方法就是分类,将相同的信息归为一类,将性质相似的类别排在一起。这样做的主要目的是为了便于查询,减少查询时间。

模块九　房地产经纪管理业务训练

(4)编辑。编辑就是对整序的信息进行具体的文字整理过程,这是整个加工整理过程中最关键的工作。在编辑的过程中要注意简单明了、重点突出,同时要注意语义表达的准确性。

(5)研究。前面的几个步骤还是停留在比较低的层次上,而研究就不同了,它是一种较高层次的信息加工整理步骤。它是在对大量信息综合分析的基础上,经过分析、判断、思考,产生具有深度和新价值的信息。房地产经纪人员要经常对信息进行研究,以产生新的信息并提高自身的判断、思考能力。信息通过加工整理之后,通常以表格、图片、文字报告等形式展现出来。其中,表格又是最常见的一种。房地产经纪机构根据客观信息的业务活动,分析、研究而产生的新信息,通常以文字与表格相结合的形式反映。

(三)房地产经纪信息的利用

房地产经纪信息是一种资源,只有通过利用才能将这种资源的使用价值发挥出来。收集、加工整理等前期工作都是为最后的利用服务的,其利用包括两方面:首先是利用信息的发布来影响消费者,其次是以信息提供的具体内容来指导具体的业务活动。

利用房地产经纪信息来指导房地产经纪的业务活动,几乎贯穿于房地产经纪业务活动的全过程。如通过对客户方面信息的分析,房地产经纪人员可以了解客户的偏好、所能接受的价位,并指导查找房源信息和筛选房源,最终促使交易成功;在二手房经纪活动中,房地产经纪人员需要利用买方的信息,通过偏好分析,才能找到与之匹配的房源,增加交易成功的概率。

不同的信息发布过程,由于其任务的不同,导致使用资金的不同,发布信息的不同,使用媒体的不同。在发布信息时,首先,要注意发布的目标是什么、希望通过发布获得何种反应;其次,根据任务的不同,决定投入多少资金。资金的投入量又影响信息投放和所选择的媒体。信息投放涉及房地产经纪信息的投放量、信息的选择和信息的表述等。媒体选择要考虑到媒体的触及面、接触率、影响、主要媒体的类型、特定的媒体工具和投放媒体的时机。这一连串的环节都需通盘考虑,才能在完成任务的同时节省资金。

任务三　房地产经纪信息的计算机管理系统

课堂思考

一般用什么系统来管理房地产经纪信息呢?

一、房地产经纪信息的计算机管理系统的主要类型

如前文所述,房地产经纪信息是房地产经纪机构最重要的经营资源,房地产经纪机构必

模块九 房地产经纪管理业务训练

须对房地产经纪信息实施有效的管理。由于计算机系统具有超大容量的信息存储功能、自动化的信息处理和快速传输功能，因此，计算机系统也成为房地产经纪机构进行信息管理的重要工具。目前，国内一些大型的房地产经纪机构都非常重视自己企业的计算机信息管理系统。

建立房地产经纪信息计算机管理系统，首先要对房地产经纪机构进行企业信息化改造。企业信息化包括办公自动化、业务处理自动化和生产、设计、客户服务自动化。企业信息化，就是要建设企业内部的各个系统，让它们最大限度地发挥效能；企业信息化，就是要建立企业与外部的一切联系，让它们完全接轨，并不断调整自己，适应需要；企业信息化，就是要从企业管理入手，实现信息时代先进的现代化管理。房地产经纪信息系统主要有下列几种类型。

1. 数据管理的信息系统

数据管理信息系统把现有房源信息、销售合同、费用凭证、需求客户等都以一定的数据格式录入到计算机里，以数字的形式保存起来，可以随时查询，实现企业内部信息的数字化，并可通过局域网连接互联网来实现企业与外部信息交流。

2. 具有流程控制功能的信息系统

具有流程控制功能的信息系统把企业已经规范的一些流程以软件程序的方式固化下来，使得流程所涉及岗位员工的工作更加规范、高效，减少人为控制和"拍脑袋"的管理行为，同时也能提升客户满意度。比如，客户前来付款，财务人员打开信息系统，输入客户的名称和交易代码就可以直接显示该客户的详细交易信息，如何时前来咨询、何时登记、何时签订合同等信息，并且显示出该客户已付多少，本次支付金额，以及下次需支付金额和时间等信息，而这些都是通过不同岗位的信息得到的。

3. 类似具有辅助决策功能的信息系统

类似具有辅助决策功能的信息系统通过对那些信息化的原始数据进行科学的加工处理，运用一定的计算模型，起到对管理和决策的支持作用。比如说，成本和费用控制是每个管理者都重视的内容，但以前我们只能在每个月报表出来后才知道哪儿超了、哪儿省了，那是事后控制。运用信息化手段，第一层面的工作完成后，也就是每笔费用、销售都录入电脑以后，我们就可以清晰地归纳各科目费用，可以按岗位、按部门、按项目来汇总。同时，我们可以对那些关键控制的费用或费用率给出一个计划值（这个计划值是根据历史数据和增长规律，通过专业的标准模型拟合出来），并计算实际发生值与计划值的差额，一旦超标立即报警或停止授权，这样就可以对这些费用进行实时控制。

二、使用房地产经纪信息计算机管理系统之前的准备工作

1. 独立门店单机使用

计算机一台，安装好 Windows+Office 软件。

2. 独立门店局域网使用

电脑多台，一台为服务器，其他为客户端，使用的网络协议是 TCP/IP，所有客户端计算机

在"网上邻居"中都可以查看到服务器的共享文件夹。

3. 多个门店联网使用

(1)如同第2项所述每个门店都配置好各自的局域网。

(2)多个门店联网交换时必须指定一个门店(或总部)作为数据中心,作为数据中心的机构必须是 ADSL 上网,或者能够获得外部 IP 的其他宽带上网方式,其他机构可以通过互联网访问到数据中心。

(3)数据中心之外的各个门店的服务器都必须配置有 ADSL 或 Modem 能够拨号上网。

三、房地产经纪信息管理系统的使用流程

1. 信息采集

信息采集包括对房源信息的采集和对客源信息的采集。大量信息的采集为房地产经纪人员后期的工作提供了必要的物质基础。

2. 信息录入

通过各种形式获取的房地产经纪信息,信息本身的内容、形式各种各样,而且信息本身的真假也具有不确定性。这给后期的整理、录入带来了很大的难度。所以,要对采集来的房地产信息进行整理、电话核实后再录入房地产经纪信息系统。一般的房地产经纪信息管理系统的房源信息录入如下:单击系统中"房源管理"—"房源信息"模板里的"新增"按钮,按照系统的提示对房源信息进行录入。对房源信息录入需要注意:房地产经纪人员应全力跟进信息的准确性,对房源地址、联系电话、房主姓名、面积、房屋属性、建筑年代、楼层及户型认真进行填写,以保证所录入房源信息的真实有效性。客源信息的录入:单击系统中"客源管理"—"客源信息"模块里的"新增"按钮,按照系统的提示对客源信息进行录入。对客源信息进行录入需要注意:要将客户的有效联系方式以及需求的面积、价格、区域等一一进行核实,准确录入各项信息,这样可以较为准确地为客户匹配相应的房源。

3. 信息审核

信息审核包括对房源信息的审核和对客源信息的审核。房地产经纪人员在录入客源信息时,相同的联系方式在系统中是可以通过的。即多个房地产经纪人员可以将同一个客户分别录入自己的系统中,同时对此客户进行跟踪。根据目前实际的需要以及信息制度的规定,在房地产经纪信息管理系统中录入的房源具有唯一性,因此对房源信息要进行两次审核。第一次是对房屋详细地址的审核,相同地址的房源不能重复录入,后者录入时,系统会自动提示有相同房源地址存在,此时该套房源就没有录入成功。第二次是对有相同联系方式的审核,同一个电话已经录入过一套房源,再录入房源时,系统会自动提示有相同联系方式存在。此时该套房源就进入了人工审核,信息部门将根据实际情况对此房源作出审核,若通过就会在房源信息里显示,即该套房源已录入成功。若未通过则说明此套房源未录入成功。

4. 信息维护

房地产经纪人员不仅要做到采集信息、录入信息，更重要的是要做到对自己信息的维护。为了保持信息的时效性和准确性，现行信息制度规定：一套房源录入后，一般要求在两日之内完成实地勘察，7日内完成第一次电话回访，售房房源有效期为两个月，租房房源有效期为一个月，超期未回访会自动失效。在客源信息方面一般要求求购客户信息隔天回访，求租客户信息每天跟踪回访。回访信息具体按照以下步骤在系统中操作：在"房源维护"模块里选中要修改的房源信息，单击上面的"修改"按钮，对要修改的项目依次进行更改，更改完毕后单击"保存"按钮。对房源回访时，要单击"房源维护"里的"回访"按钮，在回访日志里将要回访的内容添加进去。对房源评价时，在"房源信息"模块里单击"评价"按钮，在评价内容里将评价信息添加进去。对"客源信息"的修改在"客源信息"模块里单击"修改"按钮进行更改。对客源信息的回访与评价和房源信息的操作相同，这里不再赘述。

5. 信息配对

信息配对准确与否，直接关系到房地产经纪人员的个人业绩。一名优秀的房地产经纪人员，在此环节上应该运用技巧，勤于思考，善于总结，勇于实践。这是房地产经纪人员挑战高薪的关键之所在。房地产经纪人员要每天第一时间对新上的房源进行浏览，从中选出适合自己客户的房源，及时致电至房源门店对该套房源的核心信息进行问询，并以最快的速度与客户进行联系。房源方将此问询信息认真登记，等待成交后备查。

6. 信息稽查

为了更大限度地促使信息共享，提高信息资源的利用率，信息制度中，对门店的信息未及时上报、恶意保留、恶意抢单、信息泄露、拒报房源等信息违规行为，都规定了相应的处罚措施。

7. 信息分成

为充分保证房源方的利益，信息制度规定在签订一份售房合同后，由信息部对成交分成进行审核，信息部将本着公平、公正的原则，依照信息制度的规定作出审核。同时，信息部将成交的房源改为内部成交，此时该房源处于实效状态。成交办按照信息部审核的结果，将业绩在系统财务报表中，划成给房源方。目前，直营店之间租房不用分成。直营与加盟、加盟与加盟之间的租房利益分成同售房。

8. 信息失效

房地产经纪人员在回访的过程中，要将已经成交的房源与客源信息进行失效。在房地产经纪信息管理系统中的操作具体如下：在"房源维护"模块里，选中待失效的房源，单击"修改"按钮，将界面里的房源状态改为失效，单击"保存"。此时，该房源处于失效状态。对客源信息的修改，在"客源信息"模块里，直接单击待修改信息后的"修改"按钮，将界面里的客源状态改为失效，单击"保存"。此时，就完成了对该客源信息的失效。

四、房地产经纪业务的网络化运作

1. 房地产经纪业务网络化

房地产经纪业务网络化是指以房地产经纪机构为单元,通过基于计算机、数字媒介及其他智能终端的互联网络及信息系统相互联系,并逐渐实现其沟通运作方式的虚拟化和交互化,最终带动整个行业的沟通运作方式向互联网转移的趋势及过程。在这个过程中,一方面房地产经纪机构开设了网上门店,房地产经纪人员可以利用"三维城市地图、视频"等先进的技术提供大量及时更新的、丰富的房源信息,呈现自己的电子名片,并通过店铺留言和网民实现沟通;另一方面,各大房地产专业网站和知名门户网站也开设了房地产频道,提供形式多样的房地产相关指数,如房地产景气指数、中原城市指数等,有些网站还为房地产经纪人员提供网上虚拟地盘,即赋予某个特定的房地产经纪人员某个特定区域的版主地位,由该房地产经纪人员负责对该区域的房源、区域环境等信息进行维护,同时相应地授权给予该房地产经纪人员优先在该区域的版面上重点推介自己的房源。因此,不管是二级还是三级市场,消费者都无须四处出击,只需点击鼠标便可轻松了解市场行情,更方便、更全面地获取楼盘信息,进行充分的比较,节省收集资料的时间。

2. 经纪人工作辅助系统

在房地产经纪人员的日常工作中,需要进行各种案头工作,如客户购房能力评估、贷款还款额计算、对外发布信息的文件(如房型图、房源视频等)制作,目前一些专业化的软件为房地产经纪人员提供了丰富的信息化辅助工具,大大方便了房地产经纪人员,如某软件为房地产经纪人员提供了5大类二十多种辅助工作,包括:

(1)制作类。包括视频制作、全景图制作、房源介绍制作(单页、多页)、房型图制作、网上门店制作器、地图集成等。

(2)计算器。包括购房能力评估、等额本息还款计算、提前还款计算、等额本金还款计算、个人住房公积金贷款计算、税费计算等。

(3)发布器。包括网站发布器、报纸发布器、短信发布器、邮件发布器等。

(4)文本类。包括通信录、记账本、工作日志(计划安排)、文本工具(公文秘书)、辅助决策(置业顾问)等。

(5)其他。包括业务提醒、钥匙管理、聊天工具、房源搜索器等。

3. 房地产电子商务

房地产电子商务是指以网络为基础进行的房地产商务活动,包括商品和服务的提供者、广告商、消费者、中介商等有关各方行为的总和。现阶段房地产电子商务涉及线上和线下两部分,只要在线上完成商品展示和交易意向达成,并通过房地产电子商务平台支付交易意向保证金的,均可看作是房地产电子商务的行为,属于房地产电子商务范畴。即电子商务理念和技术在房地产业中的应用。应用范围已包括:房地产材料采购、房地产营销业务、房地产中介、物业管理等领域。目前，我国房地产经纪业内已出现专业性、开放性的房地产电子商务平台。

所有与房地产电子商务平台合作的房地产经纪机构都可以销售平台上所有的新建商品房和二手房房源。形成了一个楼盘或一套房源由众多房地产经纪机构及房地产经纪人员同时销售的局面，买房者可以 24 小时随时上网了解房源信息，也可以就近到与房地产电子商务平台合作的门店了解电子商务平台上的任何房源、联系实地看房事宜，大大克服了房地产市场传统的信息不充分缺点。房地产电子商务平台上的房源一旦成交，卖方房地产经纪机构获得卖方的佣金，买方房地产经纪机构获得买方的佣金。因此，形成了房地产经纪机构间的广泛合作，提高了房地产交易的效率。

经纪故事

链家地产顾问小张接待了一位买房客户林先生，林先生需要购买一套两居室的住房。小张在接待这位客户后利用公司开发的链家地产 App 系统进行操作。首先，小张通过客源管理→客源登记模块，录入林先生的购房信息。接下来，在"客户管理"→"客源跟进"模块中，单击"房客匹配"按钮，符合林先生要求的房源就会在经纪信息管理系统中显示。然后，小张带林先生实地查看房源，每次看房结束后，都相应地在经纪信息管理系统中记录看房信息。若看房成功，成交已确认，小张还需在经纪信息管理系统上对成交进行操作，在"客源管理"→"客源维护"→"看房客户"模块里，在林先生的信息里单击"成交确认"。通过公司开发的经纪信息管理系统，房地产经纪人员可以准确、方便、快捷地查询房源、客源，提高了工作效率，并且能够对房源、客源进行动态跟踪管理。

模块小结

随着房地产市场的快速发展，我国已构建了行业管理的基本框架，建立了房地产经纪人员职业资格制度，强化了行业自律管理。并且随着信息时代的到来，信息在当今社会起着越来越重要的作用。在房地产经纪行业中，房地产经纪信息是重要资源和无形财富。本模块主要介绍房地产经纪行业管理及房地产经纪信息管理。

思考与练习

一、填空题

1. _____ 指由有关政府主管部门、房地产经纪行业组织对房地产经纪活动的主体、运作方式等实施的管理。

2. 加工整理的程序通常包括_____、_____、_____、_____和_____这几个环节。

3. _____是指可以传递、传送的消息。

4. _____是反映房地产经纪活动并为房地产经纪活动服务的信息。

5. 市场信息包括宏观经济的走势,房地产市场的总体情况,包括_____、_____、_____等信息。

二、选择题

1. 房地产经纪行业管理的基本原则有( )。

   A. 营造良好的从业环境,鼓励行业发展　　B. 遵循行业规律,实施专业管理

   C. 严格依法办事,强化行业自律　　　　　D. 顺应市场机制,维护有序竞争

   E. 加强房地产经纪信息的目的性

2. 房地产经纪机构受理了房地产经纪业务后,需要收集的信息包括( )。

   A. 房地产标的物信息　　　　　　　　　　B. 与标的房地产相关的市场信息

   C. 委托方信息　　　　　　　　　　　　　D. 政府机构信息

   E. 非类似房产的成交记录

3. 下列属于我国内地现行房地产经纪行业管理的主要内容有( )。

   A. 房地产经纪行业年检与验证管理　　　　B. 房地产经纪纠纷规避及投诉受理

   C. 房地产经纪收费管理　　　　　　　　　D. 房地产经纪行业信用管理

   E. 房地产经纪行业风险管理

4. 目前我国房地产经纪行业管理部门规避房地产经纪纠纷的手段有( )。

   A. 制定示范合同文本

   B. 制定服务标准,明确服务要求和内容

   C. 加强对房地产经纪合同的监督管理

   D. 告知必要的经纪活动事项,利于委托人监督

   E. 对已出现的纠纷进行调解处理

5. 房地产经纪信息通常包括4个方面的信息( )。

   A. 房源信息　　　　　　　　　　　　　　B. 客源信息

   C. 市场信息　　　　　　　　　　　　　　D. 房地产经纪行业信息

   E. 房地产统计信息

6. 房地产经纪信息的作用有( )。

   A. 实现房地产经纪活动的基本功能

   B. 有利于提升房地产经纪活动的基本功能

   C. 有利于活跃和规范房地产经纪行业

   D. 提高决策人的决策能力

   E. 合理利用是规范、活跃房地产市场的有效手段

三、简答题

1. 房地产经纪行业管理具有哪些方面的作用？
2. 房地产经纪信息搜集的内容包括哪些？
3. 房地产经纪信息系统主要有哪几类？
4. 简述房地产经纪信息管理系统的使用流程。
5. 房地产经纪信息的特征有哪些？

参 考 文 献

[1] 陈林杰. 房地产经纪实务[M]. 2版. 北京:机械工业出版社,2014.
[2] 胡平. 房地产经纪实务[M]. 北京:机械工业出版社,2015.
[3] 熊帅梁. 房地产经纪实务[M]. 2版. 沈阳:东北财经大学出版社,2009.
[4] 王德起. 房地产经纪[M]. 重庆:重庆大学出版社,2008.
[5] 刘薇. 房地产经纪[M]. 北京:化学工业出版社,2010.
[6] 黄武双,朱平. 房地产交易法律原理与案例精点[M]. 上海:上海交通大学出版社,2006.
[7] 彭玉荣. 房地产经纪综合实践[M]. 北京:中国建筑工业出版社,2008.